安徽省高等学校"十二五"省级规划教材

高职经管类精品教材

基础会计

主 编 丁增稳 刘亚男

副主编 季 文 胡 静 郑兴东

中国科学技术大学出版社

内 容 简 介

会计是从事现代经济工作和其他相关工作必备的知识之一。本书主要介绍如何运用会计技术收集、整理、加工和生成会计信息,特别适合那些将会计作为核心知识的专业人才。本书在编写内容的重新定位和写作手法的创新突破上做了一定的尝试,适合高职高专院校会计及相关专业作为教材使用。

图书在版编目(CIP)数据

基础会计/丁增稳,刘亚男主编. —合肥:中国科学技术大学出版社,2014.8(2015.12重印)

安徽省高等学校"十二五"省级规划教材
ISBN 978-7-312-03499-2

Ⅰ.基… Ⅱ.①丁…②刘… Ⅲ.会计学—教材 Ⅳ.F230

中国版本图书馆 CIP 数据核字(2014)第 129647 号

出版 中国科学技术大学出版社
安徽省合肥市金寨路 96 号,230026
网址:http://press.ustc.edu.cn
印刷 合肥市宏基印刷有限公司
发行 中国科学技术大学出版社
经销 全国新华书店

开本 787 mm×1092 mm 1/16
印张 15
字数 365 千
版次 2014 年 8 月第 1 版
印次 2015 年 12 月第 2 次印刷
定价 32.00 元

前　言

致学生：

会计是一门商业语言，任何单位、任何个人都与会计有不解之缘：无论你在商场购物，还是领取工资或奖学金；无论你购买车船票，还是在餐馆就餐……你都在与会计业务或会计人员打交道。会计是从事现代经济工作和其他相关工作必备的知识之一。本书主要介绍如何运用会计技术收集、整理、加工和生成会计信息，特别适合那些将会计作为核心知识的专业人才。基础会计是一门融许多概念、方法和技能于一体的课程，仅仅做到明白是不行的，你还要动手。也就是说，作为学生，基础会计课程中有许多概念需要你烂记在心；有许多方法需要你知其然，知其所以然；有许多技能需要你亲自实践，绝不能"一看就懂，一做就错"。我们衷心希望同学们从本书的学习中受到启发，并能将会计知识融入未来的各项学习和工作之中，轻松走上会计就业和成才之路。

致任课教师：

在会计专业的各门课程中，基础会计是最容易学习的一门。但是对于初学者来说，恰恰相反。他们在学习会计之前，基本上对会计理论和会计方法"一无所知"。我们不能用我们多年积累的会计知识来衡量我们的学生，那些会计概念、会计方法和会计技能也曾经让我们迷茫过！产生这些障碍的原因主要有两个方面：晦涩难懂的教材和刻板僵化的教学。

本书希望在教材的编写方面做一定程度的创新：一是编写内容的重新定位；二是写作手法的创新突破。从编写内容上看，本书立足于知识"够用"为度，简化了大量的文字叙述，突出了会计的基本概念和基本方法。不仅如此，为了拓展学生的学习视野，我们以小企业会计准则为依托，增加了"知识扩展"、"小思考"、"案例导读"等专栏。在写作手法上，语言清新自然，通俗易懂；结构科学严谨，层次分明；例题简明扼要，引人入胜；写作风格独特，表现形式多样；业务练习适中，注重技能训练。

我们提倡各位教师在实际教学中采用案例教学、多媒体课件、课堂讨论、阶段实训等丰富多样的教学形式，启发学生思考，加强学生技能训练，让他们更快捷地进入会计的殿堂。

本书是安徽省高等学校"十二五"省级规划教材,由安徽商贸职业技术学院丁增稳和六安职业技术学院刘亚男任主编,安徽城市管理职业学院季文、安徽工业经济职业技术学院胡静和安徽商贸职业技术学院郑兴东任副主编。具体分工如下:丁增稳编写项目1和项目4,胡静编写项目2和项目6,季文编写项目3,郑兴东编写项目5和项目7,刘亚男编写项目8。最后由丁增稳总纂定稿。

由于本书在编写过程中进行了一些新的尝试,在写作风格上还不是很成熟,疏漏之处在所难免,敬请同仁、读者批评指正,以便不断修改完善。

编　者
2014年6月

目　　录

前言 ·· (i)

项目1　会计认知 ··· (001)
　　任务1.1　会计的由来 ·· (002)
　　任务1.2　会计核算的基本前提和会计基础 ··· (006)
　　任务1.3　划分会计要素与建立会计等式 ·· (009)
　　任务1.4　认识会计核算方法 ··· (017)

项目2　会计科目和账户的设置 ·· (028)
　　任务2.1　设置会计科目 ··· (029)
　　任务2.2　设置账户 ··· (033)

项目3　复式记账及其应用 ·· (042)
　　任务3.1　记账方法及其选择 ··· (043)
　　任务3.2　复式记账方法的应用 ·· (053)

项目4　填制和审核会计凭证 ··· (084)
　　任务4.1　会计凭证认知 ··· (085)
　　任务4.2　填制和审核原始凭证 ·· (085)
　　任务4.3　填制和审核记账凭证 ·· (093)
　　任务4.4　传递和保管会计凭证 ·· (100)

项目5　会计账簿的登记与管理 ·· (114)
　　任务5.1　会计账簿的认知 ·· (115)
　　任务5.2　会计账簿的设置与登记 ··· (118)
　　任务5.3　会计账簿的启用和记账规则 ··· (127)
　　任务5.4　对账和结账 ·· (136)

项目 6　财产清查的核算 ·· (150)
　　任务 6.1　财产清查的认知 ·· (151)
　　任务 6.2　财产清查方法的选择 ·· (153)
　　任务 6.3　财产清查结果的会计处理 ··· (160)

项目 7　财务报告的编制和报送 ·· (170)
　　任务 7.1　财务报告的认知 ·· (171)
　　任务 7.2　资产负债表的编制和报送 ··· (175)
　　任务 7.3　利润表的编制和报送 ·· (184)
　　任务 7.4　其他报表及附注的编制和报送 ·· (188)

项目 8　账务处理程序的选择及应用 ·· (205)
　　任务 8.1　账务处理程序的认知 ·· (206)
　　任务 8.2　记账凭证账务处理程序及其应用 ··· (208)
　　任务 8.3　科目汇总表账务处理程序及其应用 ·· (216)
　　任务 8.4　汇总记账凭证账务处理程序及其应用 ·· (221)

参考文献 ·· (233)

项目 1　会 计 认 知

工作任务、知识目标、职业能力

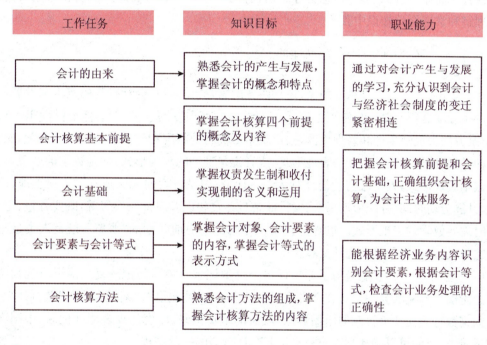

案例分析

王青是某投资公司的一名会计，丈夫是一家国有企业的技术工人，有一个活泼可爱的小男孩。王青一家像城市中许多人一样，过着平淡而充实的生活。

有一次同学聚会时，王青看到自己的同学发财的发财、升官的升官，想想自己学习不比他们差、能力不比他们弱，结果工作单位平平，要地位没地位，要钱财没钱财，心里很不平衡。闲谈中听到李小虎同学"炒股"发了大财，一年赚了1 000多万元，心里羡慕极了，也想炒点股票试一试。可资金哪里来呢？靠山吃山，靠水吃水！王青动摇了。第二天，她利用单位会计管理漏洞挪用了50万元资金投进了股市。短短5年时间，王青利用提取现金不记账、涂改原始单据等手段累计挪用资金800多万元，非法获利97.68万元。

一失足成千古恨。这位已为人母的王青，今后将有6年时间在铁窗中度过。

问题：什么是会计？会计人员的主要职责是什么？会计人员应遵循哪些会计职业道德？

任务 1.1　会计的由来

有些人认为会计只是专业会计人员才能理解和操作的技术性工作。实际上几乎每个人每天都进行着"会计活动",无论你是在支付你的电话费,或者你从银行存取现金,或者你从商店购买商品,或者你向学校申请助学金,你都在和会计原理及会计信息打交道。因此,会计又被称为商业语言,理解并熟悉会计术语,有助于你参与有效的经济活动和与他人交流,并从理解和掌握会计知识中获益。

1.1.1　会计的产生和发展

在人类历史上,无论是东方国家,还是西方国家,会计思想、会计行为的产生和发展与数学的产生和发展都有着十分密切的联系。人类要生存和发展下去,就必然要借助于一种计量、记录方法去反映生产和管理生产,去反映生活资料的状况和管理生活资料的分配、储备。而这种计量、记录方法最直接的表现形式,或者说是唯一的表现形式,便是数学的表现形式。离开数学表现形式,人类最初的会计行为——计量、记录行为便无法成立。丈量土地、测量容积、计算劳动时间、分配劳动果实、安排储备过冬食物以及对外交换等等,既要计量、记录,也同时需要数学的表现形式。世界上保留至今的那些史前时期的"账单",既是人类最早的数学文献,也是人类最早的会计文献。

历史地看,会计的发展经历了原始计量→书契记录→单式簿记→复式簿记→现代会计这五个阶段。人类社会在没有文字之前就有了诸如"结绳记事"、"刻木求日"、"垒石计数"等简单的记数行为。从伊拉克的原始算版、埃及的纸草记录、印度的贝多罗叶记录、中国陶器兽骨记录中,我们可以寻找到人类社会最初会计行为的一丝踪迹。

自从有了文字,会计便从"符号记录"转为"文字记载",进入"书契记录"时代。随着计算技术的产生并完善,会计计算手段得以充实,大大提高了会计反映经济活动的占用、消耗和成果的能力,迎来了"簿记"时代。"单式簿记"对经济活动采用序时流水登记的方法(也称"流水账"),平时只登记现金的收付和债权债务业务,较好地满足了当时简单商业和小作坊经济管理的需要。商业的兴起,给会计注入了新的活力。商人们在大量的商业交易中,经常发生贷入、借出资金业务,他们追求冒险和喜爱谋取利益的本性得以充分体现。此时,会计知识得以空前普及,而单式簿记逐渐难以满足商业经营管理对会计的基本要求。到14世纪,复式簿记在意大利乃至欧洲已经较普遍使用。复式簿记的优点就是能够全面反映每一个经济业务的来龙去脉。1494年意大利数学家、会计学家卢卡·帕乔利(Luca Pacioli)所著的《算术、几何、比及比例概要》一书,其中详细介绍了意大利的"借贷记账"。卢卡·帕乔利的这本著作,先后传至世界各国,为世界现代会计的发展奠定了基础。帕乔利之后300年间,会计面临着一个相对稳定的商业资本主义阶段。18世纪末,欧洲进入工业资本主义时期,为控制生产消耗和正确计算损益,以复式簿记为基础,成本会计得到了飞速发展。进入

20世纪,企业组织形式实现了革命性变革,股份公司数量急剧增加,投资者和债权人迫切要求公司公开财务报表,政府相应公布了有关法规,会计职业界为此指定了公开会计信息的基本规范——会计准则,于是形成了以提供对外财务信息为主的财务会计,服务于企业内部管理的管理会计。现代会计的另一个显著标志,是实现了会计工艺手段的革命,手工簿记逐渐为会计电算化所替代。

1.1.2 会计的定义

会计的发展历史非常悠久,在其漫长、曲折的发展过程中,会计的内涵与外延不断丰富。我国清代数学家焦循将会计原始含义概括为"零星算之为计,总合算之为会"。1966年美国会计学会对会计的定义为"确认、计量和传达经济信息的过程,以使信息使用者做出明智的判断和决策"。对于现代会计,我国会计理论界趋于一致的观点是:会计是以货币为主要计量单位,以凭证为依据,运用专门的技术方法,对一定主体的经济活动过程进行全面、综合、系统的核算和监督,并向有关方面提供会计信息的一种经济管理活动。理解会计的定义,可以从以下几个方面入手。

1.1.2.1 会计的基本职能是核算和监督

会计的职能是指会计所固有的功能,它回答"会计干什么"的问题。从会计产生和发展的历史来看,会计的基本职能有两个:核算职能和监督职能。

会计核算职能或称反映职能,是会计的首要职能,也就是人们所说的"记账、算账、报账"功能。它要求会计采用货币为主要量度,通过确认、计量、记录和报告,对企事业单位的经济活动进行连续、系统、完整的反映,为会计信息的使用者提供可靠的会计资料。

任何经济活动都有既定的目的,都是按一定的目的来进行的。会计也不例外。会计监督职能是指会计能够按照一定的目的与要求,指导和调节经济活动,达到预期的目的。

会计的两大基本职能是相辅相成、辩证统一的。会计核算是会计监督的基础,没有会计核算提供的各种真实可靠的会计资料,会计监督就失去了所监督的依据;而会计监督又是会计核算质量的保障,只有搞好会计监督,保证经济业务按照规定的要求进行,并且达到预期的目的,才能发挥会计核算的积极作用。

1.1.2.2 会计以货币作为主要计量单位

原始的会计计量以实物量度(如千克、件等)、劳动量度(如小时、日等)对经营活动和财务收支进行计算和记录。这两种量度反映的数量不能进行综合比较。随着社会生产的日益发展,会计需要对经济活动过程和结果进行全面的、综合的核算,而货币作为一般等价物,具有对前两种量度间接进行计算的作用,从而使经济核算成为可能。因此,会计以货币作为主要量度,辅以劳动量度和实物量度。

1.1.2.3 会计以合法的原始凭证作为核算依据

原始凭证是证明经济业务已经发生或完成的原始记录。它不仅记录着经济业务的过程和结果,而且也明确了经济活动的责任。即使实现了会计电算化,也需根据取得的合法原始凭证进行核算。如此,既能保证会计记录有凭有据,又能取得真实可靠的会计信息。

1.1.2.4 会计运用专门的核算方法对经济活动进行全面、综合、系统的核算和监督

会计在其产生和发展的过程中，逐步形成了一系列既相互联系又相互独立的专门方法——设置会计科目与账户、复式记账、填制与审核会计凭证、登记账簿、成本计算、财产清查、编制会计报表，对经济活动进行全面、综合、系统的核算和监督。

"会计"一词的由来

人类创造了会计一词，也赋予会计特定的含义。在我国，"会计"一词的产生和它具体运用到经济核算方面，经历了一个漫长而又十分有趣的过程。

"会计"由"会"和"计"两字组成，古时分别写作"會"、"計"。

"會"字起源，为"合"、"曾"二字形体省略后的合一，意义的合一。取"合"字之上部"亼"，取"曾"字之下部"罒"。夏商之际尚无"會"字的形体，在甲骨文中仅有"合"字。当时涉及相会、聚会、开会之事，称之为"合"，涉及会计方面的计算、合计和记录也称为"合"。经过一个漫长的演进过程，到西周时代，随着合字的部分形体——"亼"的转移，合字的含义也随之转移到"會"字的含义中去了。"亼"为三合之形，读作"集"，包括相会、聚会、会合、计算汇总的含义。"曾"为"增"的假借字，其本身含有增加、增多之意。随着"曾"的部分形体"罒"字的转移，"增"字的这种含义也转移到"會"字中去了。在形体同一，而含义却是多方面的情况下，人们逐渐从不同发音达到辨别字意的目的。凡涉及会计方面的用意，读音与"快"字相同；凡涉及开会、会合等方面的用意，其音与"惠"字相同。

"計"字是由"十"和"言"两个字组合而成的。西汉语言学家杨雄在《法言》一书中阐述"言"为心声，表明真实无欺、正确无误之意。"十"表示零星计算、四方汇合之意。相传在远古时代，人们通常把部落所在地称为中央，把部落的周围区别为四方，即现在的东南西北四方，而中央与四方组合在一起，便构成了一个"十"字形体。那时候，每逢出猎，部落首领便向四方分派猎手，分四路出去，而后又按这四路返回部落。按照规定，各路出猎归来必须如实报告捕获猎物的数目，不得隐瞒。最后由部落首领汇总计算，求得一个总数，以便解决所获猎物在部落范围内的分配问题。这种零星计算四方收获猎物的举动，便构成"计"字的原始意义——正确进行零星计算和报告。

在西周时代，"會"与"計"开始连用，构成一个新词，用以表示会计核算的基本意义。正如《说文解字》中所讲："會，計也"，"計，會也"。可见，"會"与"計"二字含义和谐，用于表示某一特定的科学范畴，是顺乎其情、合乎其理的。

随着简体字的推行，"會計"也逐渐演变成我们现在使用的"会计"。

1.1.3 会计信息使用者

会计信息的使用者很多，但他们可大致划分为外部使用者和内部使用者两大类。外部

使用者包括个人、投资者、债权人、政府管理机构、税收机关等；内部使用者包括企业管理当局、职工等。下面讨论的是会计信息的部分使用者与群体。

1.1.3.1　会计信息的外部使用者

（1）个人。如你，在日常事务中使用会计信息管理银行账户、评价工作前景、进行投资和决定是买房还是租房等。

（2）投资者。投资者为企业提供生产经营所需的资金。为决定是否投资，他们往往通过分析企业财务报告来了解企业的生产经营情况，此外他们还从有关商业报刊上了解企业的信息，如《中国证券报》、《经济日报》、《财务与会计》等。

（3）债权人。如银行，最关心的是企业的偿债能力以及企业未来的发展前景，他们需要对企业提供的会计信息进行评估，并对企业的未来经营情况进行正确的预测。

（4）政府管理机构。企业提供的会计信息为财政、工商等部门制定管理制度提供参考；社会保障机构通过企业会计信息，掌握各项社会保障基金的交纳情况；审计部门对企业提供的会计信息进行经济监督等；税务部门根据企业提供的会计信息实行课税。

1.1.3.2　会计信息的内部使用者

（1）企业管理当局。一个企业的各级管理部门利用会计信息为企业制定经营目标，评价为实现目标所付出的努力，并在必要时采取改进措施。如企业需要借入多少银行借款，需要支付多少广告费，是否扩大经营场所，购置多少设备等。

（2）职工。企业的每位职工都需要会计信息，如工会和职工，他们根据企业报告的收入和发展状况确定其工资水平和福利待遇等。

1.1.4　会计职业道德

会计职业道德涉及会计和商业活动的所有领域，它是会计人员在会计工作中应当遵循的道德规范。面对职业道德的挑战，会计人员应根据什么标准来规范自己的行为呢？中华人民共和国财政部于1996年6月17日发布的《会计基础工作规范》中明确规定"会计人员在会计工作中应当遵守职业道德，树立良好的职业品质、严谨的工作作风，严守工作纪律，努力提高工作效率和工作质量"。具体可概述为：爱岗敬业，诚实守信，廉洁自律，客观公正，坚持准则，提高技能和强化服务。

【小思考1-1】　本项目开篇案例中，王青违背了哪些会计职业道德？为什么？

1.1.5　会计法律制度

会计具有技术性和经济性。会计的经济属性决定了会计所提供的经济信息必定会影响利益相关人的经济利益，从而影响到经济资源的有效配置，所以会计信息必须遵循会计法律制度。目前，我国会计法律制度主要包括会计法律、会计行政法规、会计部门规章和地方性会计法规。

1.1.5.1　会计法律

会计法律是指由全国人民代表大会及其常务委员会经过一定立法程序制定的有关会计

工作的法律。我国现行的会计法律是 1999 年 10 月 31 日九届全国人大常委会第十二次会议修订通过的《会计法》。它是我国会计法律中层次最高的法律规范,是制定其他一切会计法规、制度、办法等的法律依据,也是指导会计工作的最高准则。

1.1.5.2 会计行政法规

会计行政法规是指由国务院制定并发布,或者国务院有关部门拟定并经国务院批准发布,调整经济生活中某些方面会计关系的法律规范。如 1990 年 12 月 31 日国务院发布的《总会计师条例》;2000 年 6 月 21 日国务院发布的《企业财务会计报告条例》等。

1.1.5.3 会计部门规章

会计部门规章是指国家主管会计工作的行政部门即财政部以及其他相关部委根据法律和国务院的行政法规、决定、命令,在本部门的权限范围内制定的、调整会计工作中某些方面内容的国家统一的会计准则制度和规范性文件,包括国家统一的会计核算制度、会计监督制度、会计机构和会计人员管理制度及会计工作管理制度等,如《企业会计准则》及《事业单位会计准则》等。

1.1.5.4 地方性会计法规

地方性会计法规是指由省、自治区、直辖市人民代表大会或其常务委员会在同宪法、会计法律、行政法规和国家统一的会计准则制度不相抵触的前提下,根据本地区情况制定发布的关于会计核算、会计监督、会计机构和会计人员以及会计工作管理的规范性文件。

任务 1.2　会计核算的基本前提和会计基础

1.2.1　会计核算的基本前提

会计人员在会计工作中,面对变化不定的经济环境和未被确切认识而存在不确定性的会计业务,往往需要根据客观的正常情况或趋势做出合乎事理的判断,进行正确的记录,以反映经济活动的真实性。这种判断基础就是会计假定,或会计核算基本前提。我国会计准则中提出的会计假定包括:会计主体、持续经营、会计分期和货币计量。

1.2.1.1 会计主体

会计主体是指会计所服务的特定单位,它是独立于其他机构的某一机构或某一机构的一部分的独立经济单元。会计上只有各主体间界限分明,才不至于将各主体的事务混在一起。依据此项假定,会计主体就可以在会计上划清公私界限,正确反映会计主体本身所拥有的财产和对外的债权债务,正确计算盈亏,为信息使用者提供有用的会计信息。因此,作为最主要的会计核算前提——会计主体,为会计活动规定了空间范围,决定了会计的性质和作用范围。

必须明确的是,会计主体与法律主体不能等同。一般来说,法律主体一定是会计主体,但会计主体不一定是法律主体。会计主体可以是一个法人企业,也可以是由若干家企业通过控股关系组织起来的集团公司,还可以是一个企业的某一特定部分,如分公司、销售区域、零售点,以及具有经济业务特点的非营利组织,如学校、机关团体、科研机构等。

1.2.1.2 持续经营

持续经营是指企业的生产经营活动将在未来的无限延长的期间内持续不断地进行下去。我们通常将持续经营与企业破产相比较来说明这种假设的意义。在企业破产的情况下,会计的各项资产都即将出售,债务无论是否到期都必须清偿。例如,在某一特定时刻,如果一家正在生产服装的公司宣告破产,那么那些尚未完工的服装在出售时几乎是没有什么价值的。在持续经营假定下,这些未完工的服装将被继续加工直至完工,产品以成本计价,待以市价进行出售。如果会计人员有充分的理由相信企业将要破产清算,那么,就要将企业的资源以清算价格进行报告。但这种情况是不多见的。

持续经营假设与会计主体假设密切相关,持续经营假设是在会计主体假设之后提出的,为会计的正常活动规定了时间范围。

1.2.1.3 会计期间

根据持续经营假设,企业经营期被认为是无限长的。但管理者和其他相关利益者并不愿意等到企业终结了才去了解获得了多少收益,他们需要了解在各个阶段企业运营得怎么样。这就需要引出会计期间概念。会计期间是编制供外部当事人使用的会计报表的起讫时间,通常把一年作为一个会计期间。第一部会计教科书的著作者卢卡·帕乔利在1494年写到:"账簿应该每年结清一次,特别是在合伙企业内,因为经常的会计核算有利于保持长期的合作关系。"

按照会计惯例,会计期间通常以年度为单位。我国小企业会计准则规定会计期间分为年度和月度。年度、月度的起讫日期均采用公历日期,如公历1月1日至12月31日。会计期间假设与持续经营假设一样,都是为会计的正常活动做出时间上的规定。会计期间假设依赖于持续经营假设,持续经营假设需要会计期间假设,两者互相补充,不可分离。只有立足于企业持续、正常的经营,又尽可能分清各个会计期间的经营业绩,才能对某些会计业务的处理做出一些具体规定,如收入的实现、费用的分配、财产的估计以及费用的待摊与预提等,才能产生一系列会计准则和会计核算的程序与方法。

【小思考1-2】 在世界范围内,不同的国家,其会计期间是否一致?为什么?

1.2.1.4 货币计量

会计中的记录仅仅由那些用货币形式表示的信息构成。采用货币记录的好处是提供了一个通用的标准,通过采用这种标准可以将会计主体所发生的不同种类的事实表述为可以进行加减的数字。

例如,某企业拥有30 000元现金,1 000千克的原材料,一辆货车,50台机器设备,10 000平方米的建筑面积等等,但这些数字却不能加总在一起。将这些项目用货币形式表示——30 000元现金,25 000元的原材料,60 000元的货车,40 000元的机器设备,2 000 000元的建筑面积——这样就可以进行汇总,求出企业拥有的资产合计数。

某事件对应的货币计量是按该事件发生的价值记录在账簿上的,以后货币购买力发生变动时不影响这个数值,即作为会计计量单位的货币,是假定币值稳定不变的,除非发生恶性通货膨胀,才对这一假定做某些修正。

1.2.2 会计基础的选择

会计主体在日常经济活动过程中,必然带来一定的收入,同时也会发生相应的支出。能否正确计算一定会计期间的盈亏,主要取决于各会计期间相关收入和支出的正确配比。

收入和支出的归属期间,是指应获得收入和应负担支出的会计期间。如果交易双方采取"钱货两清"的交易方式,收入和支出的会计期间就是当期,货币收付期与收支归属期一致。但是,如果交易双方采用赊销或赊购交易方式,货币收付期与收支归属期就不一致了。应收和应付是收支归属期在前,货币收付期在后;预收和预付是货币收付期在前,收支归属期在后。因此,对货币收付期与收支归属期不一致的收入和支出,如何确定其是否属于本期的收入和支出,就需要一个明确的规定,在会计上称为会计基础。会计基础分为权责发生制和收付实现制两种。

1.2.2.1 权责发生制

权责发生制又称应计制或应收应付制,是指在会计核算中,以权益和责任是否发生为标准来确定本期收入和费用。凡是当期已经实现的收入和已经发生或应当负担的费用,不论款项是否收付,都应当作为当期收入和费用入账;凡是不属于当期的收入和费用,即使款项已在本期收付,也不能作为本期的收入和费用入账。比如,4月5日顾客在商店购买价值600元的商品,商店就从这笔商品销售业务中实现了600元收入(权益发生),同时转让了成本为400元商品的所有权(责任发生)。此项交易中,商店的权益和责任同时发生,应在4月份分别确认600元收入和400元费用。又如,商店5月份销售商品30 000元,购买者提走了货物并同意30天后付款。在此项业务中,该商店已经获得了收回价款的权力,同时也交付了商品,应于5月份确认收入30 000元,同时确认相应的费用。倘若企业于5月份预收购货方价款80 000元,在7月份发出商品,销售企业就不能在5月份确认收入和费用,而必须等到商品给付时才能确认收入。

1.2.2.2 收付实现制

与权责发生制相对应的则是收付实现制或称现金制。它是按照款项的实际收付时间来确定收入和费用归属期的一种方法。按照这种方法,当收到现金时就确认收入,当支付现金时就确认费用。也就是说,凡在本期收到的款项收入,不论是否属于本期,均作为本期收入;凡在本期支付的款项支出,不论是否属于本期,均作为本期费用处理。换句话说,收付实现制不存在实现概念和配比概念。

1.2.2.3 权责发生制与收付实现制的比较

很显然,权责发生制与收付实现制对"钱货两清"交易的会计处理是一致的,而对交易双方发生赊销或赊购交易的会计处理不一致。比如,学校于2014年9月收取某学生2014学年度的学费4 000元,在收付实现制下应于2014年9月确认收入,而在权责发生制下应于2014年9月至2015年8月之间分期确认收入。再比如,企业于2014年4月销售商品100 000元,商品已经发出,客户同意2个月后付款。在权责发生制下应于2014年4月确认收入,而在收付实现制下应于2014年6月收到货款时确认收入。

此外,收付实现制不存在配比概念。例如,单位于2014年5月10日用银行存款购买复印机一台,价值30 000元,交付办公室使用。该复印机可使用5年,假定无残值。在权责发生制下,单位在未来的5年内分期摊销复印机价值,并记入各期费用。在收付实现制下,单位应在2014年5月一次确认费用,而不必分期确认费用。类似的还有银行借款利息、支付的财产保险费、支付的固定资产大修理费用等等。

综上所述,权责发生制能够真实地对会计期间内的收入和费用进行核算,正确地比较所耗与所得并确定经营成果;收付实现制会计处理比较简单,但不能正确计算经营成果。目前,我国会计法律制度规定:企业会计应采用权责发生制;政府、机关、学校、社会团体等行政事业单位使用收付实现制;实行企业化管理的事业单位,如医院、设计院、剧院等,可以采用权责发生制。

任务1.3　划分会计要素与建立会计等式

1.3.1　认识会计对象

以货币表现的经济活动,称为资金运动。企业的资金运动主要包括资金进入企业、资金在企业内部循环与周转使用、资金退出企业三种形式。

就工业企业而言,它是从事工业产品生产和销售的营利性经济组织。为了从事产品的生产与销售活动,企业必须筹集一定数量的资金。企业资金筹集的渠道来源于债主的借款和投资者的投入。企业取得资金后,一部分用于建造厂房、购买机器设备和原材料等,另一部分用于支付职工工资、水电费、办公费等日常经营管理费用,形成资金在企业内部的循环与周转。随着产品的不断生产加工,最终形成商品。企业将生产出来的商品出售,收回货款,并补偿生产中垫支的资金、偿还有关债务、上缴有关税金、分配给投资者利润等,资金退出企业。上述用货币资金表现出来的各项经济活动都是会计所要反映和监督的内容。也就是说,凡是能够以货币表现的经济活动,都是会计核算和监督的内容,即会计对象。

我国《会计法》规定,各单位发生下列经济业务事项,应当办理会计手续,进行会计核算:
(1) 款项和有价证券的收付。
(2) 财物的收发、增减和使用。
(3) 债权、债务的发生和结算。
(4) 资本、基金的增减。
(5) 收入、支出、费用、成本的计算。
(6) 财务成果的计算和处理。

1.3.2　划分会计要素

资金运动作为会计对象仍然是比较抽象的,具体落实到会计核算上,表述需要做进一步的分类,如同大家都是在校的大学生,但作为学校需要分不同专业、不同年级、不同班级进行管理一样。会计要素就是对会计对象按其经济特征所做的基本分类,是会计对象的具体化。

前已述及,企业资金投入包括企业债权人投入和企业所有者投入两类,前者称为负债,后者称为所有者权益;投入资金形成的机器设备、厂房、原材料等经济资源称为资产。由此产生反映财务状况的三大会计要素,即资产、负债和所有者权益。另一方面,企业的各项资产经过一定时期的营运,将发生一定的耗费,同时由于出售商品、产品而获得一定的收入,收支相抵后产生利润或亏损,从而分离出反映经营成果的三大会计要素,即收入、费用和利润。

1.3.2.1　反映财务状况的会计要素

1. 资产

资产是指过去的交易、事项形成并由企业拥有或者控制的资源,该资源预期会给企业带来经济利益。也就是说,作为资产,应具备三个要点:

(1) 资产必须是经济资源。如果一项资产能够为企业提供未来收益,那么它就是一项经济资源。资源可以在下列三种条件下提供未来收益:① 它们是现金或者可以转化为现金,例如存放在银行的存款和未收回的账款;② 它们是待售的货物,例如存放在仓库的商品物资等;③ 它们可以用于未来生产经营活动,这些活动可以为企业带来现金流入,例如企业拥有的机器设备,它们可以生产更多的商品。

(2) 资产必须为企业拥有或者控制。拥有是指企业对资产享有所有权,企业能够按照自己的意愿使用或处置,其他企业或个人未经同意,不能擅自使用。而控制却不完全相同。例如企业按年租入的办公场所不是企业的资产,因为企业对它的使用权控制是暂时的。如果企业租用一栋房屋或一台设备,其租赁期等于或几乎等于该房屋或设备的使用寿命(即融资租赁),那么,即使这些项目不为企业所拥有,它们也属于企业的资产。

(3) 资产必须是由过去的交易或事项所形成的。未来交易或事项以及未发生的交易或事项可能产生的结果,则不属于现在的资产。例如,企业在2014年与通用机械公司签定一项合同,将在2015年5月购置大型设备一套,价值4 000万元,对于本会计期间而言,大型设备不能作为企业资产;2015年能否作为企业资产,取决于该项合同是否履行。

【小思考1-3】　企业单位盘亏库存商品3 150元,在未查明原因前这3 150元是否属于企业的资产?为什么?

习惯上将资产按资产流动性大小顺序划分为流动资产、长期性投资、固定资产、无形资产及其他资产四类。

流动资产是指可以在1年或者超过1年的一个营业周期内变现或被耗用的资产,主要包括各种现金、银行存款、应收款项、存货等。

长期性投资是持有时间预期超过1年的各种股权性投资、不能变现或不准备随时变现的债券等。

固定资产是指企业使用期限超过1年的房屋、建筑物、机器、机械、运输工具以及其他与生产、经营有关的设备、器具、工具等。

无形资产是指企业为生产商品或者提供劳务、出租给他人、或者为管理目的而持有的、没有实物形态的非货币性长期资产，包括专利权、商标权、版权和其他类似有价值但却没有物质形态的资产。

2. 负债

负债是指过去的交易、事项形成的现时义务，履行该义务预期会导致经济利益流出企业。负债具有如下基本特征：

(1) 负债是由过去的交易、事项而形成的目前仍然存在的债务。将来的交易由于尚未发生，缺乏客观性，在会计上不认定其为负债。同样，过去已经偿还现在已经不存在的债务，也不再是企业的负债。

(2) 负债必须是在将来以资产或提供劳务偿还的一种经济负担。负债是一种目前未偿还的经济负担，此项经济负担必须于将来以现金资产、非现金资产或提供劳务加以偿还。

会计上将负债按其流动性划分为流动负债和长期负债两大类：

流动负债是指将在1年或者超过1年的一个营业周期内需要偿还的债务，包括短期借款、应付款项、应交款项等。

长期负债是指偿还期在1年或者超过1年的一个营业周期以上的债务，包括长期借款、应付债券、长期应付款等。

3. 所有者权益

所有者权益是指所有者在企业资产中享有的经济利益，其金额为资产减去负债后的余额。所有者权益具有以下特点：

(1) 所有者权益代表的资产可供企业长期使用，在歇业之前企业没有归还的义务。

(2) 所有者权益拥有分享企业税后利润的权力。在正常情况下，公司投资者并不能取得固定数额的回报，而只是参与企业税后利润的分配，企业多盈利，投资者多得回报。

(3) 所有者权益仅表示所有者对企业的净资产要求权，当企业破产清算时，其求偿权位于负债之后。

所有者权益包括实收资本(或股本)、资本公积、盈余公积和未分配利润等。

实收资本是投资者实际投入企业经营活动的各项财产物资。在有限责任公司或股份有限公司表现为股本。股本为每股平价乘以流通在外的股票数。如果投资者实际支付的款项超过了这个规定价值(通常情况都是这样)，超过的部分要单独列为资本公积。

留存收益包括盈余公积和未分配利润。留存收益是从企业开业之初到报表编制日为止所获得的全部收益与整个期间内分派给投资者的全部报酬之间的差额，这个差额代表了企业总收益中被留存下来用于企业扩大再生产的资金来源。

1.3.2.2 反映经营成果的会计要素

1. 收入

收入是指企业在销售商品、提供劳务及让渡资产使用权等日常活动中所形成的经济利益总流入。收入具有如下基本特征：

(1) 收入是从企业的日常经营活动中产生的，而不是从偶发的交易或事项中产生的。

比如，工业企业销售商品、提供工业性劳务等获得的经济利益是收入。而有些交易或事项虽能为企业带来经济利益，但不属于企业的日常经营活动，其流入的经济利益是利得，而不是收入，如企业出售固定资产、出售无形资产等，因为这些资产是为使用而不是为出售而购入的，将固定资产或无形资产出售不是企业的经营目标，也不属于企业的日常经营活动，因而出售这些资产会计上不确认为收入。

（2）收入可能表现为企业资产的增加，也可能表现为负债的减少，或者两者兼而有之。如收入可能使企业增加银行存款、应收账款等；也可能使企业减少应付账款、应付票据等；也可能销售商品的货款中部分用以抵偿债务，部分收取现金或其他资产等，如债务重组。

（3）收入能导致企业所有者权益的增加。如上所述，收入能增加资产或减少负债或者两者兼而有之，因此，根据"资产－负债＝所有者权益"的公式，企业取得收入一定会增加所有者权益。但所有者权益的增加也可能是由于其他原因造成的，如接受投资、接受捐赠等。

（4）收入只包括本企业经济利益的流入，不包括为第三方或客户代收的款项，如增值税、代收利息等。代收的款项，一方面增加企业的资产，一方面增加企业的负债，因此不能作为企业的收入。

按照收入的性质分类，可以分为销售商品收入、提供劳务收入和让渡资产使用权等取得的收入。其中，销售商品收入主要是指取得货币资产方式的商品销售，如商品流通企业销售所购进的商品等；提供劳务收入主要有提供旅游、运输、饮食、广告、咨询、培训、产品安装等所获取的收入；让渡资产使用权收入是指企业将资产让渡给他人使用所取得的收入，如投资债券、股票获得的收入，出租固定资产、包装物等收取的租金收入等。

按照企业经营业务的主次分类，收入可以分为主营业务收入和其他业务收入。主营业务收入是指企业为完成经营目标而从事主要经营活动所产生的收入。比如，工业企业的主营业务收入主要包括销售产品、自制半成品、代制品、代修品以及提供工业性作业等所取得的收入；商品流通企业的主营业务收入主要包括销售商品所取得的收入等。其他业务收入是指主营业务以外的其他日常活动所产生的收入，一般占企业收入的比重较小，如材料销售收入、出租收入等。主营业务收入和其他业务收入的划分标准，一般应按照营业执照上注明的主营业务和兼营业务予以确定。

2. 费用

费用是指企业为销售商品、提供劳务等日常活动所发生的经济利益的流出。费用具有如下基本特征：

（1）费用是企业在日常活动中发生的经济利益的流出，而不是从偶发的交易或事项中发生的经济利益的流出。如企业发生的电话费、办公费等属于费用范畴；而企业因自然灾害发生的支出属于损失。

（2）费用可能表现为资产的减少，或负债的增加，或两者兼而有之。

（3）费用最终能引起所有者权益的减少。

费用一般包括营业成本、营业税金及附加和期间费用等。

（1）营业成本。营业成本是指销售商品或提供劳务的成本，包括主营业务成本和其他业务成本。

（2）营业税金及附加。营业税金及附加是指企业因销售商品或提供劳务发生的营业税、资源税、城市维护建设税及教育费附加等。

(3) 期间费用。期间费用是指不记入产品成本、直接记入当期损益的各项费用,包括销售费用、管理费用和财务费用等。

3. 利润

收入超过费用的部分就是利润,它是企业在一定会计期间的经营成果。反之,如果收入不足弥补费用,其差额就是亏损。

利润是由营业利润、投资收益、补贴收入、营业外收支净额等所构成的。

营业利润是企业由于经营所赚得的收益,它等于企业当期经营收入扣除经营成本、经营税金和费用以后的净额。

投资收益是指企业对外投资所取得的收益减去投资损失后的净额。

补贴收入是指企业按规定实际收到国家按期给予的税金退还、补贴等。

营业外收支净额是指企业发生的与其生产经营活动无直接关系的各项收入减去支出后的差额。

1.3.3 建立会计方程式

会计最基本的工具就是会计方程式,它反映企业拥有的经济资源及对该资源的求偿权。前已述及,资产是企业的资源,对企业资产的求偿权来自债主权益(即负债)和所有者权益。资产与权益之间形成了相互依存的关系。没有无资产的权益,也没有无权益的资产。从数量上看,有一定数额的资产,必定有一定数额的权益;反之亦然。也就是说,资产与权益之间在数量上存在必然相等的关系。这一关系可以用下式表示:

$$资产 = 权益$$
$$资产 = 负债 + 所有者权益$$

图 1-1 会计方程式(1)

企业在经营过程中,通过为顾客提供商品或服务以增加收入,在获得收入的过程中又必然发生员工的工资、广告费、水电费以及某些特定资产的逐渐破损等耗费,这些费用都是为了吸引顾客或为顾客服务而发生的,是"经商的代价"。任何商人经营企业的目的都是一致的,即使其收入超过费用,以获得净收益,其基本公式为

$$收入 - 费用 = 利润(或净收益)$$

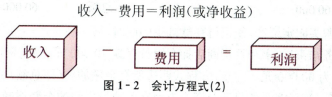

图 1-2 会计方程式(2)

根据收入和费用的定义描述,我们知道:收入增加相应地引起留存收益的增加,而费用的发生则使留存收益减少。也就是说,收入和费用实际上属于所有者权益范畴,用下式

表示：

$$资产＝负债＋所有者权益＋利润(收入－费用)$$

图1-3 会计方程式(3)

【小思考1-4】 "资产－负债＝所有者权益"是否属于会计等式？为什么？

1.3.4 运用会计方程式分析企业交易

为了阐述企业交易的核算，我们假设王智（化名。本书中提及的人名、企业名等均使用化名）最近开办了一家百货商店。由于只有一个所有者，商店是独资企业。我们现在考虑8项经济业务，并分析其对会计方程式的影响。交易分析是会计核算的核心。

【业务1】 王智投资60 000元开始创办一个百货商店，他以"永和百货商店"的名义在银行开立账户，并办理工商营业执照，从事商品经营活动。这笔交易对百货商店的会计方程式影响如下：

	资　产	＝	负　债	＋	所有者权益
(1)	银行存款	＝			实收资本
	＋60 000				＋60 000

第1笔交易使"永和百货商店"的资产（现金）增加60 000元，使所有者权益（实收资本）同时增加60 000元，而不涉及负债业务。此时资产总额与负债及所有者权益总额相等。

【业务2】 永和百货商店支付20 000元购买了一部分柜台和货架。对会计方程式影响如下：

	资　　　产		负　债	＋	所有者权益
	银行存款　＋　固定资产				实收资本
余额	60 000				60 000
(2)	－20 000　＋　20 000				—
余额	40 000　＋　20 000				60 000
总额	60 000		总额		60 000

用银行存款购买固定资产，使银行存款减少的同时，另一项资产（固定资产）增加了相同的金额。该项业务结束后，永和百货商店拥有银行存款40 000元，固定资产20 000元，负债为0，所有者权益为60 000元。注意，方程式两边所有余额的和（即总额）是相等的。

由此可见，当一笔经济业务只涉及资产方面有关项目之间的金额增减变化时，由于它不涉及负债及所有者权益方面的项目，因而其总额也不会变动，故双方总额仍保持着平衡关系。

【业务3】 永和百货商店购买了 30 000 元的商品,并承诺 30 天内支付价款。它对会计方程式影响如下:

```
              资         产                    负  债    +    所有者权益
         银行存款+存货+ 固定资产              应付账款              实收资本
   余额    40 000        20 000        =                              60 000
   （3）          +30 000                    +30 000                   ——
   余额    40 000  30 000  20 000              30 000                  60 000
   总额         90 000                    总额         90 000
```

该笔业务使企业资产（存货）与负债（应付账款）同时增加 30 000 元,会计方程式两边的余额之和各是 90 000 元。也就是说,当一笔经济业务涉及资产与权益同时增加时,等式两边增加的金额是相等的,会计方程式仍然保持平衡关系。

【业务4】 永和百货商店销售商品,取得收入 10 000 元现金,同时将现金存入银行。它对会计方程式影响如下:

```
              资         产                    负  债    +    所有者权益
         银行存款+存货+ 固定资产              应付账款           实收资本+收入
   余额    40 000  30 000  20 000      =       30 000              60 000
   （4）   +10 000                                                  ——   +10 000
   余额    50 000  30 000  20 000              30 000         60 000    10 000
   总额         100 000                   总额         100 000
```

上述交易使企业得以成长,其资产增加 10 000 元,销售收入也增加 10 000 元。根据收入的定义可知,收入的增加使所有者权益发生增加。至此,方程式两边的余额之和已经增加到 100 000 元,仍保持平衡关系。

【业务5】 永和百货商店用存款支付 3 000 元费用,其中租金 2 000 元,办公费 1 000 元。该项业务对会计方程式影响如下:

```
              资         产                    负  债    +    所有者权益
         银行存款+存货+ 固定资产              应付账款         实收资本+收入-费用
   余额    50 000  30 000  20 000      =       30 000         60 000   10 000
   （5）   -4 000                                                              -4 000
   余额    46 000  30 000  20 000              30 000     60 000   10 000   -4 000
   总额         96 000                     总额         96 000
```

费用与收入起正好相反的作用,它使企业趋于收缩,资产总额减少 4 000 元,所有者权益也减少 4 000 元。此项业务发生后,方程式两边的余额之和同为 96 000 元,仍然相等。

【业务6】 永和百货商店用银行存款支付所购商品价款 20 000 元,余款在下月支付。该项业务对会计方程式影响如下:

这笔经济业务的发生,使资产类的银行存款减少了 20 000 元,同时使负债类的应付账款

```
           资              产            负  债    +    所有者权益
       银行存款+存货+固定资产        应付账款         实收资本+收入-费用
  余额   46 000  30 000  20 000         30 000        60 000  10 000 -4 000
  (6)   -20 000                        -20 000
  余额   26 000  30 000  20 000         10 000        60 000  10 000 -4 000
  总额        76 000                总额       76 000
```

亦减少了 20 000 元。也是在资产、负债及所有者权益两大类项目中同时发生减少,且减少的金额都是 20 000 元,方程式两边的总额各为 76 000 元,仍然是相等的。

【业务7】 王智从永和百货商店提取存款 3 000 元,以备个人之用。对会计方程式影响如下:

```
           资              产            负  债    +    所有者权益
       银行存款+存货+固定资产        应付账款         实收资本+利润
  余额   26 000  30 000  20 000         10 000        60 000   6 000
  (7)   -3 000                                        -3 000
  余额   23 000  30 000  20 000         10 000        57 000   6 000
  总额        73 000                总额       73 000
```

由于提款用于与企业生产无关的个人支出,会计记录为撤资。因此,王智从企业提款 3 000 元使企业资产(银行存款)减少了 3 000 元,同时使所有者权益(实收资本)亦减少了 3 000 元。减少后方程式两边的总额各为 73 000 元,仍然是平衡的。

【小思考1-5】 王智用个人资金 28 000 元支付其家庭装修费用。该项业务是否属于企业的交易而加以记录? 为什么?

【业务8】 永和百货商店按规定应交纳所得税 500 元,但尚未上缴。对会计方程式影响如下:

```
           资              产          负    债      +    所有者权益
       银行存款+存货+固定资产      应付账款+应交税费       实收资本+利润
  余额   23 000  30 000  20 000       10 000              57 000   6 000
  (7)                                        +500                  -500
  余额   23 000  30 000  20 000       10 000   500        57 000   5 500
  总额        73 000                总额       73 000
```

所得税是企业的一项费用,在企业未上缴之前是企业的一项负债。该项业务使企业负债增加 500 元,同时使所有者权益(利润)减少 500 元。由于该项业务不影响资产总额的变动,所以会计方程式两边金额未发生总额变动,只是权益内部结构发生变化。

上述经济业务只是企业多种多样的经济活动的一部分,但它们从一个侧面反映了企业的任何经济业务的变化,都不会影响会计方程式的平衡关系。我们可以将经济业务对资产、负债及所有者权益的影响概括为下列九种变化类型,如表 1-1 所示。

表1-1 资产、负债及所有者权益的九种变化类型

序号	资产	=	负债	+	所有者权益
1	+资产-资产	=	——	+	——
2	——	=	+负债-负债	+	——
3	+资产	=	+负债	+	——
4	-资产	=	-负债	+	——
5	+资产	=	——	+	+所有者权益
6	-资产	=	——	+	-所有者权益
7	——	=	-负债	+	+所有者权益
8	——	=	+负债	+	-所有者权益
9	——	=	——	+	+所有者权益-所有者权益

从表1-1中我们可以看出：凡是涉及资产、负债及所有者权益两类项目同增或同减的经济业务，会使双方原来的总额发生相等金额的同增或同减的变化，因此，变化的结果，双方金额仍然相等；凡是涉及资产、负债及所有者权益内部项目之间的变动，会导致此增彼减，原来的总额不会发生变化，自然不会影响双方平衡。因此，任何一项经济业务的发生，无论引起资产、负债及所有者权益发生怎样的增减变化，都不会破坏双方总额的平衡关系。所以我们将资产与负债及所有者权益之间的恒等关系，称为会计平衡式。这种恒等关系，是设置会计科目、进行复式记账的基础，也是编制资产负债表的理论依据。

任务1.4　认识会计核算方法

1.4.1　会计方法的组成

会计方法是指用来核算和监督会计对象，执行会计职能，实现会计目标的手段。会计方法是人们在长期的会计工作实践中总结创立的并随着生产发展、会计管理活动的复杂化而逐渐地完善和提高的。会计方法一般包括会计核算、会计分析、会计监督、会计预测、会计控制和会计决策等六种具体方法。

1.4.1.1　会计核算方法

会计核算方法是指以统一的货币单位为量度标准，连续、系统、完整地对会计对象进行计量、记录、计算和核算的方法，它是会计方法中最基本、最主要的方法，是其他各种方法的基础。

1.4.1.2　会计分析方法

会计分析方法是利用会计核算提供的信息资料，结合其他有关信息，对企业财务状况和经营成果进行的分析研究。

1.4.1.3 会计监督方法

会计监督方法是通过会计核算及会计分析所提供的资料,检查企业的生产经营过程或单位的经济业务是否合理合法及会计资料是否完整正确。

1.4.1.4 会计预测方法

会计预测方法作为经济管理的重要手段,其目的是定量或定性地判断、推测和规划经济活动的发展变化规律,并对其做出评价,以指导和调节经济活动,谋求最佳经济效果。会计预测的依据主要是会计资料,它是利用已取得的会计信息产生新的会计信息的过程,所以说会计预测是一个信息处理和信息反馈的过程。

1.4.1.5 会计控制方法

会计控制方法是指会计人员(部门)通过财经法规、规章制度、预算计划、目标定额等对资金运动进行指导、组织督促和约束,确保财务目标实现的管理方法。

1.4.1.6 会计决策方法

会计决策方法是指在会计预测的基础上,结合相关信息资料,按照预定的目标,从若干个备选方案中选择最优方案所采用的方法。

1.4.2 会计核算方法体系

会计方法是为实行会计核算,进行会计管理和完成会计任务所采用的手段。由于会计工作包括会计核算工作和会计管理工作,所以会计方法也包括会计核算方法和会计管理方法。会计核算方法是对单位已经发生的经济活动进行连续、系统、完整的核算和监督所应用的方法。它主要包括设置账户、复式记账、审核和填制会计凭证、登记账簿、成本计算、财产清查和编制财务会计报告。

1.4.2.1 设置账户

设置账户是对会计对象的具体内容进行分类核算和监督的一种专门方法。任何单位会计对象的内容既广又多,为了取得连续、系统、全面的会计资料,通过设置会计科目对会计对象进行科学分类,并根据会计科目设置账户,分门别类地登记经济业务,满足会计核算和监督的需要。

1.4.2.2 复式记账

复式记账是对每一项经济业务都以相等的金额同时在两个或两个以上相互联系的账户中进行登记。从资金运动客观规律看,任何一项经济业务活动,都涉及资金来路和去向的变化,引起至少两个方面资金的增减变动。例如,以银行存款5 000元归还前欠某单位货款,一方面引起银行存款减少5 000元,另一方面负债减少5 000元。复式记账通过做双重记录,可以清楚地反映每项经济业务活动引起资金变化的来龙去脉,根据账户对应关系检查会计处理是否正确,相互联系地反映经济业务全貌。

1.4.2.3 审核和填制会计凭证

会计凭证是具有一定格式、用以记录经济业务发生和完成情况的书面证明。审核和填制会计凭证是会计核算的一种专门方法,办理每一项经济业务,必须填制或取得会计凭证,会计机构、会计人员必须按照国家统一的会计制度规定审核会计凭证,只有经过审核正确无误的会计凭证才能作为记账的依据,才能保证会计记录正确无误,提高会计核算质量。

1.4.2.4 登记账簿

会计账簿由具有一定格式的账页组成,是以会计凭证为依据,全面、连续地记录一个单位的经济业务,对大量分散的数据或资料进行分类整理,逐步加工成有用的会计信息的工具。登记账簿是根据会计凭证,在账簿上连续、系统、完整地记录经济业务的一种专门方法。经济业务发生后,首先编制会计凭证,然后按照经济业务发生的时间先后顺序,分门别类地记入有关账簿,并定期进行结账、对账,加工成系统、完整的数据资料,提供有用的会计信息。

1.4.2.5 成本计算

成本计算是按一定的成本对象,对生产经营过程中所发生的成本费用进行归集和分配,计算各对象的总成本和单位成本的一种专门方法。企业在生产经营过程中会发生各种耗费,为了核算和监督所发生的各种费用,必须正确地进行成本计算。各单位因经济业务活动内容不同,其成本计算内容也有所不同。如工业企业需计算材料采购成本、产品生产成本、产品销售成本;商品流通企业需计算商品销售成本。通过成本计算,可以准确了解成本构成,分析和考核成本计划完成情况,寻找成本、费用开支升、降原因,促使企业加强成本核算和管理,节约费用,降低成本。同时,各单位应根据生产特色和管理要求,正确选择成本计算方法。

1.4.2.6 财产清查

财产清查是对各项财产物资进行实物盘点、账面核对以及对各项往来款项进行查询、核对,以保证账账、账实相符的一种专门方法。在实际工作中,往往因为主、客观原因,造成账面记录与实际结存不相符,为了保证账簿记录的正确性,保证财产安全,应定期或不定期地进行财产清查,并根据财产清查结果,查明原因,明确责任,调整账簿记录,保持账实一致。

1.4.2.7 编制财务会计报告

财务会计报告是指用来反映会计实体财务状况和经营成果的总结性书面文件。企业的财务会计报告由会计报表、会计报表附注和财务情况说明书组成(不要求编制和提供财务情况说明书的企业除外)。编制财务会计报告是及时提供真实、准确、完整会计信息的重要环节,它将账簿记录定期以表格形式总括地予以反映,供国家有关部门、投资人、经营管理者等方面了解本单位财务状况和经营成果,据以做出正确决策。

会计核算的各种专门方法是相互联系、密切配合的,构成一个完整的方法体系。在会计核算工作中,必须正确地运用会计核算方法。当企业发生经济业务后,要填制和审核原始凭证,根据审核无误的原始凭证,按照设置的会计科目和账户,采用复式记账的方法编制记账凭证,根据记账凭证结合原始凭证登记账簿,依据账簿记录资料和相关资料,进行成本计算和财产清查,并定期编制财务会计报告。

在会计核算过程中,填制和审核会计凭证是开始环节,登记会计账簿是中间环节,编制财务会计报告是终结环节。会计核算各方法间的关系如图1-4所示。

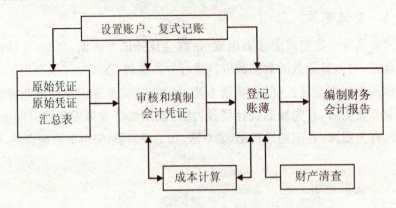

图1-4 会计核算方法关系图

 项目小结

1. 会计的由来

见表1-2。

表1-2 会计的由来

知识点	主要内容
会计的概念	会计是以货币为主要计量单位,以凭证为依据,运用专门的技术方法,对一定主体的经济活动过程进行全面、综合、系统的核算和监督,并向有关方面提供会计信息的一种经济管理活动
会计信息使用者	会计信息的使用者包括外部使用者和内部使用者两大类
会计职业道德	包括:爱岗敬业、诚实守信、廉洁自律、客观公正、坚持准则、提高技能和强化服务
会计法律制度	主要包括会计法律、会计行政法规、会计部门规章和地方性会计法规

2. 会计核算的基本前提和会计基础

见表1-3。

表1-3 会计核算的基本前提和会计基础

知识点	主要内容
会计核算的基本前提	会计主体、持续经营、会计分期和货币计量
会计基础	权责发生制和收付实现制

3. 会计要素与会计等式

见表1-4。

表1-4 会计要素与会计等式

知识点	主要内容
会计对象	以货币表现的经济活动
会计要素	资产、负债、所有者权益、收入、费用、利润
会计等式	资产=负债+所有者权益;收入-费用=利润

6. 会计核算方法

见表1-5。

表1-5 会计核算方法

知识点	主要内容
会计方法	一般包括会计核算、会计分析、会计监督、会计预测、会计控制和会计决策等六种具体方法
会计核算方法	主要包括设置账户、复式记账、审核和填制会计凭证、登记账簿、成本计算、财产清查和编制财务会计报告

项目自测题

单项选择题

1. 下列项目中,属于"资产"会计要素的是(　　)。
   A. 库存现金　　　B. 应付账款　　　C. 实收资本　　　D. 生产成本
2. 下列各项中,属于"负债"会计要素的是(　　)。
   A. 银行存款　　　B. 预收账款　　　C. 资本公积　　　D. 管理费用
3. 会计的产生和发展是由于(　　)。
   A. 社会分工的需要　　　　　　　B. 科学技术进步的需要
   C. 商品经济时代的需要　　　　　D. 社会生产的发展和加强管理的需要
4. 根据史料记载,我国"会计"一词最早出现在(　　)。
   A. 宋代　　　　　B. 唐代　　　　　C. 西周　　　　　D. 战国
5. 会计的基本职能是(　　)。
   A. 记账和算账　　B. 分析和检查　　C. 核算和监督　　D. 预测和决策
6. 下列说法不正确的是(　　)。
   A. 法律主体必然是会计主体
   B. 基金管理公司管理的证券投资基金,也可以成为会计主体
   C. 对于拥有子公司的母公司来说,集团企业应作为一个会计主体来编制财务报表
   D. 会计主体一定是法律主体
7. 会计核算的主要特点是(　　)。

A. 实物管理　　　　B. 价值管理　　　　C. 技术管理　　　　D. 时间管理

8. 下列说法正确的是(　　)。
   A. 只有企业拥有所有权的资源才称得上资产
   B. 待处理财产损失也是企业的资产之一
   C. 融资租赁固定资产是企业的资产
   D. 甲公司和原材料供应商签定了一份预购A材料的合同，A材料也是甲公司的资产之一

9. 下列可以确认为企业资产的有(　　)。
   A. 企业的人力资源　　　　　　B. 经营租入的设备
   C. 外购的商标权　　　　　　　D. 计划购买的某项设备

10. 我国的会计年度为(　　)。
    A. 公历1月1日起至12月31日止　　B. 公历4月1日起至次年3月31日止
    C. 农历1月1日起至12月31日止　　D. 公历7月1日起至次年6月30日止

11. 我国企业会计准则所规定的收入，是指(　　)。
    A. 主营业务收入和其他业务收入　　B. 主营业务收入和投资收益
    C. 营业收入和投资收益　　　　　　D. 营业收入和营业外收入

12. 确立会计核算空间范围所依据的会计基本假设是(　　)。
    A. 会计主体　　B. 持续经营　　C. 会计分期　　D. 货币计量

13. 下列可以确认为费用的是(　　)。
    A. 向股东分配的现金股利　　　　B. 固定资产清理净损失
    C. 购买材料发生的大额运费　　　D. 到银行办理转账支付的手续费

14. 下列各项中，属于流动资产的是(　　)。
    A. 固定资产　　　　　　　　　　B. 无形资产
    C. 应收账款　　　　　　　　　　D. 商誉

15. 下列项目中，属于非流动负债的是(　　)。
    A. 应付账款　　　　　　　　　　B. 应收账款
    C. 应交税费　　　　　　　　　　D. 长期应付款

16. 下列各项中，不符合资产会计要素定义的是(　　)。
    A. 委托代销商品　　　　　　　　B. 委托加工物资
    C. 待处理财产损失　　　　　　　D. 尚待加工的半成品

17. 下列各项中，符合收入会计要素定义的是(　　)。
    A. 出售材料收入　　　　　　　　B. 出售无形资产净收益
    C. 转让固定资产净收益　　　　　D. 销售商品而收到的增值税

18. 会计方法中的最基本方法是(　　)。
    A. 会计分析方法　　　　　　　　B. 会计核算方法
    C. 会计决策方法　　　　　　　　D. 会计预测方法

19. "四柱清册"创建于我国的(　　)。
    A. 宋朝　　　　B. 西周　　　　C. 唐朝　　　　D. 明朝

20. 以下项目中,不属于企业资产要素范围的是( )。
    A. 存入银行的款项　　　　　　　　　B. 存放在企业仓库的原材料
    C. 暂欠某单位购货款　　　　　　　　D. 企业的厂房、机器设备

多项选择题

1. 会计的基本职能是( )。
    A. 记账　　　　B. 算账　　　　C. 核算　　　　D. 监督
2. 下列各项中,企业能够确认为资产的有( )。
    A. 经营租入的固定资产　　　　　　　B. 融资租入的固定资产
    C. 盘亏的存货　　　　　　　　　　　D. 购入的工程物资
3. 下列各项中,能够引起资产与负债同时变动的是( )。
    A. 计提固定资产折旧　　　　　　　　B. 计提短期借款利息
    C. 发放现金股利　　　　　　　　　　D. 支付职工薪酬
4. 下列项目中,属于会计核算前提的有( )。
    A. 会计主体　　　　　　　　　　　　B. 持续经营
    C. 会计分期　　　　　　　　　　　　D. 货币计量
5. 下列项目中,属于会计核算方法的有( )。
    A. 设置账户　　　　　　　　　　　　B. 复式记账
    C. 财产清查　　　　　　　　　　　　D. 编制报表
6. 下列各项中,属于非流动资产的有( )。
    A. 固定资产　　　　　　　　　　　　B. 无形资产
    C. 应收账款　　　　　　　　　　　　D. 原材料
7. 下列项目中,属于会计要素的有( )。
    A. 资产　　　　B. 成本　　　　C. 费用　　　　D. 负债
8. 将一项资源确认为资产时,应当符合( )。
    A. 预期会给企业带来经济利益　　　　B. 应是由过去的经济事项引起的
    C. 相关的经济利益可能流入企业　　　D. 该资源的成本能可靠计量
9. 下列属于负债特征的有( )。
    A. 负债是企业承担的现时义务
    B. 负债的清偿预期会导致经济利益流出企业
    C. 负债是由企业过去的交易或事项形成的
    D. 未来流出的经济利益的金额能够可靠地计量
10. 下列属于所有者权益来源的有( )。
    A. 所有者投入的资本　　　　　　　　B. 资本利得和损失
    C. 留存收益　　　　　　　　　　　　D. 向银行融资借入款项
11. 下列各项中,属于会计等式的有( )。
    A. 资产=负债+所有者权益　　　　　B. 资产-负债=所有者权益
    C. 收入-费用=利润　　　　　　　　D. 资产+费用=负债+所有者权益+收入
12. 下列可以确认为收入的有( )。

A. 商店出售商品 B. 咨询公司提供咨询服务
C. 商业银行对外贷款 D. 工业企业出售使用过的固定资产
13. 下列属于利润来源构成的有（　　）。
A. 直接记入当期利润的利得和损失 B. 收入减去费用后的净额
C. 直接记入所有者权益的利得和损失 D. 接受外单位现金捐赠
14. 下列项目中，符合资金运动规律的有（　　）。
A. 一项资产增加，同时一项负债增加 B. 一项资产减少，另一项资产增加
C. 一项负债增加，同时一项负债减少 D. 一项负债增加，另一项所有者权益增加
15. 下列各项中，会计人员应遵循的会计职业道德有（　　）。
A. 诚实守信　　　B. 客观公正　　　C. 廉洁自律　　　D. 爱岗敬业

判断题

1. 凡是不能给企业带来未来经济利益的资源，均不能在资产负债表中反映。（　　）
2. 所有者权益也称为净资产。（　　）
3. 处置固定资产净损失会造成经济利益流出，所以它属于会计准则所定义的"费用"范围。（　　）
4. 出售无形资产取得收益会导致经济利益的流入，所以它属于会计准则所定义的"收入"范围。（　　）
5. 营业利润是企业在日常活动中取得的经营成果，因此它不应包括企业在偶发事件中产生的利得和损失。（　　）
6. 经济越发展，会计越重要。（　　）
7. 利得和损失一定会影响当期损益。（　　）
8. 会计监督是会计核算的基础，两者是不可分割的、辩证统一的。（　　）
9. 会计主体与企业法人是一致的。（　　）
10. 如果某项资产不能再为企业带来经济利益，即使是由企业拥有或控制的，也不能列为企业的资产。（　　）
11. 会计就是记账、算账、报账。（　　）
12. 由于会计分期，产生了权责发生制和收付实现制的区别。（　　）
13. 负债必须以货币资金偿还。（　　）
14. 外部会计信息使用者和内部会计信息使用者对会计信息的要求是不同的。（　　）
15. 在资产确认时，不仅要符合资产的定义，还要同时满足两个资产确认条件。（　　）
16. 符合负债定义的项目，应当将其确认为一项负债。（　　）
17. 某企业涉及的未决诉讼，应当确认为一项负债。（　　）
18. 收入会导致所有者权益增加，导致所有者权益增加的不一定是收入。（　　）
19. "资产＝负债＋所有者权益"是会计恒等式。（　　）
20. 无论经济业务如何变化，都不会破坏会计要素的平衡关系。（　　）

实训题

【实训题1】

【目的】 通过实训,熟悉资产、负债和所有者权益的内容及划分。

【资料】 某工业企业月末各项资料见表1-6。

【要求】

(1) 根据资料,判断各项目经济内容是属于资产、负债、所有者权益中的哪一个项目,并将各项目金额一并填入表1-6中。

(2) 计算表内资产总额、负债总额、所有者权益总额是否符合会计基本等式。

表1-6 某工业企业月末资料

项 目	金 额（元）	资 产	负 债	所有者权益
1. 银行里的存款	120 000			
2. 向银行借入3个月的借款	500 000			
3. 出纳处存放现金	1 500			
4. 仓库里存放的原材料	519 000			
5. 仓库里存放的产成品	194 000			
6. 正在加工中的产品	75 500			
7. 应付外单位货款	80 000			
8. 向银行借入3年期的借款	600 000			
9. 房屋及建筑物	420 000			
10. 所有者投入资本	7 000 000			
11. 机器设备	2 500 000			
12. 应收外单位货款	100 000			
13. 以前年度尚未分配的利润	750 000			
14. 对外单位长期投资	5 000 000			
合计				

【实训题2】

【目的】 通过实训,熟悉经济业务对会计要素的增减变化影响。

【资料】 张华是张氏公司的唯一所有者。某月张氏公司发生如表1-7所示的业务。

【要求】 试分别说明这些业务对企业资产总额、负债总额及所有者权益总额的影响,是增加或减少,还是没有影响,并说明增加或减少的具体资产名称。

表 1-7 张氏公司某月业务对会计对象的影响

项　　目	资　产	负　债	所有者权益
1. 从银行借款 100 000 元存入银行			
2. 用银行存款购置经营用的门面房花费 300 000 元			
3. 用银行存款对企业投资 80 000 元			
4. 用银行存款偿还应付账款 6 000 元			
5. 购置柜台、货架 20 000 元,款未付			
6. 销售商品 30 000 元,款未收到			
7. 用库存现金支付电话费用 1 000 元			
8. 收回应收账款 24 000 元			
9. 用银行存款支付水电费 800 元			
10. 从企业存款账户提取现金 400 元备用			

【实训题 3】

【目的】 掌握经济业务的类型及其对会计等式的影响。

【资料】 某企业发生经济业务如下:

(1) 用银行存款购买材料。

(2) 用银行存款支付前欠 A 单位货款。

(3) 用资本公积转增实收资本。

(4) 向银行借入长期借款,存入银行。

(5) 收到所有者投入的设备。

(6) 从国外进口设备,款项尚未支付。

(7) 用银行借款归还应付账款。

(8) 企业以固定资产向外单位投资。

(9) 经批准某投资者抽回投资。

(10) 企业欠银行的借款经协商转为投资。

(11) 购买 3 年后到期的国库券,准备长期持有。

(12) 经董事会决定向投资者分配利润,尚未支付。

【要求】 分析各项经济业务的类型,填入表 1-8。

表1-8 经济业务类型对会计等式的影响

类　　型	经济业务序号
1.一项资产增加,另一项资产减少	
2.一项负债增加,另一项负债减少	
3.一项所有者权益增加,另一项所有者权益减少	
4.一项资产增加,一项负债增加	
5.一项资产增加,一项所有者权益增加	
6.一项资产减少,一项负债减少	
7.一项资产减少,一项所有者权益减少	
8.一项负债减少,一项所有者权益增加	
9.一项负债增加,一项所有者权益减少	

【实训题4】

【目的】 综合运用会计基础知识。

【资料】 通用租赁公司第一个月的经营业务如表1-9所示。该公司通过购置设备然后租赁以获得收入。所有者在企业创立时进行投资,此后无撤资记录。

表1-9 通用租赁公司某月经济业务记录

业务资料	资产＝负债＋所有者权益				
	库存现金	应收账款	经营租赁资产	应付账款	所有者权益
业务1	+100 000				+100 000
业务2			+200 000	+200 000	
业务3	-70 000		+70 000		
业务4	+6 000				+6 000
业务5		+2 000			+2 000
业务6	-1 800				-1 800
业务7	+1 500	-1 500			
业务8	-10 000			-10 000	

【要求】
(1) 通用租赁公司的组织形式是什么？为什么？
(2) 试述每笔业务的交易内容。
(3) 如果上述业务反映了该企业的全部运营,该月的利润或亏损是多少？
(4) 计算本月交易后的资产、负债和所有者权益的余额。

项目 2　会计科目和账户的设置

工作任务、知识目标、职业能力

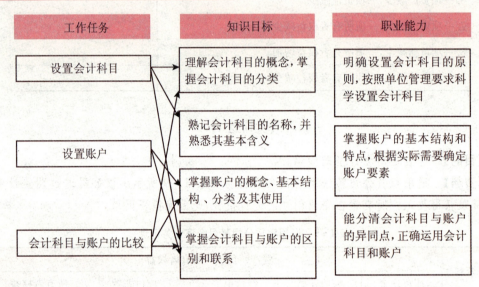

案例分析

某工厂主要生产小汽车的零配件,设有两个加工车间,分别加工小汽车的照明灯和沙发。2014 年 7 月 15 日,程姗从某高职院校会计专业毕业后来到这家企业担任会计工作。她在翻阅公司过去的会计档案时发现,这个企业将车间设备发生的修理费用列入"制造费用"科目进行核算,导致产品成本上升,产品毛利下降,进而使得生产工人的绩效工资下降。程姗根据所掌握企业会计准则认为企业在会计业务处理时错误地使用了会计科目,影响了生产工人的收入。为此,她向现任的老会计科长进行反映。经过认真细致的排查,2013 年 1 月至 2014 年 6 月,企业多列支"制造费用"20 万元,导致产品成本上升 5%,按照绩效工资规定,生产工人人均少发工资 3 000 元。经过企业管理层的研究决定,补发生产工人工资 74 000元。小程的第一次出手,赢得了大家的信任。

问题:生产车间修理费用应该列入什么会计科目?案例中,为什么制造费用多了,会影响生产工人的报酬?

任务 2.1 设置会计科目

2.1.1 会计科目的概念

企业在经营过程中发生的各种各样的经济业务,会引起各项会计要素发生增减变化。由于企业的经营业务错综复杂,即使涉及同一种会计要素,也往往具有不同性质和内容。例如,固定资产和现金虽然都属于资产,但它们的经济内容以及在经济活动中的周转方式和所引起的作用各不相同。又如应付账款和长期借款,虽然都是负债,但它们的形成原因和偿付期限也是各不相同的。再如所有者投入的实收资本和企业的利润,虽然都是所有者权益,但它们的形成原因与用途不大一样。为了实现会计的基本职能,从数量上反映各项会计要素的增减变化,就不但需要取得各项会计要素增减变化及其结果的总括数字,而且要取得一系列更加具体的分类和数量指标。因此需要对会计要素做进一步的分类。这种对会计要素的具体内容进行分类核算的项目称为会计科目。

会计科目是进行各项会计记录和提供各项会计信息的基础,也是复式记账中编制、整理会计凭证和设置账簿的基础,能提供全面、统一的会计信息,便于投资人、债权人以及其他会计信息使用者掌握和分析企业的财务情况、经营成果和现金流量。会计科目必须根据会计准则和国家统一的会计制度设置和使用。企业在不影响会计核算的要求及对外提供统一的会计报表的前提下,可以根据企业自身的特点,自行设置符合企业需要的会计科目,以便更好地反映和监督本企业经济业务活动的情况。

2.1.2 会计科目设置的原则

会计科目反映会计要素的构成情况及其变化情况,是为投资者、债权人、企业管理者等提供会计信息的重要手段,在其设置过程中应努力做到科学、合理、实用,因此在设置时应遵循下列基本原则:

1. 合法性原则

会计科目的设置应当符合《企业会计准则》及国家统一的会计制度的规定。为了保证会计信息的可比性,国家财政部门对企业所使用的会计科目都做出了较为具体的规定。企业应当按照国家财政部门制定的会计制度中的规定,设置本企业适用的会计科目。

2. 相关性原则

会计科目的设置应当为提供有关各方所需要的会计信息服务,以满足对外报告和对内管理的要求。由于会计科目的设置,是企业分类核算经济业务的基础,也是生成会计信息的基础,因此,会计科目的设置,既要考虑会计信息使用者对本企业会计信息的需要,考虑会计信息相关性的要求;又要考虑本企业内部管理的要求,考虑到强化内部经营管理和内部控制对会计信息的要求,以满足对外报告和对内管理的要求。

3. 实用性原则

会计科目的设置应当符合本企业的特点,满足本企业的实际需要。由于会计核算的目的在于客观、真实地反映企业的经营活动情况,而企业的组织形式、所处行业、经营业务的内容和种类等不同,在会计科目的设置上也应有区别。因此,企业在合法性的基础上,应当根据企业自身的特点,设置符合本企业实际情况的会计科目。

4. 简明性原则

会计科目的设置,应简明、易懂,保持相对稳定。为了便于不同时期会计资料的分析对比,会计科目的设置应保持相对稳定。此外,每个会计科目都有特定的核算内容,名称要含义明确,通俗易懂,便于开设和运用账户,不能将不同特征的资料记入同一科目。

2.1.3 会计科目的分类

为了在会计核算中正确地掌握和运用好会计科目,需要对会计科目进行科学的分类。会计科目的常用分类标准有两个:一是按其核算的经济内容分类,二是按其提供核算指标的详细程度分类。

1. 按经济内容分类——最基本、最直接的分类

会计科目按其反映的经济内容不同,可分为资产类、负债类、共同类、所有者权益类、成本类、损益类六大类。这种分类有助于了解和掌握各会计科目核算的内容以及会计科目的性质,正确地运用各科目提供的信息资料。

(1)资产类科目,是指用于核算资产增减变化,提供资产类项目会计信息的会计科目。按资产的流动性分为反映流动资产和非流动资产的科目。

(2)负债类科目,是指用于核算负债增减变化,提供负债类项目会计信息的会计科目。按负债的偿还期限分为反映流动负债和非流动负债的科目。

(3)共同类科目,是既有资产性质又有负债性质的科目,分为衍生工具、套期工具、被套期项目等科目。

(4)所有者权益类科目,是指用于核算所有者权益增减变化,提供所有者权益有关项目会计信息的会计科目。按所有者权益的形成和性质可分为反映资本和留存收益的科目。

(5)成本类科目,是指用于核算成本的发生和归集情况,提供成本相关会计信息的会计科目。按成本的内容和性质可分为反映制造成本和劳务成本的科目。

(6)损益类科目,是指用于核算收入的实现和费用的发生,提供一定期间损益相关会计信息的会计科目。按损益内容的不同可分为反映收入和费用的科目。

目前,参照我国《企业会计准则——应用指南》,企业实际工作中需要使用的会计科目如表2-1所示。

表2-1 企业会计科目名称表

顺序号	名 称	顺序号	名 称
	一、资产类	2211	应付职工薪酬
1001	库存现金	2221	应交税费

续表

顺序号	名称	顺序号	名称
1002	银行存款	2231	应付利息
1012	其他货币资金	2232	应付股利
1101	交易性金融资产	2241	其他应付款
1121	应收票据	2314	代理业务负债
1122	应收账款	2401	递延收益
1123	预付账款	2501	长期借款
1131	应收股利	2502	应付债券
1132	应收利息	2701	长期应付款
1221	其他应收款	2702	未确认融资费用
1231	坏账准备	2711	专项应付款
1321	代理业务资产	2801	预计负债
1401	材料采购	2901	递延所得税负债
1402	在途物资		
1403	原材料	三、共同类	
1404	材料成本差异	3001	清算资金往来
1405	库存商品	3002	外汇买卖
1406	发出商品	3003	外汇结售
1407	商品进销差价	3101	衍生工具
1408	委托加工物资	3201	套期工具
1411	周转材料	3202	被套期项目
1471	存货跌价准备		
1501	持有至到期投资	四、所有者权益类	
1502	持有至到期投资减值准备	4001	实收资本
1503	可供出售金融资产	4002	资本公积
1511	长期股权投资	4101	盈余公积
1512	长期股权投资减值准备	4103	本年利润
1521	投资性房地产	4104	利润分配
1531	长期应收款	4201	库存股
1532	未实现融资收益	五、成本类	
1601	固定资产	5001	生产成本
1602	累计折旧	5101	制造费用
1603	固定资产减值准备	5201	劳务成本
1604	在建工程	5301	研发支出
1605	工程物资	六、损益类	
1606	固定资产清理	6001	主营业务收入
1701	无形资产	6051	其他业务收入
1702	累计摊销	6101	公允价值变动损益

续表

顺序号	名　称	顺序号	名　称
1703	无形资产减值准备	6111	投资收益
1711	商誉	6301	营业外收入
1801	长期待摊费用	6401	主营业务成本
1811	递延所得税资产	6402	其他业务成本
1901	待处理财产损溢	6403	营业税金及附加
		6601	销售费用
	二、负债类	6602	管理费用
2001	短期借款	6603	财务费用
2101	交易性金融负债	6701	资产减值损失
2201	应付票据	6711	营业外支出
2202	应付账款	6801	所得税费用
2203	预收账款	6901	以前年度损益调整

2. 按提供核算指标的详细程度分类——适应经济管理需要

会计科目按其提供指标的详细程度可分为总分类科目和明细分类科目两大类。

(1) 总分类科目(也称总账科目、一级科目)

总分类科目是对会计对象的具体内容进行总括分类的会计科目,是进行总分类核算的依据。为了满足会计信息使用者对信息质量的要求,总分类科目是由财政部《企业会计准则——应用指南》统一规定的,前述会计科目表(表2-1)中所列会计科目均为总分类科目。

(2) 明细分类科目(也称为明细科目、细目)

明细分类科目是在总分类科目的基础上,对总分类科目所反映的经济内容进行进一步详细分类,以提供更详细、更具体会计信息的科目。如在"原材料"科目下,按材料类别开设"原料及主要材料"、"辅助材料"、"燃料"等二级科目。明细分类科目的设置,除了要符合财政部统一规定外,一般根据经营管理需要,由企业自行设置。对于明细科目较多的科目,可以在总分类科目和明细分类科目下设置二级或多级科目。如在"原料及主要材料"下,再根据材料规格、型号等开设三级明细科目。

实际工作中,并不是所有的总账科目都需要开设二级和三级明细科目,根据会计信息使用者所需不同信息的详细程度,有些只需设一级总账科目,有些只需要设一级总账科目和二级明细科目,不需要设置三级科目等。会计科目的级别示例如表2-2所示。

表2-2 "库存商品"科目按其提供核算指标的详细程度分类

总账科目	明细科目	
(一级科目)	二级科目(子目)	三级科目(细目)
库存商品	家电类	电视机、冰箱、洗衣机等
	服装类	成人装、儿童装、淑女装等
	数码类	照相机、手机、摄像机等
	日化类	牙膏、洗衣粉、肥皂、化妆品等

任务 2.2　设 置 账 户

2.2.1　账户的概念

会计科目只是对会计对象具体内容(会计要素)进行分类的项目或名称,还不能进行具体的会计核算。为了能够分门别类地对各项经济业务的发生所引起会计要素的增减变动情况及其结果进行全面、连续、系统、准确的反映和监督,为经营管理提供需要的会计信息,必须设置一种方法或手段,能核算指标的具体数字资料,于是必须根据会计科目开设账户。

账户是指根据会计科目设置的,具有一定格式,专门用来分类、连续、序时地记录经济业务,反映会计要素增减变动及其结果的一种工具。设置账户是会计核算的专门方法之一。账户使原始数据转化为初始的会计信息,通过账户可以对分散在凭证中的大量、复杂的经济业务进行分类核算,从而提供不同性质和内容的会计信息。由于账户是以会计科目为依据开设的,因而某一账户的核算内容具有排他性和独立性,并在设置上要服从于会计报表对会计信息的要求。正确地设置和运用账户,可以向会计信息使用者提供各种会计信息,这对于加强宏观和微观的经济管理都具有十分重要的意义。

2.2.2　账户的分类

账户的分类就是在认识各个账户特性的基础上,概括它们的共性,从理论上研究账户体系之间存在的相互关系,以寻求其规律,探明各个账户在整个账户体系中的地位和作用,加深对账户的认识,以达到正确设置和运用账户的目的。

账户可以按照不同的标准来分类,其主要标准有两个:一是它的经济内容;二是它的用途、结构。其中,按经济内容分类是最基本的分类,也是整个账户分类的基础。除此以外,账户还可以按照其所提供信息的详细程度以及按其与会计报表的关系分类。

2.2.2.1　账户按经济内容分类

账户按经济内容分类,就是按账户所核算和监督的资金运动状态分类。资金运动状态通常表现为静止状态和运动状态两种,资金在静止状态下表现为资产、负债和所有者权益;资金在运动状态下表现为收入、费用和利润。因此,账户按经济内容分类,一般分为资产类、负债类、所有者权益类、成本类和损益类五大类。

1. 资产类账户

资产类账户是反映企业资产的增减变动及其实有数额的账户。按照资产的流动性,资产类账户可分为反映流动资产的账户和反映非流动资产的账户两大类。

(1) 反映流动资产的账户。按照各项流动资产的内容,又可分为:反映货币资金的账户,如"库存现金"、"银行存款"等账户;反映短期债权的账户,如"应收账款"、"其他应收款"

等账户;反映存货的账户,如"原材料"、"库存商品"等账户。

(2)反映非流动资产的账户。按照各项非流动资产的内容,又可分为:反映固定资产的账户,如"固定资产"、"累计折旧"等账户;反映无形资产的账户,如"无形资产"、"累计摊销"等账户;反映长期投资的账户,如"长期股权投资"、"持有至到期投资"等账户。

2. 负债类账户

负债类账户是反映企业负债的增减变动及其实有数额的账户。按照负债的偿还期长短等特性,可分为反映流动负债的账户和反映非流动负债的账户两大类。

(1)反映流动负债的账户,如"短期借款"、"应付账款"、"预收账款"、"应付票据"、"应付职工薪酬"、"应交税费"、"应付股利"等账户。

(2)反映非流动负债的账户,如"长期借款"、"应付债券"等账户。

3. 所有者权益类账户

所有者权益类账户是反映企业所有者权益的增减变动及其实有数额的账户。按照所有者权益的构成,又分为反映所有者投入资本和准资本的账户与反映所有者投资收益的账户。

(1)反映所有者投入资本和准资本的账户,如"实收资本"、"资本公积"账户。

(2)反映所有者投资收益的账户,如"盈余公积"账户。

4. 成本类账户

成本类账户是反映企业在各个经营阶段发生的各种耗费的账户。按照发生在不同的经营阶段可分为:反映生产过程中耗费的成本计算账户,如"生产成本"和"制造费用"账户;反映企业研究开发过程中耗费的成本计算账户,如"研发支出"账户;反映企业开展劳务过程中耗费的成本计算账户,如"劳务成本"账户。

5. 损益类账户

损益类账户是反映企业经营成果及其形成的账户。它分为反映收入的账户和反映费用的账户两类。

(1)反映收入的账户,如"主营业务收入"、"其他业务收入"、"营业外收入"等账户。

(2)反映费用的账户,如"主营业务成本"、"营业税金及附加"、"其他业务成本"、"销售费用"、"财务费用"、"管理费用"、"营业外支出"、"所得税费用"等账户。

2.2.2.2 账户根据提供信息的详细程度及其统驭关系分类

账户按提供信息的详细程度及其统驭关系不同,可以分为总分类账户和明细分类账户两大类。

1. 总分类账户

总分类账户,又称"一级账户"或"总账账户",它是根据总分类科目(也称总账科目或一级科目)开设的,用来总括地反映单位发生的全部经济业务的账户。它提供总括的核算指标。在实际工作中,常常把总分类账户称为所属明细账的"统驭账户"。

2. 明细分类账户

明细分类账户,又称"二级账户"或"明细账户",它是根据总账科目所属的明细科目开设的,用来详细地反映某一类经济业务的账户。它提供的是详细的核算指标。

明细分类账户往往又分两级,即二级账户和三级账户。二级账户是介于总分类账户和明细分类账户之间的账户,它所提供的资料,较总分类账户详细,较具体明细账户总括。例如,在"原材料"总账户下,先可按"原料及主要材料"、"辅助材料"、"修理用备件"、"外购半成品"和"燃料"等设置二级账户;然后,在二级账户下再按每一种材料设置明细账户,也称为三级账户。

2.2.2.3 账户按其与会计报表的关系分类

账户按其与会计报表的关系不同,可以分为实账户和虚账户两大类。

1. 实账户

实账户是指那些据以编制资产负债表的账户,包括资产、负债和所有者权益三大类账户。由于这些账户反映企业资产、负债和所有者权益,在结账后通常都有余额,所以称为实账户,也称为永久性账户。又由于它们所提供的数据是编制资产负债表的主要依据,所以又称资产负债表账户。

2. 虚账户

虚账户是指那些据以编制利润表的账户,包括收入、费用以及通过收支配比后的财务成果。这些账户在期末结账后通常无余额,下期开始后需另行开设,所以称为虚账户,也称为临时性账户。又由于它们所提供的数据是编制利润表的主要依据,所以又称为利润表账户。

将账户分为实账户和虚账户,对于进一步了解账户的经济内容、用途、结构,对于正确地进行期末的结账工作、正确编制会计报表都有着十分重要的意义。

2.2.3 账户的功能

账户的功能在于连续、系统、完整地提供企业经济活动中各会计要素增减变动及其结果的具体信息。其中,会计要素在特定会计期间增加和减少的金额,分别称为账户的"本期增加发生额"和"本期减少发生额",两者统称为账户的"本期发生额";会计要素在会计期末的增减变动结果,称为账户的"余额",具体表现为期初余额和期末余额,账户上期的期末余额转入本期,即为本期的期初余额,账户本期的期末余额转入下期,即为下期的期初余额。账户的期初余额、期末余额、本期增加发生额和本期减少发生额统称为账户的四个金额要素。对于同一账户而言,它们之间的基本关系为

期末余额＝期初余额＋本期增加发生额－本期减少发生额

2.2.4 账户的结构

1. 账户的基本结构

由于经济业务所引起的各项会计要素的变动,从数量上看只有增加和减少两种情况,因此,用来分类记录经济业务的账户,在结构上也相应地分为两个基本部分,用于分类记录各项会计要素具体内容的增加和减少的数额。

最简单的账户形式是"T"形账户,因为它像大写字母"T"。字母中的竖线将账户分为左、右两边,账户名称即会计科目写在横线上,所有的增加列于一边,减少列于另一边。如图 2-1 所示。

账户的左、右两方是按相反方向来记录增加额和减少额的,也就是说,如果账户在左方

记录增加额,则在右方记录减少额;反之,如果账户在右方记录增加额,则在左方记录减少额。在每一个具体账户的左、右两方中,究竟哪一方记录增加额,哪一方记录减少额,取决于所采用的记账方法和账户所记录的经济内容。账户的余额一方与记录增加额在同一方向。账户是用来记录经济业务的,必须具有一定的结构和内容。作为会计核算的会计对象,账户是随着经济业务的发生在数量上进行增减变化,并相应产生变化结果的,因此,用来分类记录经济业务的账户必须确定账户的基本结构:增加的数额记在哪里,减少的数额记在哪里,增减变动后的结果记在哪里。

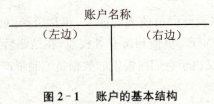

图 2-1 账户的基本结构

2. 账户的基本格式

在实际工作中,账户的具体结构可以根据不同的需要设计多种多样的格式,但其基本要素是一致的。其基本要素一般包括:

(1) 账户名称,即会计科目。
(2) 日期,用以记录经济业务发生的日期。
(3) 凭证编号,账户记录所依据凭证的编号。
(4) 摘要,经济业务的简要说明。
(5) 金额,即增加额、减少额和余额。

账户的基本格式如表 2-3 所示。

表 2-3 会计科目(账户名称)

年		凭证号数	摘要	(左方)	(右方)	余额
月	日					

2.2.5 账户与会计科目的关系

会计科目与账户是两个既有紧密联系又有一定区别的概念。

联系主要表现在:两者都是对会计对象的具体内容在按照会计要素分类的基础上所做的进一步的科学分类;两者口径一致,性质相同;两者的名称相同,反映的经济内容也是相同的。会计科目的名称就是账户的户名,会计科目是设置账户的依据;账户是根据会计科目设置的,是会计科目的具体应用。没有会计科目,账户便失去了设置的依据;没有账户,也就无法发挥会计科目的作用。正是由于会计科目与账户名称相同,反映的经济内容也相同,所以在实际工作中,人们常常把会计科目与账户作为同义语来使用。

区别主要表现在:会计科目不存在结构,而账户却具有一定的结构。会计科目只是对会计对象的具体内容进一步进行分类核算的项目,只能说明核算内容的性质,而不能记载核算内容的数量变化;账户则可以借助一定格式的账页,来记录核算内容的增减变化及其结果,为经营管理提供完整、连续、系统的会计资料。另外,会计科目是会计制度的组成内容,而账户则不属于会计制度的组成内容。

项目小结

1. 设置会计科目

见表2-4。

表2-4 设置会计科目

知识点	主要内容
会计科目的概念	会计要素的具体内容进行进一步分类所形成的项目
会计科目设置原则	合法性原则;相关性原则;实用性原则;简明性原则
会计科目的分类	可按经济内容分类,也可按其提供核算指标详细程度分类

2. 设置账户

见表2-5。

表2-5 设置账户

知识点	主要内容
账户的概念	账户是根据会计科目设置的、具有一定格式和结构、用于分类反映会计要素增减变动情况及其结果的载体
账户的分类	账户可以按照经济内容分类,这是最基本的分类,也是整个账户分类的基础。另外,账户还可以按照其所提供信息的详细程度以及按其与会计报表的关系分类
账户的功能与结构	账户的功能表现为:期末余额=期初余额+本期增加发生额-本期减少发生额; 账户的基本结构在实务中被形象地称为"丁"字账户或者"T"形账户

3. 会计科目与账户的关系

见表2-6。

表2-6 会计科目与账户的关系

知识点	主要内容
会计科目与账户的联系	两者名称一致,经济内容口径一致,性质相同
会计科目与账户的区别	两者概念不同,表现形式不同

项目自测题

单项选择题

1. ( )是对会计要素做进一步分类而形成的项目。
   A. 会计科目　　B. 会计账户　　C. 会计凭证　　D. 会计报表
2. 下列科目中属于资产类科目的是( )。
   A. 坏账准备　　B. 预收账款　　C. 实收资本　　D. 利润分配
3. 下列科目中属于损益类科目的是( )。
   A. 制造费用　　B. 本年利润　　C. 所得税费用　　D. 长期待摊费用
4. 所有者权益类会计科目的编号应以( )开头。
   A. 1　　B. 2　　C. 3　　D. 4
5. 关于账户中四种金额之间的关系表述正确的是( )。
   A. 期末余额－期初余额＝本期增加发生额＋本期减少发生额
   B. 期末余额＋期初余额＝本期增加发生额＋本期减少发生额
   C. 期末余额＝期初余额＋本期增加发生额－本期减少发生额
   D. 期末余额＋本期减少发生额＝本期增加发生额－期初余额
6. 我国对国家统一会计制度中会计科目享有制订权限的是( )。
   A. 国务院
   B. 国务院财政部门
   C. 省财政厅
   D. 县级以上人民政府的财政部门
7. 每一项经济业务的发生,都会影响( )项目发生增减变化。
   A. 一个　　B. 两个　　C. 两个或两个以上　　D. 全部
8. 所有者权益是( )之和。
   A. 投入资本与负债
   B. 投入资本与利润
   C. 利润与负债
   D. 投入资本与留存收益
9. 账户是根据( )来开设的。
   A. 会计职能　　B. 会计账簿　　C. 会计方法　　D. 会计科目
10. 账户的哪一方记增加,哪一方记减少,主要取决于( )。
    A. 账户的名称
    B. 账户的格式
    C. 账户所记录的经济业务的内容和性质
    D. 账户的结构

多项选择题

1. 设置会计科目应当符合的基本原则有( )。
   A. 合法性　　B. 相关性　　C. 实用性　　D. 方便性
2. 会计科目按提供指标的详细程度不同分类,分为( )。
   A. 资产类科目　　B. 总账科目　　C. 负债类科目　　D. 明细科目
3. 下列项目中,属于会计科目的有( )。
   A. 固定资产　　B. 运输设备　　C. 原材料　　D. 未完工产品
4. 账户的结构包括( )。

A. 账户的名称　　　B. 日期　　　　　C. 摘要　　　　　D. 金额

5. 下列会计科目中属于资产类会计科目的有(　　)。

A. 预付账款　　　B. 预收账款　　　C. 原材料　　　　D. 应收票据

6. 下列会计科目中属于负债类会计科目的有(　　)。

A. 所得税费用　　　　　　　　　　B. 预收账款

C. 应付票据　　　　　　　　　　　D. 存货跌价准备

7. 下列会计科目中属于损益类会计科目的有(　　)。

A. 营业税金及附加　B. 管理费用　　C. 制造费用　　　D. 其他业务收入

8. 下列会计科目中属于所有者权益类会计科目的有(　　)。

A. 实收资本　　　　B. 资本公积　　C. 盈余公积　　　D. 本年利润

9. 会计科目与账户的关系是(　　)。

A. 两者都是对会计对象具体内容的科学分类

B. 两者都有结构

C. 会计科目是设置账户的依据,是账户的名称

D. 两者反映的经济业务内容是一致的

10. "购买材料一批,发票单据上列示:价款 50 000 元,增值税额 8 500 元。款项全部尚未支付,材料已验收入库。"核算这一经济业务应设置的会计科目有(　　)。

A. 原材料　　　　　B. 现金　　　　C. 应交税费　　　D. 应付账款

11. "预收 B 公司购买商品的订金 18 000 元存入银行。"核算这一经济业务应设置的会计科目有(　　)。

A. 原材料　　　　　B. 银行存款　　C. 预付账款　　　D. 预收账款

12. "用银行存款预付 C 公司材料订金 6 000 元。"核算这一经济业务应设置的会计科目有(　　)。

A. 原材料　　　　　B. 银行存款　　C. 预付账款　　　D. 预收账款

判断题

1. 会计科目的名称就是账户的名称。(　　)

2. 所有经济业务的发生,都会引起会计恒等式两边同时发生变化。(　　)

3. 账户的左方和右方,哪一方表示增加,哪一方表示减少,取决于账户所记录经济业务的内容和性质。(　　)

4. 每个单位都应根据会计科目表中所列的会计科目一一对应地设置账户。(　　)

5. 为了满足会计核算质量要求,会计科目的设置越多越好。(　　)

6. 账户的余额一定与增加额在同一方向。(　　)

7. 所有总分类账户均应设置明细分类账户。(　　)

8. 设置账户是会计核算的专门方法之一。(　　)

9. 账户的基本结构相应地分为左方和右方两个方向,左方记增加额,右方记减少额。(　　)

10. 对于明细科目较多的会计科目,可在总分类科目与明细分类科目之间增设二级科目。(　　)

实训题

【实训题 1】

【目的】 识别会计要素与会计科目的类别和名称。

【资料】 某企业会计要素具体项目如表 2-7 所示。

表 2-7

序号	经济内容	会计要素名称	会计科目名称
1	房屋及建筑物		
2	生产产品用的机器及设备		
3	生产用的库存钢材		
4	购买的尚未领用的工作服		
5	未完工产品		
6	库存完工产品		
7	存放在银行的款项		
8	由出纳人员保管的现钞		
9	应收某厂的货款		
10	暂付职工借支的差旅费		
11	从银行借入的 3 年期款项		
12	应付给光华厂的材料款		
13	欠交的税金		
14	销售产品取得的收入		
15	投资者投入的资本		
16	预收的押金		
17	尚未支付的利润或股利		
18	发生的销售广告宣传费		
19	购买的 3 年后到期的国库券		
20	行政部门发生的办公费		
21	应付职工的工资		
22	购买的随时用于出售的股票		
23	购买的商标权		
24	从银行借入的 1 年期偿还的款项		
25	产品生产领用的材料成本		
26	生产车间发生的修理费用		
27	借款发生的利息费用		
28	购买债券取得的利息收入		

【要求】

(1) 说明上述项目各属于什么会计要素,并填入表中对应的行次。

(2) 分析各项目经济内容所对应的会计科目,并填入表中对应的行次。

【实训题 2】

【目的】 掌握资产、负债、所有者权益的内容及三者之间的关系。
【资料】 某企业月末各项目资料如下：
(1) 银行里的存款 120 000 元。
(2) 向银行借入的半年期借款 500 000 元。
(3) 出纳处存放现金 1 500 元。
(4) 仓库里存放的原材料 519 000 元。
(5) 仓库里存放的产成品 194 000 元。
(6) 尚未完工的在产品 75 500 元。
(7) 应付外单位货款 180 000 元。
(8) 向银行借入 2 年期的借款 600 000 元。
(9) 房屋及建筑物 420 000 元。
(10) 所有者投入资本 7 000 000 元。
(11) 机器设备 2 500 000 元。
(12) 应收外单位货款 100 000 元。
(13) 以前年度尚未分配的利润 650 000 元。
(14) 对外单位长期股权投资 5 000 000 元。

【要求】
(1) 判断各项目所属的会计要素的类别。
(2) 利用会计等式计算其月末的资产、负债及所有者权益的数额，并填入表 2 - 8 中。

表 2 - 8

序 号	会计科目	资　产	负　债	所有者权益
1				
2				
3				
4				
5				
6				
7				
8				
9				
10				
11				
12				
13				
14				
合计				

项目 3 复式记账及其应用

工作任务、知识目标、职业能力

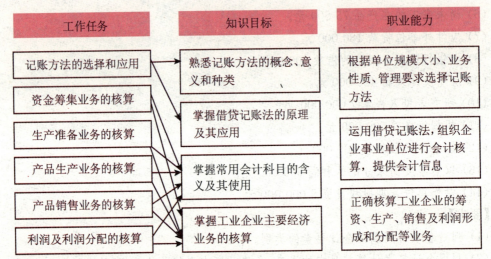

张某是 A 高校服装专业的应届毕业生,想进行自主创业。她听从多方建议,同时进行一番考察之后,决定回家乡开设一家服装店。于是,在家人的帮助下她自筹资金 6 万元,向银行贷款 4 万元,并到当地的工商管理部门办理了注册登记。经过一段时间的努力之后,服装店终于开业。刚开业第一个月,店内所发生的业务量不大,但没有会计知识的她在会计记账上遇到了麻烦。第一个月她采购了一套服装设备,价值 5 万元,购进了一批布匹,价值 2 万元,本月支付服装工人工资 1.6 万元,款项已经全部通过银行存款支付。本月销售出去价值 2.6 万元的货物,取得了 4.2 万元的销售收入,款项也全部收到。估计将要缴纳税费 0.5 万元。此外,这个月小店的房屋租金和其他日常费用为 1 万元。月末剩余布匹价值 0.6 万元,月末银行存款 4.6 万元。

问题:结合上述内容,如果你是这家服装店的会计,请问如何确认这个服装店的收入、费用和利润?

任务 3.1　记账方法及其选择

3.1.1　记账方法概述

3.1.1.1　记账方法的概念

在会计核算方法体系中,首先要按一定原则设置会计科目,并按会计科目开设账户,那么接下来的最重要的就是需要采用一定的记账方法将会计要素的增减变动登记在账户中。

所谓记账方法,就是在经济业务发生后,如何将经济业务的增减变动记录在账户中的方法。具体地说,记账方法就是根据一定的记账原理、记账符号和记账规则,采用一定的计量单位,利用文字和数字记录经济业务的一种专门的方法。

3.1.1.2　记账方法的种类

记账方法随着会计的产生和发展,经历了一个逐步完善的过程。根据记录方式的不同,记账方法可分为单式记账法和复式记账法两大类。

1. 单式记账法

单式记账法是将每项经济业务只在一个账户中进行单方面登记的方法,它一般仅登记现金,银行存款的收、付业务和各项应收、应付账项。例如,企业用现金 100 元购买办公用品,记账时只记库存现金减少 100 元,至于办公用品在什么地方或由谁领用就略而不记了。又如,某公司从 A 单位赊购 5 000 元的材料,会计上只记欠 A 公司货款 5 000 元,而不记材料的增加。

显然,这种记账方法导致账户之间的记录没有依存关系,没有相互平衡制约,不能全面地、系统地反映经济业务的来龙去脉,也不利于检查账户记录的正确性、真实性。随着社会生产力的发展和经济业务的日趋复杂,单式记账法逐渐被淘汰。目前,单式记账法只在个体工商户或私人家庭日常核算中使用,企业、事业和行政单位均不允许采用这种记账方法,而采用复式记账法。

2. 复式记账法

复式记账法是对每一项经济业务,都以相等的金额,同时在两个或两个以上相互联系的账户中进行全面登记的一种记账方法。从资金运动客观规律看,任何一项经济业务活动,都涉及资金来路和去向的变化,引起至少两个方面资金的增减变动。例如,用银行存款 80 000元购买甲材料,一方面引起银行存款减少 80 000 元,另一方面使原材料增加 80 000 元。复式记账通过做复式记录,可以清楚地反映每项经济业务活动引起资金变化的来龙去脉,全面反映经济业务的全貌。

与单式记账法相比,复式记账法有以下两个特点:(1) 因为对每一项经济业务都要求在相互联系的两个或两个以上的账户中做记录,按照账户记录的结果,不仅可以了解每一项经济业务的来龙去脉,而且可通过会计要素的增减变动全面、系统地了解经济活动的过程和结果;(2) 因为复式记账要求以相等的金额在两个或两个以上的账户中同时登记,所以可对账户记录的结果进行试算平衡,以检查账户记录的正确性。因此,复式记账法是一种科学的记账方法。

复式记账法按采用的记账符号和记账规则的不同划分,可分为收付记账法、增减记账法和借贷记账法。目前,我国会计核算采用借贷记账法。

3.1.2 借贷记账法的基本知识

3.1.2.1 借贷记账法的概念

借贷记账法是以"借"、"贷"作为记账符号,来记录和反映经济业务增减变化及结果的一种复式记账法。借贷记账法的基本内容包括记账符号、账户设置、记账规则和试算平衡四个方面。

3.1.2.2 借贷记账法的内容

1. 以"借"和"贷"作为记账符号

借贷记账法用"借"和"贷"作为记账符号,把每个账户都分为左、右两方,左方是借方,右方是贷方,用以反映资金的增减变化情况,账户的一般格式可用"T"形账户的形式表示,如图3-1所示。例如,在资产类账户中,"借"表示增加,"贷"表示减少;而在负债及所有者权益类账户中,"借"表示减少,"贷"表示增加。费用成本类账户与资产类账户方向相同,收入类账户与负债及所有者权益类账户方向相同。

借方	会计科目名称	贷方
资产的增加		资产的减少
负债的减少		负债的增加
所有者权益的减少		所有者权益的增加
收入的减少		收入的增加
费用成本的增加		费用成本的减少

图3-1 借贷记账法下的"T"形账户

2. 账户的设置和结构

在采用借贷记账法时,账户的借、贷两方必须做相反的记录。也就是指对于每个账户来说,若规定了该账户借方用来登记增加额时,则贷方就必须用来登记减少额;反之,若规定借方用来登记减少额,则贷方就用来登记增加额。究竟某个账户的哪一方用来登记增加额,哪一方用来登记减少额,这就要视账户反映的经济内容和账户的性质了。不同性质的账户,在借贷记账法中的结构是不同的。

(1) 资产类账户

对于资产类账户,借方记录资产的增加额,贷方记录资产的减少额。在一个会计期间内,借方记录的合计数额称作借方发生额,贷方记录的合计数额称作贷方发生额。在每一会计期间的期末,将借方发生额与贷方发生额进行比较,其差额就是期末余额。在正常情况下,资产类账户的期末余额一般在借方。借方期末余额转到下一期就成为下期的借方期初余额。用公式表示如下：

资产类账户期末借方余额＝期初借方余额＋本期借方发生额－本期贷方发生额

如果用"T"形账户表示，则如图3-2所示。

借方		资产类科目		贷方
期初余额	×××			
（1）增加额	×××	减少额		×××
（2）增加额	×××	减少额		×××
本期借方发生额	×××	本期贷方发生额		×××
期末余额	×××			

图3-2 资产类账户的结构

（2）负债及所有者权益类账户

负债及所有者权益类账户的基本结构为：账户贷方（右方）记录各项负债及所有者权益的增加额；账户借方（左方）记录各项负债及所有者权益的减少额。在同一会计期间内，各项负债及所有者权益的贷方发生额与借方发生额相抵后的余额为期末余额，期末余额一般在贷方。其计算公式如下：

负债及所有者权益类账户期末贷方余额 ＝ 期初贷方余额 ＋ 本期贷方发生额
－ 本期借方发生额

负债及所有者权益类账户结构用"T"形账户表示，如图3-3所示。

借方		负债及所有者权益类科目		贷方
		期初余额		×××
（1）减少额	×××	增加额		×××
（2）减少额	×××	增加额		×××
本期借方发生额	×××	本期贷方发生额		×××
		期末余额		×××

图3-3 负债及所有者权益类账户的结构

（3）费用类账户

企业在生产经营过程中的各种耗费是由资产转化而来的，就此而言，企业一定时期发生的费用在冲抵收益前，是资产的一种特殊形式。因此，费用类账户结构类似于资产类账户结构。

费用类账户的基本结构为：账户借方记录各项费用的增加额；账户贷方记录各项费用的转出额。按照配比原则，当期增加的费用一般在会计期末全部从贷方转出，冲抵当期收益；费用类账户一般无余额。费用类账户结构用"T"形账户表示，如图3-4所示。

借方		费用类科目		贷方
（1）增加额	×××			
（2）增加额	×××	转出额		×××
本期借方发生额	×××	本期贷方发生额		×××

图3-4 费用类账户的结构

(4) 收入类账户

企业实现的收入是企业因生产经营活动而获取的,最终会使所有者权益发生增加。因此,收入类账户反映的经济业务与企业权益密切相关,故其账户结构与负债及所有者权益类账户结构类似。

收入类账户的基本结构为:账户贷方记录收入的增加额;账户借方记录收入的减少(或转出)额。期末收入类账户一般无余额,若因特殊情况其账户有余额,则为贷方余额。收入类账户结构用"T"形账户表示,如图3-5所示。

借方	收入类科目		贷方
(1) 转出额	×××	(1) 增加额	×××
(2) 增加额	×××		
本期借方发生额	×××	本期贷方发生额	×××

图3-5 收入类账户的结构

通过上述账户结构可以看出,不同性质的账户,其借、贷含义不同,账户结构亦有区别,它体现了借贷记账法的基本特点。掌握这一基本特点,对理解和应用借贷记账法具有重要意义。

3. 以"有借必有贷、借贷必相等"作为记账规则

记账规则是记账方法的核心,它体现不同记账方法的本质特征。为了清晰地揭示借贷记账法的记账规则,我们用以下几个例子加以说明。

【例3-1】 某企业收到国家投入的资金200 000元,存入企业存款账户。

该项经济业务涉及"银行存款"和"实收资本"这两个账户。"银行存款"为资产类账户,其增加额应在"银行存款"账户借方记200 000元;"实收资本"为所有者权益类账户,其增加额应在"实收资本"账户贷方记200 000元。记录结果如图3-6所示。

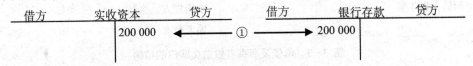

图3-6 投入资金的记账规则

【例3-2】 某企业以银行存款偿还前欠货款74 000元。

该项经济业务涉及"银行存款"和"应付账款"这两个账户。"银行存款"为资产类账户,其减少额应在"银行存款"账户贷方记74 000元;"应付账款"为负债类账户,其减少额应在"应付账款"账户借方记74 000元。记录结果如图3-7所示。

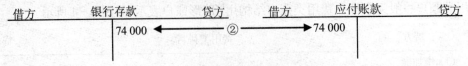

图3-7 偿还账款的记账规则

【例3-3】 某企业因业务经营需要,购入甲材料50 000元,以存款支付35 000元,余款暂欠。

该项经济业务涉及"原材料"、"银行存款"和"应付账款"这三个账户。"原材料"、"银行存款"这两个账户是资产类账户,材料增加 50 000 元,应在"原材料"账户借方记 50 000 元;银行存款减少 35 000 元,应在"银行存款"账户贷方记 35 000 元;"应付账款"是负债类账户,其增加额应在"应付账款"账户贷方记 15 000 元。记录结果如图 3-8 所示。

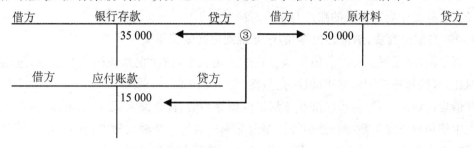

图 3-8 购入材料的记账规则

【例 3-4】 某企业销售产品,取得收入 40 000 元存入银行。

该项经济业务涉及"银行存款"和"主营业务收入"这两个账户。"银行存款"为资产类账户,"主营业务收入"为损益类账户。银行存款增加 40 000 元,应在"银行存款"账户借方记 40 000 元;主营业务收入增加 40 000 元,应在"主营业务收入"账户贷方记 40 000 元。记录结果如图 3-9 所示。

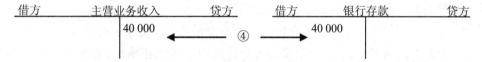

图 3-9 销售商品的记账规则

上述四个例子,只是单位众多经济业务活动的一个缩影,但我们能从中发现,运用借贷记账法,把每项经济业务记入有关的账户是有一定规律的:

首先,每一项经济业务,必须同时记入两个或两个以上相互联系的账户。

其次,所记入的账户可能属于同一类别,也可能属于不同类别,这取决于经济业务的内容。但不论出现何种情况,每项经济业务都以借、贷相反的方向,在两个或两个以上相互联系的账户中进行登记,即在一个账户中记借方,同时又在另一个或几个账户中记贷方;或者在一个账户中记贷方,同时又在另一个或几个账户中记借方。

最后,记入借方的金额(或金额合计)与记入贷方的金额(或金额合计)相等。

因此,将借贷记账法的记账规则概括为"有借必有贷,借贷必相等"是非常科学的。借贷记账法的这一记账规则,适用于一切经济业务。

运用借贷记账法按其记账规则记录经济业务时,对经济业务以相等的金额在两个或两个以上相关账户中进行登记,账户之间便形成应借应贷的关系。这种账户之间应借应贷的相互关系称为账户对应关系;记载经济业务而发生相互联系的账户则称为对应账户。如用银行存款 10 000 元支付乙材料价款,对这项经济业务,应记入"原材料"这一资产类账户借方 10 000 元和"银行存款"这一资产类账户贷方 10 000 元。由于该项经济业务的发生,使"原材料"和"银行存款"这两个账户发生应借应贷的相互关系,这两个账户则称为对应账户。根据对应账户可以了解此项经济业务的来龙去脉,即材料的增加是由于支付了银行存款,使银行存款减少了10 000元;而银行存款减少,是由于购买了材料,使材料增加了10 000元。

应当指出的是,在借贷记账法下,账户对应关系存在于任何一项经济业务的会计记录之中,它具有一定的客观性和必然性。运用借贷记账法记录经济业务,必然要熟练分析和掌握各种经济业务发生后所涉及的账户与账户对应关系。

4. 按"有借必有贷,借贷必相等"的记账规则进行试算平衡

试算平衡,即是根据资产负债平衡公式的平衡关系,按照记账规则的要求,通过汇总计算和对比,来检查账户记录的正确性、完整性。

在借贷记账法下,对每项经济业务都是以相等的借、贷金额来记录的,所以,全部账户的借方发生额和贷方发生额亦必然相等。而全部账户的借方余额与贷方余额也肯定相等。这就形成了账户之间的一系列平衡关系。这种平衡关系主要有以下两个方面:

(1) 账户发生额试算平衡。即以借贷记账法的记账规则,在会计期内按期汇总进行,其试算平衡公式如下:

$$全部账户借方发生额合计数 = 全部账户贷方发生额合计数$$

(2) 账户余额试算平衡。账户余额试算平衡是以会计等式为依据,在会计期末进行的。因为账户借方余额表明资产性质,账户贷方余额表明负债及所有者权益性质,所以全部账户期末借方余额合计数等于全部账户期末贷方余额合计数,体现了资产等于负债加所有者权益的恒等关系。账户余额试算平衡公式如下:

$$全部账户借方余额合计数 = 全部账户贷方余额合计数$$

以上两方面的平衡关系,可用来检查会计账户记录的正确性,若两方面都保持平衡,可以说账户记录工作基本是正确的。

当每个计算期结束时,在已经结出各账户的本期发生额和期末余额后,还应编制"试算平衡表"来试算平衡。试算平衡表的格式分两种:一种是"总分类账户本期发生额试算平衡表",见表3-1,它是根据各个账户的本期发生额进行编制的;另一种是"总分类账户期末余额试算平衡表",见表3-2,它是根据各个账户的期末余额进行编制的。在实际工作中,企业一般将这2张表合并在一张表上,形成"总分类账户本期发生额及余额试算平衡表",见表3-3。

表3-1 总分类账户本期发生额试算平衡表

账户名称	借方发生额	贷方发生额
合计		

表3-2 总分类账户期末余额试算平衡表

账户名称	借方余额	贷方余额
合计		

表 3-3　总分类账户本期发生额及余额试算平衡表

账户名称	期初余额		本期发生额		期末余额	
	借方	贷方	借方	贷方	借方	贷方
合计						

3.1.3　借贷记账法的应用

3.1.3.1　编制会计分录

如前所述,会计上需要设置的账户很多,发生的经济业务又十分频繁,如果把发生的每一笔经济业务都设置T形账户进行记录的话,工作量是非常巨大的,而且不能系统地掌握经济业务发生对某一账户的影响,为此,会计人员总结出一套简便易行的处理方法——编制会计分录。

会计分录简称分录,它是对每项经济业务指出其应登记的账户、记账方向和金额的一种记录。因此,每笔会计分录都必然包括三个要素,即账户名称(或会计科目)、记账符号、记账金额。

会计分录按其所反映的经济业务繁简程度,可以分为简单会计分录和复合会计分录两种。

简单会计分录是指一项经济业务只涉及两个账户,可以是一个账户借方与另一个账户贷方所组成的会计分录,简称"一借一贷"的会计分录。

复合会计分录是指一项经济业务涉及两个以上账户的分录,即一个账户与另几个账户相对应的会计分录。包括一个账户的借方与另外几个账户的贷方相对应组成的会计分录,即"一借多贷"的会计分录;或一个账户的贷方与几个账户的借方所组成的会计分录,即"一贷多借"的会计分录;或几个账户的贷方与几个账户的借方所组成的会计分录,即"多借多贷"的会计分录。

以下用实例说明会计分录的编制方法。

【例 3-5】　某企业根据投资协议收到B公司投资100 000元,款项已存入银行。编制会计分录如下:

　　借:银行存款　　　　　　　　　　　　　100 000
　　　　贷:实收资本　　　　　　　　　　　　　　100 000

【例 3-6】　某企业向银行借入为期4个月的款项85 000元,已存入银行。编制会计分录如下:

　　借:银行存款　　　　　　　　　　　　　85 000
　　　　贷:短期借款　　　　　　　　　　　　　　85 000

【例 3-7】　某企业开出现金支票,从银行提取现金5 000元备用。编制会计分录如下:

借：库存现金　　　　　　　　　　　　　5 000
　　贷：银行存款　　　　　　　　　　　　　　5 000

【例3-8】 某企业管理部门以现金300元购买办公用品。编制会计分录如下：

借：管理费用　　　　　　　　　　　　　300
　　贷：库存现金　　　　　　　　　　　　　　300

【例3-9】 某企业从D工厂采购甲材料一批，价款20 000元，增值税（进项税额）3 400元，材料已到，款项未付。编制会计分录如下：

借：原材料　　　　　　　　　　　　　　20 000
　　应交税费——应交增值税（进项税额）　3 400
　　贷：应付账款——D工厂　　　　　　　　　23 400

【例3-10】 某企业销售A产品取得销售收入18 000元，并按17%税率收取增值税3 060元，合计21 060元，款项已存入银行。编制会计分录如下：

借：银行存款　　　　　　　　　　　　　21 060
　　贷：主营业务收入　　　　　　　　　　　　18 000
　　　　应交税费——应交增值税（销项税额）　3 060

以上例题会计分录的编制中，例3-9和例3-10的会计分录为复合分录，分别为多借一贷和一借多贷的会计分录。实际上复合分录都是由若干简单会计分录合并组成的。值得注意的是，不可以把不相关的简单会计分录合并成复合会计分录。

为了明确各相关账户之间的对应关系，一般不宜编制多借多贷的会计分录。

3.1.3.2 编制试算平衡表

【例3-11】 下面以皖南公司2014年10月份发生的经济业务（部分）为例来说明借贷记账法的记账规则及试算平衡方法的应用。

资料：2014年10月初皖南公司的期初余额如表3-4所示。

表3-4 皖南公司10月份期初余额

2014年10月1日

会计科目	借方余额	贷方余额
库存现金	2 000	
银行存款	30 000	
应收账款	50 000	
原材料	40 000	
固定资产	216 000	
短期借款		40 000
应付账款		68 000
实收资本		180 000
盈余公积		50 000
合计	338 000	338 000

10月皖南公司发生下列业务(部分):

(1) 购买 A 材料 20 000 元,价款以银行存款支付,材料已验收入库。编制会计分录如下:

借:原材料　　　　　　　　20 000
　　贷:银行存款　　　　　　　　20 000

(2) 接受 ABC 公司投入的固定资产 50 000 元。编制会计分录如下:

借:固定资产　　　　　　　50 000
　　贷:实收资本　　　　　　　　50 000

(3) 收回应收账款 40 000 元存入银行。编制会计分录如下:

借:银行存款　　　　　　　40 000
　　贷:应收账款　　　　　　　　40 000

(4) 用银行存款偿还短期借款 30 000 元。编制会计分录如下:

借:短期借款　　　　　　　30 000
　　贷:银行存款　　　　　　　　30 000

(5) 购入 B 材料 8 000 元,材料已入库,价款尚未支付。编制会计分录如下:

借:原材料　　　　　　　　8 000
　　贷:应付账款　　　　　　　　8 000

(6) 以现金购买办公用品 400 元,并交付行政部门使用。编制会计分录如下:

借:管理费用　　　　　　　400
　　贷:库存现金　　　　　　　　400

(7) 销售产品 10 000 元,增值税 1 700 元,价款存入银行。编制会计分录如下:

借:银行存款　　　　　　　11 700
　　贷:主营业务收入　　　　　　10 000
　　　　应交税费——应交增值税(销项税额)　1 700

(8) 计算应付短期借款利息 2 000 元。编制会计分录如下:

借:财务费用　　　　　　　2 000
　　贷:应付利息　　　　　　　　2 000

(9) 职工王金出差,借款 900 元,以现金支付。编制会计分录如下:

借:其他应收款　　　　　　900
　　贷:库存现金　　　　　　　　900

(10) 以银行存款支付电话费 700 元。编制会计分录如下:

借:管理费用　　　　　　　700
　　贷:银行存款　　　　　　　　700

根据以上编制的会计分录,采用"T"形账户,汇总计算各账户的发生额和余额后,编制试算平衡表如表 3-5 所示。

表 3-5　试算平衡表

2014年10月31日

会计科目	期初余额		本期发生额		期末余额	
	借方	贷方	借方	贷方	借方	贷方
库存现金	2 000			1 300	700	
银行存款	30 000		51 700	50 700	31 000	
应收账款	50 000			40 000	10 000	
其他应收款			900		900	
原材料	40 000		28 000		68 000	
固定资产	216 000		50 000		266 000	
短期借款		40 000	30 000			10 000
应付账款		68 000		8 000		76 000
应交税费				1 700		1 700
应付利息				2 000		2 000
实收资本		180 000		50 000		230 000
盈余公积		50 000				50 000
主营业务收入				10 000		10 000
管理费用			1 100		1 100	
财务费用			2 000		2 000	
合计	338 000	338 000	163 700	163 700	379 700	379 700

应该注意的是,试算平衡表只是通过借贷金额是否平衡来检查账户记录是否正确,而有些错误对于借贷双方的平衡并不发生影响。因此,在编制试算平衡表时对以下问题应引起注意:

(1) 必须保证所有账户的余额均已记入试算平衡表。因为会计等式是对六项会计要素整体而言的,缺少任何一个账户的余额,都会造成期初或期末借方与贷方余额合计不相等。

(2) 如果借贷不平衡,肯定账户记录有错误,应认真查找,直到实现平衡为止。

(3) 即使借贷平衡,也不能说明账户记录绝对正确,因为有些错误对于借贷双方的平衡并不发生影响。这些错误情形可以分成以下几种:

① 重记某项经济业务,将使本期借贷双方的发生额发生等额虚增,借贷仍然平衡。

② 某项经济业务记错有关账户,借贷仍然平衡。

③ 某项经济业务颠倒了记账方向,借贷仍然平衡。

④ 借方或贷方发生额中,一借一贷并相互抵消,借贷仍然平衡。

任务 3.2　复式记账方法的应用

3.2.1　资金筹集业务的核算

会计的对象一般是社会再生产过程中的资金运动。资金的筹集过程是资金运动的起点，通过资金的筹集使资金进入企业。企业的成立，首先必须筹集到所需要的资金。企业筹集资金的方式可以分为权益筹资和债务筹资。

3.2.1.1　投入资金的核算

1. 投入资金的分类及入账价值

资金在不同类型的企业中有不同的表现形式，在股份公司称为股本，除股份公司之外的一般企业称为实收资本。实收资本是出资人在注册范围内实际投入企业的资本额，出资人按其拥有的资本金份额，行使对企业重大政策的表决权，分享企业的经营利润，分担企业的经营亏损。投入资本一般可分为国家投入资本、法人投入资本、个人投入资本和外商投入资本四类。

2. 主要账户设置

"实收资本"账户，属于所有者权益类账户，用来核算企业接受投资者投入企业的资本额。其贷方核算企业实收资本的增加，借方核算企业实收资本的减少，期末贷方余额表示企业接受投资者投入资本(或股本)的余额。另外，本账户应按不同的投资者设置明细账户进行明细核算。

"银行存款"账户，属于资产类账户，用来核算企业存放在银行或其他金融机构的货币资金。借方核算企业存款的增加，贷方核算企业存款的减少，期末借方余额反映企业期末存款的余额。本账户可按开户银行和其他金融机构、存款种类设置明细账。

"固定资产"账户，属于资产类账户，用来核算企业为生产商品、提供劳务、出租或经营而持有的使用寿命超过一个会计年度，并在使用过程中始终保持原有实物形态的劳动资料和其他物质资料。借方登记企业增加的固定资产的原始价值(包括购入、接受投资、盘盈等)，贷方登记企业减少的固定资产的原始价值(包括处置、投资转出、盘亏等)，期末余额在借方，表示企业实有固定资产的原值。该账户可按固定资产的类别和项目设置明细账。

【例 3-12】星星公司接受光华公司投入资本金 800 000 元，款项已存入银行。

分析：企业接受银行存款投资，一方面使企业"银行存款"增加，记借方；另一方面使"实收资本"增加，记贷方。则编制会计分录如下：

借：银行存款　　　　　　　　　　　　800 000
　　贷：实收资本——光华公司　　　　　　　800 000

【例 3-13】星星公司收到某企业投入一台全新设备，设备原值 50 000 元，设备已投入使用。

分析：企业接受设备投资，一方面使企业"固定资产"增加，记借方；另一方面使"实收资本"增加，记贷方。编制会计分录如下：

借：固定资产　　　　　　　　　　50 000
　　贷：实收资本——某企业　　　　　　　50 000

3.2.1.2　借入资金的核算

1. 借入资金内容介绍

在生产经营过程中，企业自有资金难以满足企业经营运转需要时，可以通过向银行或其他金融机构借款等方式筹集资金，并按借款协议约定的利率承担支付利息及到期归还借款本金的义务。因此，企业借入资金时，一方面银行存款增加，另一方面负债也相应增加。为核算企业因借款而形成的负债，企业应设置"短期借款"和"长期借款"两个科目。

2. 主要账户设置

"短期借款"账户，属于负债类账户，用于核算和反映企业自银行或其他金融机构借入的、期限在一年以内（含一年）的借款的取得及偿还情况。贷方反映企业取得的短期借款金额，借方登记企业到期归还的短期借款金额；余额在贷方，表示企业尚未归还的短期借款金额。债务人应按借款单位、借款种类设置明细账户，进行明细分类核算。

对短期借款利息的会计处理可以有两种方式：第一种是当短期借款的利息支出数额较大时，可采取按月预提、季末支付的方式，为满足权责发生制的要求，需设置"应付利息"账户核算；第二种是短期借款利息支出数额较小的，为简化核算手续，可以在支付时全部记入当月费用，而不按月预提。

"长期借款"账户，属于负债类账户，用于核算和反映企业自银行或其他金融机构借入的、期限在一年以上的借款的取得、利息的计提及偿还本息情况。其贷方反映企业取得的长期借款本息，借方登记归还的长期借款本息；余额在贷方，表示尚未归还的长期借款的本息数。债务人应按借款单位、借款种类设置明细账户，进行明细分类核算。

"财务费用"账户，属于损益类账户，用来核算企业为筹集生产经营所需资金等而发生的筹资费用，包括利息支出（减利息收入）、汇兑差额以及相关的手续费等。企业确认发生筹资费用时，记本科目的借方，发生利息收入时，记本科目的贷方；期末，企业应将本科目余额转入"本年利润"科目，结转后本科目应无余额。

3. 主要经济业务核算

【**例3-14**】星星公司从某银行借入一年期、本金为8万元的借款，年利率12%，每半年付息一次，到期一次还本。

分析：星星公司从某银行借入资金后，银行存款增加，借记"银行存款"账户；同时，企业增加了一项负债，即"短期借款"增加，应贷记"短期借款"账户。编制会计分录如下：

借：银行存款　　　　　　　　　　80 000
　　贷：短期借款　　　　　　　　　　80 000

【**例3-15**】月末，计算例3-14中应由企业本月负担的短期借款的利息800元。

分析：企业在期末确认发生的利息费用时，费用增加，应记"财务费用"账户的借方；由于利息每一半年支付一次，应确认一项负债，应贷记"应付利息"账户。编制会计分录如下：

借：财务费用　　　　　　　　　　　　800
　　贷：应付利息　　　　　　　　　　　　800

【例 3-16】 半年后，以银行存款支付一个季度利息 2 400 元。

分析：按合同规定，企业半年后支付给银行借款利息，应借记"应付利息"账户；同时，贷记"银行存款"科目。编制会计分录如下：

借：应付利息　　　　　　　　　　　2 400
　　贷：银行存款　　　　　　　　　　　2 400

【同步实训 3-1】 请你编制星星公司后三个月计提利息及到期归还借款本金的会计分录。

【例 3-17】 2014 年 1 月 2 日，新华公司从银行借入 3 年期借款 15 万元，年利率为 7.2%，每年末计息一次，到期归还本息。该项资金用于补充生产经营资金的不足。

分析：企业借入资金，则银行存款增加，应借记"银行存款"；同时，应贷记"长期借款"账户。编制会计分录如下：

借：银行存款　　　　　　　　　　150 000
　　贷：长期借款　　　　　　　　　　150 000

【例 3-18】 2014 年 12 月 31 日，确认应付利息 10 800 元。

分析：长期借款产生的借款利息，属于生产经营期间产生的利息，也可以费用化处理，记入"财务费用"账户，同时确认一项负债，记入"长期借款"账户的贷方。编制会计分录如下：

借：财务费用　　　　　　　　　　　10 800
　　贷：长期借款　　　　　　　　　　　10 800

【小思考 3-1】 为什么本例确认的借款利息通过"长期借款"账户进行核算？

第二年年末和第三年年末，计算利息并支付的账务处理同第一年年末。

第三年年末，偿还本金并支付利息时：

借：长期借款　　　　　　　　　　182 400
　　贷：银行存款　　　　　　　　　　182 400

3.2.2　生产准备业务的核算

3.2.2.1　取得固定资产的核算

1. 取得固定资产核算的内容

企业生产产品，离不开房屋、建筑物、机器、设备等固定资产的使用。固定资产的主要特点是：从实物形态来看，固定资产具有使用年限较长，能多次参加生产经营过程而不改变其实物形态的特点；从价值形态来看，固定资产的价值随着实物的损耗程度，逐步地转移到产品成本和有关费用中去，构成成本费用的一个组成部分。

2. 主要账户设置

"在建工程"账户，属于资产类账户，是核算企业正在建设中的工程项目投资及完工情况的账户。其借方记录企业在建工程投资的增加，包括领用工程物资、发生有关工程人工费用等；贷方反映工程完工时，转入到"固定资产"账户的价值。账户的余额在借方，表示尚未完工的在建工程。按在建工程项目设置明细账户,进行明细分类核算。

"应交税费"账户,属于负债类账户,用于核算企业按照税法规定计算应交纳的各种税费。该账户贷方登记按规定计算的各种应交税费,借方登记已缴纳的各种税费。期末余额在贷方,表示应交未交税费,期末借方余额表示多交税费。该账户应当按照应交税费的税种进行明细核算。

企业在进行采购和销售时需要交纳的增值税,设置"应交税费——应交增值税"明细账,"应交增值税"还应分别设置"进项税额"、"销项税额"、"已交税金"等专栏进行明细核算。

3. 主要经济业务核算

【例3-19】 企业用银行存款购入生产车间不需安装的设备一台,价款30 000元,增值税5 100元,运杂费1 000元,设备已交付使用。

分析: 企业购入不需要安装的设备,则直接记入"固定资产"账户借方;取得生产经营用固定资产的增值税进项税额可以抵扣,记入"应交税费——应交增值税(进项税额)"借方;款项用银行存款支付,记入"银行存款"账户的贷方。编制会计分录如下:

借:固定资产　　　　　　　　　　　　31 000
　　应交税费——应交增值税(进项税额)　5 100
　　贷:银行存款　　　　　　　　　　　36 100

【例3-20】 企业购入一台需要安装的设备,价款为80 000元,增值税13 600元,安装调试费用为3 500元,均以存款支付。

分析: 购入的设备因需要安装,故先记入"在建工程"账户;发生安装费用时,也记入"在建工程"账户;待安装工程完毕后,计算在建工程实际成本转入"固定资产"科目。编制会计分录如下:

(1) 购入设备交付安装时。

借:在建工程　　　　　　　　　　　　80 000
　　应交税费——应交增值税(进项税额)　13 600
　　贷:银行存款　　　　　　　　　　　93 600

(2) 支付安装费用时。

借:在建工程　　　　　　　　　　　　3 500
　　贷:银行存款　　　　　　　　　　　3 500

(3) 设备安装完毕交付使用时。

借:固定资产　　　　　　　　　　　　83 500
　　贷:在建工程　　　　　　　　　　　83 500

3.2.2.2 材料采购业务的核算

1. 材料采购业务核算的内容

企业的生产活动离不开所需要的各种物资,如原材料、燃料、包装物、低值易耗品等。在材料采购过程中,企业一方面从供应单位购进各种材料物资,另一方面需要支付材料物资的买价和各种采购费用,包括运输费、装卸费、包装费、保险费、运输途中的合理损耗和入库前的挑选整理费用等。对于企业供应部门或材料仓库所发生的经常性费用、采购人员的差旅费以及市内零星运杂费则不记入材料采购成本,而作为管理费用列支。因此生产准备阶段主要是核算和监督材料物资的买价和其他采购费用的发生情况,确定材料采购成本。

2. 材料采购成本的确定

购入材料的成本确定应依据实际成本计价的原则。外购材料物资的实际成本是指在材料采购过程中一切必要的、合理的支出。材料采购成本由材料的买价和采购费用构成,具体包括以下内容:

(1) 买价:购货发票上注明的货款金额。需要注意的是,这里的买价是不包含增值税进项额的。

(2) 运杂费:是指企业自外地购入材料物资过程中,由本企业支付的途中运输费、装卸费、保险费等相关费用。

(3) 运输途中的合理损耗:是指外购材料物资在运输途中所发生的正常范围内的损耗,这种损耗会减少外购材料物资的数量,从而使外购材料的单位成本增加。

(4) 入库前的加工、挑选和整理费用。

(5) 购入材料应负担的税金(如进口关税等)和其他费用。

3. 主要账户设置

"材料采购"账户,采用计划成本核算的企业用来核算外购各种材料的买价和采购费用,计算确定材料采购的实际成本。该账户是资产类账户,借方登记外购材料的买价和采购费用的实际成本;贷方登记已验收入库材料的计划成本。期末借方余额,表示尚未验收入库的在途物资的实际成本。"材料采购"账户应按材料品种设置明细账,进行明细分类核算。

"在途物资"账户,属于资产类账户,用来核算实际成本法下企业在途物资的采购成本。其借方核算购入的在途物资的实际成本,贷方核算已验收入库在途物资的实际成本,贷方余额表示尚未到达或尚未验收入库的在途物资的实际成本。本科目应当根据材料的类别、品种、规格进行明细核算。

"原材料"账户,属于资产类账户,主要用于核算和监督企业库存各种材料物资的增减变动和结存情况。该账户借方登记材料验收入库而增加数;贷方登记材料的减少数。余额在借方,表示库存原材料的实际成本。该账户需按材料类别、品种及规格设置明细账户,进行明细分类核算。

"应付账款"账户,属于负债类账户,核算企业因购买材料、商品和接受劳务供应等经营活动应支付的款项。借方登记因购货而增加的负债;因偿还货款而减少该负债时,记入本科目借方。期末余额表示尚未归还的货款。本科目应当按照不同的债权人进行明细核算。

"应付票据"账户,属于负债类账户,核算企业因购买材料、商品和接受劳务供应等而开出、承兑的商业汇票。开出、承兑商业汇票时,贷记本科目;以存款支付汇票款时,借记本科目。本科目期末贷方余额,反映企业尚未到期的商业汇票的票面金额。支付银行承兑汇票的手续费记入"财务费用"科目。

"预付账款"账户,属于资产类账户,主要用来核算和监督企业向供货单位预付购买各种材料物资等款项的情况。该账户借方登记增加数,表示企业向供货单位预付货款数额;贷方登记减少数,表示收到供货单位货物冲销预付款的数额。期末借方余额表示尚未结算的预付款项。该账户应按供应单位设置明细账户,进行明细分类核算。对预付款业务较少的单位,可不设此账户,该业务合并入"应付账款"账户核算。

4. 主要经济业务核算

【例3-21】 4日,星星公司向新华公司购入甲材料10 000千克,单价30元,增值税税率为17%,价税款以银行存款支付,材料尚未入库。

分析: 企业购入材料,但未验收入库,应记入"材料采购"或"在途物资"账户的借方;增值税为进项税额,应记入"应交税费"的借方;同时,以银行存款支付,应记入"银行存款"账户的贷方。则编制会计分录如下:

借:材料采购——甲材料　　　　　　　　 300 000
　　应交税费——应交增值税(进项税额)　　51 000
　贷:银行存款　　　　　　　　　　　　　　　351 000

【同步实训3-2】 如果在上例中,星星公司签发商业汇票支付购买材料的价税款,请你编制会计分录。

【例3-22】 5日,星星公司以银行存款支付上述甲材料的运杂费2 900元。

分析: 支付的运杂费也应记入原材料的采购成本。由于材料尚未入库,应记入"材料采购"或"在途物资"账户的借方;运费以存款支付,记入"银行存款"账户贷方。编制会计分录如下:

借:材料采购——甲材料　　　　　　　　 2 900
　贷:银行存款　　　　　　　　　　　　　　　2 900

【例3-23】 8日,上述从新华公司购入的甲材料已经验收入库,结转该批甲材料的实际成本。

分析: 材料验收入库,则"材料采购"或"在途物资"减少,而库存的原材料增加。编制会计分录如下:

借:原材料——甲材料　　　　　　　　　 32 900
　贷:材料采购——甲材料　　　　　　　　　　32 900

【例3-24】 6日,星星公司从华光工厂购入乙材料8 000千克,每千克50元,共计买价40 000元,增值税税率为17%,运杂费合计为12 000元,材料已验收入库,但价款、税金均尚未支付。

分析: 企业购入材料,但未验收入库,故材料采购的资产内容增加,记入"原材料"账户的借方;同时款项尚未支付,企业的负债增加,记入"应付账款"账户的贷方;增值税为进项税额,应记入"应交税费"的借方。编制会计分录如下:

借:原材料——甲材料　　　　　　　　　 412 000
　　应交税费——应交增值税(进项税额)　　68 000
　贷:应付账款——华光公司　　　　　　　　　480 000

【例3-25】 12日,星星公司以银行存款支付上述购货款及税款48万元。

分析: 企业偿付应付款项时,企业的负债减少,同时银行存款支付,使企业的资产也减少。编制会计分录如下:

借:应付账款——华光公司　　　　　　　 480 000
　贷:银行存款　　　　　　　　　　　　　　　480 000

【例 3-26】 星星公司向皖北公司购入一批材料,业务情况如下:

(1) 11 日,购入甲材料 4 000 千克,每千克 25 元,共计买价 100 000 元;乙材料 2 500 千克,每千克 42 元,共计买价 105 000 元。增值税率为 17%。材料尚未入库,价款、税款及运杂费均以银行存款支付。

(2) 14 日,以银行存款支付两种材料的运杂费共计 9 750 元。运杂费按照两种材料的重量比例进行分配。

(3) 15 日,材料验收入库,结转购入甲、乙两材料的实际成本。

会计处理如下:

(1) 购入材料时。

借:材料采购——甲材料　　　　　　　　　100 000
　　　　　　——乙材料　　　　　　　　　105 000
　　应交税费——应交增值税(进项税额)　　34 850
　　贷:银行存款　　　　　　　　　　　　　239 850

(2) 支付运费并分摊时。

材料采购费用分配率 = 共同发生的采购费用 ÷ 分配标准之和
某材料应负担的采购费用额 = 采购费用分配率 × 该材料的分配标准
原材料采购费用分配率 = 9 750 ÷ (4 000 + 2 500) = 1.5(元/千克)
甲材料分担的运杂费 = 1.5 × 4 000 = 6 000(元)
乙材料分担的运杂费 = 1.5 × 2 500 = 3 750(元)

编制会计分录如下:

借:材料采购——甲材料　　　　　　　　　6 000
　　　　　　——乙材料　　　　　　　　　3 750
　　贷:银行存款　　　　　　　　　　　　　9 750

(3) 材料验收入库时,按实际成本进行结转。

借:原材料——甲材料　　　　　　　　　　106 000
　　　　　——乙材料　　　　　　　　　　108 750
　　贷:材料采购——甲材料　　　　　　　　106 000
　　　　　　　——乙材料　　　　　　　　108 750

3.2.3　产品生产业务的核算

3.2.3.1　生产成本相关内容

企业通过供应过程形成的储备资金,经过生产的耗费,最终将产品价值转移到产成品中。所以生产过程是企业生产经营活动的中心环节。主要包括生产费用的发生、生产费用的归集、生产费用的分配及产品生产成本的计算。这些费用最终要归集、分配到产品中去,从而形成各种产品的成本。

生产成本是生产单位为生产产品或提供劳务而发生的各项生产费用,包括各项直接支出和制造费用。直接支出包括直接材料(原材料、辅助材料、备品备件、燃料及动力等)、直接人工(应付生产工人的薪酬)等;制造费用是指企业内的分厂、车间为组织和管理生产所发生的各项费用,包括分厂、车间管理人员工资、折旧费、维修费、修理费及其他制造费用(办公费、差旅费、劳保费等)。

生产过程中还会发生一些不记入产品成本的费用,这些费用记入期间费用。期间费用指企业本期发生的,不能直接或间接归入营业成本,而是直接记入当期损益的各项费用,包括销售费用、管理费用和财务费用等。

3.2.3.2 主要账户的设置

"生产成本"账户,属于成本类账户,用于核算企业进行工业性生产发生的各项生产费用。生产成本应当分别按照基本生产车间和成本核算对象(如产品的品种、类别、订单、批别、生产阶段等)设置明细账,并按照规定的成本项目设置专栏。当企业发生各项直接的生产费用时,即生产成本增加,应借记本科目;因产品完工入库,在产品减少时,应将完工产品的"生产成本"结转入"库存商品"科目。本科目期末借方余额,反映企业尚未加工完成的在产品的成本或生产性生物资产尚未收获的农产品成本。企业应当按照基本生产成本和辅助生产成本进行明细核算。

"制造费用"账户,属于成本类账户,用于核算企业生产车间、部门为生产产品和提供劳务而发生的各项间接费用,如固定资产折旧、职工薪酬、物料消耗、水电支出、停工损失等。当企业产品生产间接费用发生或增加时,借记本科目;期末,将产品生产的间接费用在受益产品间分配并结转入"生产成本"科目时,贷记本科目。除季节性的生产性企业外,本科目期末应无余额。企业可按不同的生产车间、部门和费用项目进行明细核算。

"管理费用"账户,属于损益类账户,用于核算企业行政管理部门为组织和管理生产经营活动而发生的各项费用。管理费用属于期间费用,在发生的当期就记入当期的损益。包括公司经费(总部管理人员工资、福利费、差旅费、办公费、董事会会费、折旧费、修理费、物料消耗、低值易耗品摊销及其他公司经费)、工会经费、职工教育经费、业务招待费、税金(房产税、车船使用税、土地使用税、印花税)、技术转让费、无形资产摊销、咨询费、诉讼费、开办费摊销、上缴上级管理费、劳动保险费、待业保险费等。借方登记发生的各种费用,贷方登记期末转入"本年利润"账户的费用,期末结转后无余额。该账户可按费用项目设置明细账户,进行明细分类核算。

"财务费用"账户,属于损益类账户,用于核算和监督企业为筹集生产经营所需资金而发生的各种费用。该账户借方登记企业发生的各项财务费用,贷方登记期末转入"本年利润"账户的数额,期末结转后无余额。

"应付职工薪酬"账户,属于负债类账户,用于核算企业根据有关规定应付给职工的各种薪酬。企业(外商)按规定从净利润中提取的职工奖励及福利基金,也在本科目核算。本科目可按"工资"、"职工福利"、"社会保险费"、"住房公积金"、"工会经费"、"职工教育经费"、"非货币性福利"、"辞退福利"、"股份支付"等进行明细核算。当企业计算确认应付的职工薪酬时,贷记本科目;当企业实际支付职工薪酬时,借记本科目。本科目期末贷方余额,反映企业应付未付的职工薪酬。

"累计折旧"账户,属于资产类账户,也是"固定资产"账户的备抵账户,用于核算企业按月计提的固定资产折旧额。该账户贷方登记按月计提的折旧额,借方登记减少的折旧额。期末贷方余额反映企业计提的折旧累计数。

"库存商品"账户,属于资产类账户,用于核算企业库存的各种商品的实际成本,包括库存产成品、外购商品等。企业产品完工入库时,借记本科目;因出售等原因而减少库存商品时,贷记本科目。本科目期末借方余额,反映企业库存商品的实际成本。本科目可按库存商品的种类、品种和规格等进行明细核算。

3.2.3.3 主要经济业务核算

1. 材料费用的归集与分配

产品在生产过程中各个生产部门需使用材料时,应填制领料凭证,也就是领料单,向仓库办理领料手续。领料单是由领用材料的部门或者人员(简称领料人)根据所需领用材料的数量填写的单据。财务部门根据领料单编制发料凭证汇总表,依此编制会计分录。

【例 3-27】 10 日,生产过程中领用甲材料和乙材料,领用情况见表 3-6。

表 3-6 发出材料汇总表

材料用途	甲材料		乙材料		金额(元)
	数量(千克)	金额(元)	数量(千克)	金额(元)	
生产领用——A 产品	2 000	40 000			40000
生产领用——B 产品	3 000	60 000			60 000
车间一般耗用			1 000	10 000	10 000
行政管理部门耗用			500	5 000	5 000

分析:材料从仓库领出,则仓库中的"原材料"减少,记入账户的贷方。同时,生产领用的原材料,直接用于产品生产的记入"生产成本"账户借方;车间一般耗用的原材料构成产品的间接费用,记入"制造费用"账户的借方;行政管理部门耗用的原材料属于期间费用,记入"管理费用"账户的借方。编制会计分录如下:

```
借:生产成本——A 产品          40 000
        ——B 产品          60 000
    制造费用                10 000
    管理费用                 5 000
  贷:原材料——甲材料          100 000
        ——乙材料           15 000
```

2. 人工费用的归集与分配

人工费用主要是指发放给全部职工的劳务报酬。人工费用在发生时,应根据受益对象,直接记入相关成本或费用账户。

【例 3-28】 月末时,根据工时和考勤记录,编制工资分配表,计算出本月应付职工工资如下:生产工人工资总额 90 000 元,其中,A 产品生产工人工资 40 000 元,B 产品生产工人工资 50 000 元;生产车间管理人员工资为 20 000 元;企业行政管理人员工资为 10 000 元。

分析：此项业务的发生，使企业应该支付的职工工资增加，记入"应付职工薪酬"账户的贷方。直接从事产品生产人员的工资，记入"生产成本"账户的借方；生产车间管理人员的工资，记入"制造费用"账户的借方；行政管理人员的工资，记入"管理费用"账户的借方。编制会计分录如下：

借：生产成本——A产品　　　　　　　　40 000
　　　　　——B产品　　　　　　　　50 000
　　制造费用　　　　　　　　　　　　20 000
　　管理费用　　　　　　　　　　　　10 000
　　贷：应付职工薪酬　　　　　　　　　　　　120 000

【例3-29】 开出现金支票，将职工工资直接打入职工工资卡中。

分析：职工工资实际发放，企业的"银行存款"减少，同时企业的负债"应付职工薪酬"账户内容也减少，应记入这个账户的借方。编制会计分录如下：

借：应付职工薪酬　　　　　　　　　　120 000
　　贷：银行存款　　　　　　　　　　　　　　120 000

【例3-30】 按本月应付工资总额计提"五险一金"及工会经费和职工教育经费，其中：社会保险费费率15%，住房公积金费率10%，工会经费费率2%，职工教育经费费率2.5%。

分析：按照工资总额一定比例提取的附加费，也通过"应付职工薪酬"账户核算。编制会计分录如下：

借：生产成本——A产品　　　　　　　　11 800
　　　　　——B产品　　　　　　　　14 750
　　制造费用　　　　　　　　　　　　5 900
　　管理费用　　　　　　　　　　　　2 950
　　贷：应付职工薪酬——社会保险费　　　　　18 000
　　　　　　　　　　——住房公积金　　　　　12 000
　　　　　　　　　　——工会经费　　　　　　2 400
　　　　　　　　　　——职工教育经费　　　　3 000

3. 其他业务的核算

企业在生产产品的过程中，除了发生材料及工资费用以外，还要发生一些其他费用，如固定资产的使用费、修理费、水电费等。这些费用不能明确是哪种产品生产时发生的，属于间接费用，不能直接记入产品成本，需经过归集、分配后才能记入产品成本中去。

【例3-31】 月末，计提本月固定资产折旧额如下：生产车间计提折旧为5 000元，企业行政管理部门应计提折旧额为2 000元。

分析：固定资产折旧是指固定资产用于产品生产过程而发生的价值损耗，企业对固定资产计提折旧，一方面表明企业所有在产品应承担的间接生产费用增加，记入相应的损益类账户；另一方面表明固定资产的账面价值在减少，记入"累计折旧"账户。编制会计分录如下：

借：制造费用　　　　　　　　　　　　5 000
　　管理费用　　　　　　　　　　　　2 000
　　贷：累计折旧　　　　　　　　　　　　　　7 000

【例 3-32】 以银行存款支付车间办公费 4 000 元,行政管理部门办公费 8 500 元。编制会计分录如下:

借:制造费用　　　　　　　　　　　　　4 000
　　管理费用　　　　　　　　　　　　　8 500
　　贷:银行存款　　　　　　　　　　　　　　12 500

【例 3-33】 以银行存款支付下一年度设备生产厂房的房屋租赁费用 24 000 元。

分析:这项经济业务的发生,是支付下一年度的费用,根据权责发生制,不能记入本月份的费用,应先记入"预付账款"账户的借方;同时,用银行存款支付,记入"银行存款"账户的贷方。编制会计分录如下:

借:预付账款　　　　　　　　　　　　　24 000
　　贷:银行存款　　　　　　　　　　　　　　24 000

【例 3-34】 摊销应由本月负担的生产用厂房的房屋租赁费用 2 000 元。

分析:摊销应由本月负担的费用,记入"制造费用"账户的借方,另一方面冲销以前支付的"预付账款",记入该账户的贷方。编制会计分录如下:

借:制造费用　　　　　　　　　　　　　2 000
　　贷:预付账款　　　　　　　　　　　　　　2 000

4. 制造费用的归集与分配

期末,应将企业本期所发生的各项制造费用按车间或部门进行归集汇总。在实际工作中,这种归集汇总的工作是通过编制制造费用明细表的形式来完成的。在手工会计核算中,我们将通过登记制造费用的 T 形账户来完成。在实现会计电算化的企业,由会计核算软件自动生成。

在归集制造费用后,应将所有的制造费用分配结转到生产成本账户,以计算本期的完工产品的生产成本。如果某车间本月只生产一种产品,则归集的制造费用可直接转入该产品的生产成本明细账中;若生产两种或两种以上的产品,则要将归集的制造费用采用一定的分配标准分配到不同的产品中去。分配制造费用,首先要选择合理的分配标准,一般常用的分配标准有生产工时、机器工时、生产工人工资等。

【例 3-35】 月末,分配结转本月份的制造费用,根据"制造费用"账户的借方发生额 43 200 元进行分配,分配标准为按 A 产品和 B 产品生产工人的工时比例进行分配,具体见表 3-7。

表 3-7 制造费用分配表

分配对象	分配标准(工时)	分配率	分配金额
A 产品	8 000	3.6	28 800
B 产品	4 000		14 400
合计	12 000	3.6	43 200

分析:将间接生产费用分配转入产品的生产成本,则"制造费用"因分配结转而减少,"生产成本"因转入分配的"制造费用"而增加。同时应将制造费用在 A、B 两种产品间进行

分配。

制造费用分配率＝制造费用总额÷各产品的生产工人工时之和(或其他分配标准之和)

某产品应该负担的制造费用＝该产品的生产工人工时(或其他分配标准)×制造费用的分配标准

编制会计分录如下：

借：生产成本——A产品　　　　　　　　28 800
　　　　　　——B产品　　　　　　　　14 400
　　贷：制造费用　　　　　　　　　　　　　　　43 200

3.2.3.4　生产成本的计算结转

产品过程加工完成的产品即产成品,通过"库存商品"账户核算。产品成本由直接材料、直接人工、制造费用三个部分构成。直接材料和直接人工可合称为直接费用,它们在发生时可直接记入生产成本账户的借方；制造费用又称为间接费用,它们在发生时,应先记入制造费用账户,期末汇总后再分配记入生产成本账户。这时,本期为某产品生产所发生的全部生产费用均记入生产成本账户的借方,形成生产成本账户的借方发生额,产品完工成本通过生产成本账户结转。在实际工作中,应根据所生产产品品种等的不同设置生产成本明细账,以计算各完工产品的总成本和单位成本。

【例3-36】　月末,企业完工A产品和B产品各一批,验收入库,该批完工产品生产成本共计150 000元,A产品完工产品成本为80 000元,B产品完工产品成本为70 000元。

分析：产品完工入库,一方面表明库存商品增加,另一方面表明车间的在产品因完工而减少。编制会计分录如下：

借：库存商品——A产品　　　　　　　　80 000
　　　　　　——B产品　　　　　　　　70 000
　　贷：生产成本——A产品　　　　　　　　80 000
　　　　　　　——B产品　　　　　　　　70 000

3.2.4　产品销售业务的核算

3.2.4.1　销售过程概述

销售过程是企业经济业务活动的最后环节,企业通过销售把生产资金和成品资金转化为货币资金,实现资金的回笼,保证企业再生产的顺利进行。在销售过程中,将产品按照预定价格销售给客户,为了销售,还需要发生宣传费、广告费、运输费、包装费,并且在此过程中还需要向国家缴纳税金等。所以,销售过程的核算主要是确认销售收入,并与购货方进行销售结算；按照实际的销售收入结转销售成本；归集与结转销售费用；计算应向国家缴纳的税金等内容。

企业生产出的产品,主要用途是用于销售。企业通过产品销售最终实现收入,获得相应的货款或债权。获得销售收入的代价就是商品的所有权的转让,即企业将库存商品转让给了客户,这种为取得销售收入而让渡的商品生产成本就构成了收入的代价,就产生了企业的一项费用。企业收入与费用的差额就形成了企业的利润,并用于股东的分配或留存于企业继续用于生产经营。企业在销售产品的过程中,还会发生其他的相关费用,如销售税金、销售运杂费、产品广告费、销售机构的办公费等。

3.2.4.2 主要账户设置

"主营业务收入"账户,属于损益类账户,用于核算企业确认的销售商品、提供劳务等主营业务形成的收入。企业确认实现营业收入时,贷记本账户;期末,应将本账户的余额转入"本年利润"账户,结转时应借记本账户。结转后本账户应无余额。

"主营业务成本"账户,属于损益类(费用)账户,用于核算企业确认销售商品、提供劳务等主营业务收入时应结转的成本。企业确认发生主营业务成本时,借记本账户;期末,将本账户的余额转入"本年利润"账户时,贷记本账户。结转后本账户应无余额。

"营业税金及附加"账户,属于损益类(费用)账户,用于核算企业经营活动过程中发生的营业税、消费税、城市维护建设税、资源税和教育费附加等相关税费。企业按规定计算确定与经营活动相关的税费时,借记本账户;期末,将本账户余额转入"本年利润"账户时,贷记本账户。结转后本账户应无余额。

"销售费用"账户,属于损益类(费用)账户,用于核算企业销售商品和材料、提供劳务的过程中发生的各种费用,包括保险费、包装费、展览费和广告费、商品维修费、预计产品质量保证损失、运输费、装卸费等,以及为销售本企业商品而专设的销售机构(含销售网点、售后服务网点等)的职工薪酬、业务费、折旧费等经营费用。企业在销售商品过程中发生各种经营费用时,借记本账户;期末,将本账户余额转入"本年利润"账户。结转后本账户无余额。

"管理费用"账户,属于损益类(费用)账户,用于核算企业为组织和管理企业生产经营所发生的管理费用。企业生产车间(部门)和行政管理部门等发生的固定资产修理费用等后续支出,也在本账户核算。企业确认发生管理费用时,借记本账户;期末将本账户借方余额结转入"本年利润"账户时,贷记本账户。结转后应无余额。

"应收账款"账户,属于资产类账户,主要用来核算和监督企业因销售产品向购买单位收取货款的结存情况。账户借方登记由于销售产品而发生的应收账款,账户贷方登记已收回的应收账款。期末余额在借方,表示尚未收回的应收账款数额。该账户应按购买单位设置明细账户,进行明细分类核算。

"预收账款"账户,属于负债类账户,用来核算和监督企业预收货款的发生及偿付情况。企业有时会发生预收购买单位货款的业务,这时需设置"预收账款"账户。该账户借方登记用产品或劳务预收账款数额,贷方登记已收到的预付账款数额。期末余额在贷方,表示尚未用产品或劳务偿付的预收账款数额。该账户需按购买单位设置明细账户,进行明细分类核算。

"应收票据"账户,属于资产类账户,用来核算和监督购货单位开出的商业汇票的结算情况。账户借方登记企业收到购货单位开出的票据数额,贷方登记收到到期购货单位购货款项数额。期末如果有余额,余额一般在借方,表示尚未到期票据的应收款项。

【例3-37】 企业将一批产品售出,售价(价税合计)117 000元,收到款项。(公司为一般纳税企业,适用增值税率为17%。)

分析:应缴纳的增值税=117 000÷(1+17%)×17%=17 000(元),主营业务收入=117 000-17 000=100 000(元)。编制会计分录如下:

借:银行存款　　　　　　　　　　　　117 000
　　贷:主营业务收入　　　　　　　　　　　　100 000
　　　　应交税费——应交增值税(销项税额)　17 000

【例3-38】 结转上例中所售出库存商品的生产成本80 000元,其中A产品销售成本为50 000元,B产品完工产品成本为30 000元。

分析:企业为获得收入,将库存商品的所有权出让并交付商品,表明企业库存商品减少、主营业务成本增加。编制会计分录如下:

借:主营业务成本　　　　　　　　　　80 000
　　贷:库存商品——A产品　　　　　　　　　50 000
　　　　　　　　——B产品　　　　　　　　　30 000

【例3-39】 企业为一般纳税企业,适用增值税率17%,将一批产品售出,售价20 000元,增值税3 400元,收到购货方开出的商业汇票。

分析:一般纳税企业在销售商品时,不仅要向客户收取货款,还应按适用的税率计算并代收增值税。所以,企业在确认收入的同时,还应确认一笔负债(应交税费)。企业应缴纳的增值税及应收票据计算如下:

应缴纳的增值税=20 000×17%=3 400(元)
应收票据=20 000+3 400=23 400(元)

编制会计分录如下:

借:应收票据　　　　　　　　　　　　23 400
　　贷:主营业务收入　　　　　　　　　　　　20 000
　　　　应交税费——应交增值税(销项税额)　3 400

待应收票据收回时,编制会计分录如下:

借:银行存款　　　　　　　　　　　　23 400
　　贷:应收票据　　　　　　　　　　　　　　23 400

【例3-40】 星星公司销售给东方公司A产品500件,单位售价100元,价款共计50 000元,增值税销项税额为8 500元。产品已发出,但款项尚未收到。

分析:这项经济业务的发生,一方面企业尚未收到款项增加58 500元,应记入应收账款账户的借方;另一方面,企业因产品销售增加收入50 000元,应记入主营业务收入账户的贷方,同时,应向购货方收取增值税8 500元,记入应交税费——应交增值税账户的贷方。编制会计分录如下:

借:应收账款——东方公司　　　　　　58 500
　　贷:主营业务收入　　　　　　　　　　　　50 000
　　　　应交税费——应交增值税(销项税额)　8 500

待东方公司偿付货款时,编制会计分录如下:

借:银行存款　　　　　　　　　　　　58 500

　　　　贷：应收账款——东方公司　　　　　　　　58 500

【例 3-41】 星星公司向新华公司发出 B 产品 300 件,每件售价 120 元,价款共计 36 000 元,增值税销项税额为 6 120 元,冲销原预收账款 30 000 元,其余货款已收回存入银行。

　　分析： 这项经济业务的发生,其内容可分成两个部分。其一是预收剩余的货款,一方面企业收到 42 120 元的货款,使企业银行存款增加,应记入该账户的借方；另一方面企业增加预收账款 30 000 元,应记入该账户的贷方。其二是产品销售,一方面,企业因产品销售增加收入 36 000 元,应记入主营业务收入账户的贷方,同时,应向购货方收取增值税 6 120 元,记入应交税费——应交增值税账户的贷方。编制会计分录如下：

　　借：银行存款　　　　　　　　　　　　12 120
　　　　预收账款　　　　　　　　　　　　30 000
　　　　贷：主营业务收入　　　　　　　　　　　36 000
　　　　　　应交税费——应交增值税(销项税额)　6 120

【例 3-42】 企业为销售商品,以银行存款支付产品广告费 10 000 元。

　　分析： 企业以银行存款支付销售广告费,一方面银行存款减少,同时销售费用增加。编制会计分录如下：

　　借：销售费用　　　　　　　　　　　　10 000
　　　　贷：银行存款　　　　　　　　　　　　　10 000

【例 3-43】 按照税法有关规定,计算本月应缴纳的城市维护建设税和教育费附加,税率分别为 7% 和 3%。假设本月的增值税销项税额为 42 500 元,进项税额为 37 400 元。城建税与教育费附加的计税基础是本月实际缴纳的增值税、营业税、消费税。增值税为本期的销项税额减去进项税额 = 42 500 - 37 400 = 5 100(元)；本期的消费税为 2 500 元；本期的营业税为 0 元。

　　"计税依据"合计为：5 100 + 2 500 + 0 = 7 600(元)。

　　本月的城市维护建设税 = 本月实际缴纳的增值税、营业税、消费税 × 7%
　　　　　　　　　　　　= 7 600 × 7% = 532(元)

　　本月的教育费附加 = 本月实际缴纳的增值税、营业税、消费税 × 3%
　　　　　　　　　　= 7 600 × 3% = 228(元)

　　分析： 该项经济业务的发生,一方面使企业的主营业务税金及附加增加 760 元,记入"主营业务税金及附加"的借方,另一方面本月只是计算而尚未缴纳税费,应记入"应交税费"的贷方。编制会计分录如下：

　　借：营业税金及附加　　　　　　　　　760
　　　　贷：应交税费——城市维护建设税　　　　532
　　　　　　　　　　——教育费附加　　　　　　228

3.2.5　利润及利润分配的核算

3.2.5.1　财务成果的形成与计算

　　财务成果是企业一定时期内经营活动的最终成果,即实现的利润或发生的亏损。企业的利润或亏损在很大程度上反映了企业的经营效益和经营管理水平。利润是按照配比原则的要求,将一定时期内存在因果关系的收入与费用进行配比产生的结果,收入大于费用的差额部分即为利润,反之为亏损。

利润是综合反映企业在一定时期内生产经营成果的重要指标。它综合了企业在生产经营过程中的利得与损失,因而对于利润的确认与计量,是以企业生产经营活动过程中所实现的收入和发生的费用的确认与计量为基础的。同时还要包括通过投资活动而获得的投资收益,以及与生产经营活动没有直接关系的营业外收支等。由此可见,利润表示企业最终的经营成果,由营业利润、利润总额和净利润等内容构成。

1. 营业利润

营业利润是企业利润的主要来源。主要由主营业务利润和其他业务利润构成。主营业务利润加上其他业务利润减去期间费用、资产减值损失,加上公允价值变动损益、投资收益后得到营业利润,其计算公式如下:

营业利润＝营业收入－营业成本－营业税金及附加－销售费用－管理费用－财务费用
　　　　－资产减值损失＋公允价值变动收益(－公允价值变动损失)
　　　　＋投资收益(－投资损失)

其中:

营业收入是指企业经营业务所确认的收入,包括主营业务收入和其他业务收入。

营业成本是指企业经营业务所发生的实际成本,包括主营业务成本和其他业务成本。

资产减值损失是指企业计提各项资产减值准备所形成的损失。

公允价值变动收益(－损失)是指企业交易性金融资产等公允价值变动形成的应记入当期损益的利得(或损失)。

投资收益(－损失)是指企业以各种方式对外投资所取得的收益(或发生的损失)。

2. 利润总额

利润总额是企业的最终财务成果。营业利润加上营业外收入减去营业外支出得到利润总额。其计算公式如下:

利润总额 ＝ 营业利润＋营业外收入－营业外支出

3. 净利润

净利润(也称税后利润)是指利润总额扣除所得税以后的余额,其计算公式如下:

净利润 ＝ 利润总额－所得税费用

企业实现的利润总额减去所得税费用后的差额为企业利润净额。根据我国税法规定,企业应按纳税所得额的一定比例向国家缴纳所得税。所得税是企业的一项费用支出,应直接记入当期损益。企业利润总额抵减所得税费用后构成利润净额。

企业实现的利润净额,除国家另有规定者外,一般按以下顺序进行分配:

(1) 弥补以前年度亏损。

(2) 提取盈余公积金。法定盈余公积金按照当期净利润扣除前项后的10%提取,盈余公积金已达到注册资本的50%时可不再提取。

(3) 向投资者分配利润。企业以前年度未分配的利润可以并入本年向投资者分配股利。

因此,利润形成的核算和利润分配的核算,就构成了企业财务成果核算的主要内容。

3.2.5.2 主要账户的设置

"其他业务收入"账户,属于损益类账户,用于核算企业确认的除主营业务活动以外的其他经营活动实现的收入,包括出租固定资产、出租无形资产、出租包装物和商品、销售材料等实现的收入。企业确认实现其他业务收入时,贷记本账户;期末,将本账户余额转入"本年利润"账户时,借记本账户。结转后本账户应无余额。

"其他业务成本"账户,属于损益类账户,用于核算企业确认的除主营业务活动以外的其他经营活动所发生的支出,包括销售材料的成本、出租固定资产的折旧额、出租无形资产的摊销额、出租包装物的成本或摊销额等。企业确认发生其他业务成本时,借记本账户;期末,将本账户余额转入"本年利润"账户时,贷记本账户。结转后本账户无余额。

"营业外收入"账户,属于损益类账户,用于核算企业发生的各项营业外收入,主要包括非流动资产处置利得、非货币性资产交换利得、债务重组利得、政府补助、盘盈利得、捐赠利得等。企业确认实现营业外收入时,贷记本账户;期末,将本账户余额转入"本年利润"账户时,借记本账户。结转后本账户应无余额。

"营业外支出"账户,属于损益类账户,用于核算企业发生的各项营业外支出,包括非流动资产处置损失、非货币性资产交换损失、债务重组损失、公益性捐赠支出、非常损失、盘亏损失等。企业确认发生营业外支出时,借记本账户;期末,将本账户余额转入"本年利润"账户时,贷记本账户。结转后本账户应无余额。

"投资收益"账户,属于损益类账户,用于核算企业确认的投资收益或投资损失,可按投资项目进行明细核算。企业获得投资收益时,贷记本账户;发生投资损失时,贷记本账户;期末,将本账户余额转入"本年利润"账户时,借或贷记本账户。结转后本账户无余额。

"所得税费用"账户,属于损益类账户,用于核算企业确认的应从当期利润总额中扣除的所得税费用。资产负债表日,企业按照税法规定计算确定当期的应交所得税时,借记本账户;期末,将本账户的余额转入"本年利润"账户时,贷记本账户。结转后本账户应无余额。

"本年利润"账户,属于所有者权益类账户,用于核算企业当期实现的净利润(或发生的净亏损)。企业期(月)末结转利润时,应将各损益类账户的金额转入本账户,结平各损益类账户。结转后本账户的贷方余额为当期实现的净利润,借方余额为当期发生的净亏损。年度终了,将"本年利润"账户的贷方余额转入"利润分配"账户时借记本账户;或将"本年利润"账户的借方余额转入"利润分配"账户时贷记本账户。结转后本账户应无余额。

"利润分配"账户,属于所有者权益类账户,用于核算企业利润的分配(或亏损的弥补)和历年分配(或弥补)后的余额。本账户应当分别对"提取法定盈余公积"、"提取任意盈余公积"、"应付现金股利或利润"、"盈余公积补亏"和"未分配利润"等进行明细核算。

"盈余公积"账户,属于所有者权益类账户,用于核算企业从净利润中提取的盈余公积。企业应当分别设置"法定盈余公积"、"任意盈余公积"进行明细核算。企业按规定提取盈余公积时,贷记本账户;用盈余公积弥补亏损、转增资本、分配股利或利润、归还投资者投资时,借记本账户。本账户期末贷方余额,反映企业的盈余公积余额。

"应付股利"账户,属于所有者权益类账户,用于核算企业分配的现金股利或利润,可按投资者进行明细核算。企业根据股东大会或类似机构审议批准的利润分配方案确认应支付的现金股利或利润时,贷记本账户;实际支付现金股利或利润时,借记本账户。本账户期末贷方余额,反映企业应付未付的现金股利或利润。

3.2.5.3 主要经济业务的核算

【例3-44】 星星公司将一批多余的原材料出售,售价10 000元,增值税1 700元,收到购货方支付的货款存入银行。

分析: 企业通过材料销售业务,取得了货款及代收的税款并实现一笔其他业务收入,同时还产生一笔应纳税负债(应交税费)。编制会计分录如下:

借:银行存款　　　　　　　　　11 700
　　贷:其他业务收入　　　　　　　　　10 000
　　　　应交税费——应交增值税(销项税额)　1 700

【例3-45】 假设上例中所售出材料的成本为6 000元,请进行结转。

分析: 企业为获得收入,将库存材料的所有权出让并交付了材料,表明企业库存材料减少、其他业务成本增加。应编制如下会计分录:

借:其他业务成本　　　　　　　　6 000
　　贷:原材料　　　　　　　　　　　6 000

【例3-45】 企业行政管理部门支出业务招待费3 000元,以现金支付。

借:管理费用　　　　　　　　　　3 000
　　贷:库存现金　　　　　　　　　　3 000

【例3-46】 收到远达公司交来的违约赔偿金20 000元,款项已经存入银行。

借:银行存款　　　　　　　　　　20 000
　　贷:营业外收入　　　　　　　　　20 000

【例3-47】 企业向社会捐款10 000元,以银行存款支付。

借:营业外支出　　　　　　　　　10 000
　　贷:银行存款　　　　　　　　　　10 000

【例3-48】 星星公司收到被投资单位分来的利润12 000元,存入银行。

分析: 企业从被投资单位获得收益,一方面银行存款增加;另一方面表明企业获得了投资收益,即投资收益增加。编制会计分录如下:

借:银行存款　　　　　　　　　　12 000
　　贷:投资收益　　　　　　　　　　12 000

【例3-49】 月末,将"主营业务收入"206 000元、"其他业务收入"10 000元、"营业外收入"20 000元、"投资收益"12 000元转入"本年利润"账户。

分析: 年度末,需要将企业的收入和收益从收入类账户的借方转出,转入到"本年利润"账户。一方面将企业收入和收益转出,记入"主营业务收入"、"其他业务收入"、"投资收益"及"营业外收入"等账户的借方;另一方面本年利润增加248 000元,记入"本年利润"账户的贷方。编制计分录如下:

借:主营业务收入　　　　　　　　206 000

```
    其他业务收入                    10 000
    营业外收入                      20 000
    投资收益                        12 000
  贷:本年利润                              248 000
```

【例3-51】 月末,将"主营业务成本"80 000元,"其他业务成本"6 000元,"销售费用"10 000元,"管理费用"23 300元,"财务费用"800元,"营业外支出"10 000元,转入"本年利润"账户。

分析:年度终了,需要将企业的成本、费用和支出从成本、费用类账户的贷方转出,转入到"本年利润"账户。一方面将企业的成本、费用等转出,记入"主营业务成本"、"其他业务成本"、"销售费用"、"管理费用"、"财务费用"、"营业外支出"等账户的贷方;另一方面本年利润减少130 100元,记入"本年利润"账户的借方。编制会计分录如下:

```
借:本年利润                      130 100
  贷:主营业务成本                        80 000
      其他业务成本                         6 000
      销售费用                          10 000
      管理费用                          23 300
      财务费用                             800
      营业外支出                         10 000
```

【例3-51】 假定企业当年实现的利润总额为500万元,无其他纳税调整项目。计算本年应交所得税额。

分析:企业计算确定应交所得税,表明企业应交所得税负债增加,同时企业产生的所得税费用也增加。

$$企业所得税=500×25\%=125(万元)$$

```
借:所得税费用                    1 250 000
  贷:应交税费——应交所得税                1 250 000
```

【例3-52】 年末,将企业本年所得税费用转入"本年利润"账户。

```
借:本年利润                     1 250 000
  贷:所得税费用                         1 250 000
```

【例3-53】 年末,将企业本年实现的净利润转入"利润分配"账户。

分析:结转损益账户后,"本年利润"账户贷方余额,表示企业本年实现的税后净利润。期末,企业应将"本年利润"的余额转入"利润分配——未分配利润"。

$$净利润=500-125=375(万元)$$

编制会计分录如下:

```
借:本年利润                     3 750 000
  贷:利润分配——未分配利润              3 750 000
```

【例3-54】 年末,按税后利润的10%提取法定盈余公积。

分析:该项经济业务的发生,引起权益类账户内部发生变化。一方面按净利润的10%提取法定盈余公积,导致未分配利润减少,记入"利润分配"账户的借方;另一方面企业的法定盈余公积增加,记入"盈余公积"账户的贷方。

$$应提取的法定盈余公积 = 3\,750\,000 \times 10\% = 375\,000(元)$$

编制会计分录如下:

借:利润分配——提取法定盈余公积　　　375 000

　　贷:盈余公积——法定盈余公积　　　　375 000

【例3-55】年末,按税后利润的20%分配现金股利。

分析:该项经济业务的发生,引起负债和所有者权益类账户发生变化。一方面宣告分派了现金股利,导致未分配利润减少,记入"利润分配"账户的借方;另一方面企业增加了一项负债,记入"应付股利"账户的贷方。

$$应分配的现金股利 = 3\,750\,000 \times 20\% = 750\,000(元)$$

编制会计分录如下:

借:利润分配——应付现金股利　　　750 000

　　贷:应付股利　　　　　　　　　　750 000

【例3-56】年末,将"利润分配"各明细账户的余额全部转入"利润分配——未分配利润"明细账户。

分析:年度终了,企业应将"利润分配"账户下的各明细账户的余额转入"利润分配——未分配利润"明细账户。结转后,除"利润分配——未分配利润"明细账户外,"利润分配"账户的其他明细账户无余额。编制会计分录如下:

借:利润分配——未分配利润　　1 125 000.00

　　贷:利润分配——提取法定盈余公积　　375 000.00

　　　　　　　　——应付现金股利　　　　750 000.00

项目小结

1. 记账方法及其选择

见表3-8。

表3-8　记账方法及其选择

知识点	主要内容
记账方法	了解记账方法的概念,熟悉记账方法的种类
借贷记账法	掌握借贷记账法的概念和内容,熟练掌握借贷记账法在企业资金筹集、企业供产销经营过程以及利润分配等业务内容环节中的运用,提供会计核算信息

2. 复式记账法的应用

见表3-9。

表 3-9　复式记账法的应用

业务内容	会计处理
资金筹集的核算	(1) 借：银行存款 　　　贷：实收资本 (2) 借：银行存款 　　　贷：短期借款 　　　　　长期借款 (3) 借：财务费用 　　　贷：应付利息 　　　　　长期借款
供应过程的核算	(1) 借：原材料、在途物资、材料采购 　　　　应交税费——应交增值税(进项税额) 　　　贷：银行存款、应付账款、应付票据、预付账款等 (2) 借：固定资产 　　　　应交税费——应交增值税(进项税额) 　　　贷：银行存款、应付账款、应付票据、预付账款等
生产过程的核算	(1) 借：生产成本 　　　　制造费用 　　　　管理费用 　　　贷：原材料 　　　　　应付职工薪酬 (2) 借：生产成本 　　　贷：制造费用 (3) 借：库存商品 　　　贷：生产成本
销售过程的核算	(1) 借：银行存款、应收账款、应收票据、预收账款等 　　　贷：主营业务收入 　　　　　应交税费——应交增值税(销项税额) (2) 借：主营业务成本 　　　贷：库存商品

续表

业务内容	会计处理
利润形成核算	(1) 借:主营业务收入 　　　　其他业务收入 　　　　投资收益 　　　　营业外收入 　　　贷:本年利润 (2) 借:本年利润 　　　贷:主营业务成本 　　　　营业税金及附加 　　　　其他业务成本 　　　　营业外支出 　　　　管理费用 　　　　财务费用 　　　　销售费用 　　　　所得税费用
利润分配的核算	(1) 借:本年利润 　　　贷:利润分配——未分配利润 (2) 借:利润分配——提取法定盈余公积 　　　　　　　——应付现金股利 　　　贷:盈余公积 　　　　应付股利 (3) 借:利润分配——未分配利润 　　　贷:利润分配——提取法定盈余公积 　　　　　　　——应付现金股利

项目自测题

单项选择题

1. 我国《企业会计准则》规定,会计记账应该采用( )。
   A. 借贷记账法　　　　　　　　　　B. 收付记账法
   C. 单式记账法　　　　　　　　　　D. 复式记账法

2. 下列经济业务事项中,不需要进行会计核算的是( )。
   A. 从银行提取现金　　　　　　　　B. 收取销售定金
   C. 预付下一年度的保险费　　　　　D. 签订销售合同

3. 采购材料业务必须是( )才能借记"原材料"。
   A. 当收到发票账单时　　　　　　　B. 当原材料入库时
   C. 当对方企业将已购原材料发出时　D. 当签订销售合同时

4. 预付账款不多的企业,可以不设置"预付账款"账户,而将预付的款项直接记入( )。
   A. "应付账款"账户的借方　　　　　　B. "应付账款"账户的贷方
   C. "应收账款"账户的借方　　　　　　D. "应收账款"账户的贷方
5. 企业当月制造费用总额为 50 000 元,A 产品的生产工时为 17 000 小时,B 产品的生产工时为 8 000 小时,制造费用按各产品生产工时比例进行分配,则 A 产品分摊的制造费用为( )。
   A. 34 000　　　　B. 17 000　　　　C. 16 000　　　　D. 20 000
6. 企业有时会发生预收购货单位货款的业务,预收货款使企业产生了一项负债,这种负债应该记入( )账户。
   A. 预收账款　　　B. 预付账款　　　C. 应收账款　　　D. 应付账款
7. 采购人员报销原预借的差旅费用,以"库存现金"支付,应记入( )进行核算。
   A. 销售费用　　　　　　　　　　　　B. 管理费用
   C. 其他应收款　　　　　　　　　　　D. 其他应付款
8. 下列项目中,最终记入"生产成本"的工资内容的有( )。
   A. 在建工程人员工资　　　　　　　　B. 销售人员工资
   C. 总经理工资　　　　　　　　　　　D. 车间管理人员工资
9. 下列各项中,不影响"营业利润"的是( )。
   A. 销售费用　　　B. 所得税费用　　　C. 管理费用　　　D. 主营业务收入
10. 下列各账户,年末一般无余额的是( )。
    A. 管理费用　　　B. 生产成本　　　C. 应收账款　　　D. 应付账款
11. 下列项目中,属于制造业"其他业务收入"的是( )。
    A. 接受捐助收入　　　　　　　　　　B. 出售固定资产收入
    C. 出租无形资产收入　　　　　　　　D. 出售无形资产收入
12. "生产成本"账户如果有借方余额,表示( )。
    A. 月末在产品成本　　　　　　　　　B. 当期投入的总成本
    C. 已完工产品成本　　　　　　　　　D. 所有产品总成本
13. 企业增加实收资本的途径不应包括( )。
    A. 盈余公积转增资本　　　　　　　　B. 发放现金股利
    C. 所有者投入资本　　　　　　　　　D. 资本公积转增资本
14. 企业福利部门人员的工资计提的社会保险费应记入( )账户。
    A. 生产成本　　　　　　　　　　　　B. 管理费用
    　　C. 财务费用　　　　　　　　　　　D. 应付职工薪酬
15. 根据《企业会计准则》规定,企业支付的罚款支出应当记入( )。
    A. 财务费用　　　B. 其他业务成本　　　C. 营业外支出　　　D. 管理费用
16. 下列内容中,不记入产品成本的有( )。
    A. 直接材料　　　　　　　　　　　　B. 直接人工
    C. 制造费用　　　　　　　　　　　　D. 行政管理人员工资

17. 某企业2013年营业利润为120万元,营业外收入为8万元,营业外支出为6万元,所得税率为25%,假定不考虑其他因素,该企业2013年净利润为(　　)万元。
    A. 91.5　　　　　　B. 95.25　　　　　　C. 96　　　　　　D. 99.75

18. 某企业月末计提车间使用机器的折旧费用8 000元,应编制的会计分录为(　　)。
    A. 借：生产成本　　　　　　8 000
       贷：累计折旧　　　　　　　　　8 000
    B. 借：管理费用　　　　　　8 000
       贷：累计折旧　　　　　　　　　8 000
    C. 借：制造费用　　　　　　8 000
       贷：累计折旧　　　　　　　　　8 000
    D. 借：制造费用　　　　　　8 000
       贷：固定资产　　　　　　　　　8 000

19. 某企业本月应付职工工资80 000元,其中生产工人工资50 000元、车间管理人员工资20 000元、企业行政管理人员工资10 000元,应编制的会计分录为(　　)。
    A. 借：应付职工薪酬　　　　80 000
       贷：银行存款　　　　　　　　80 000
    B. 借：生产成本　　　　　　80 000
       贷：应付职工薪酬　　　　　　80 000
    C. 借：生产成本　　　　　　50 000
       　　制造费用　　　　　　30 000
       　　管理费用　　　　　　10 000
       贷：应付职工薪酬　　　　　　80 000
    D. 借：生产成本　　　　　　50 000
       　　制造费用　　　　　　30 000
       　　管理费用　　　　　　10 000
       贷：应付职工薪酬　　　　　　80 000

20. 在年末结账前,企业"本年利润"账户贷方余额80 000元,表示(　　)。
    A. 该企业全年累计实现的利润　　　　B. 12月份实现的利润
    C. 该企业全年累计实现的净利润　　　D. 12月份实现的净利润

多项选择题

1. 下列项目中,影响企业当期利润总额的有(　　)。
   A. 对外捐赠支出　　　　　　　　B. 销售商品的收入
   C. 无形资产出售收入　　　　　　D. 所得税费用

2. 企业销售商品发生的应收账款,其入账价值应当包括(　　)。
   A. 垫付的运输费　　　　　　　　B. 增值税销项税额
   C. 销售商品的价款　　　　　　　D. 代垫的包装费

3. 下列各项中,应通过"利润分配"账户核算的有(　　)。
   A. 计提所得税费用　　　　　　　B. 向投资者分配现金股利

C. 提取法定盈余公积 D. 结转本月收入

4. 下列各项中,构成企业外购原材料的入账价值的内容有(   )。
   A. 入库前挑选整理费 B. 买价
   C. 运输途中的合理损耗 D. 运杂费

5. 企业交纳的各项税金,应通过"应交税费"账户核算的有(   )。
   A. 印花税 B. 增值税
   C. 营业税 D. 消费税

6. 下列项目中,不记入产品成本的有(   )。
   A. 企业专设销售人员的工资费用 B. 企业行政管理人员的工资费用
   C. 生产车间管理人员的工资费用 D. 企业生产工人的工资费用

7. 下列项目中,应该记入期间费用的有(   )。
   A. 业务招待费 B. 销售商品发生的售后服务费
   C. 借款利息 D. 委托代销商品支付的手续费

8. 下列项目中,属于"营业外收入"核算内容的有(   )。
   A. 银行存款利息收入 B. 罚款收入
   C. 出售多余的原材料收入 D. 政府的补助收入

9. 下列项目在核算时应纳入"营业外支出"核算内容的有(   )。
   A. 非流动资产处置损失 B. 公益性捐赠支出
   C. 盘亏损失 D. 自然灾害损失

10. 一项经济业务发生后引起银行存款增加50 000元,相应可能引起(   )。
    A. 短期借款增加50 000元 B. 长期借款增加50 000元
    C. 无形资产增加50 000元 D. 职工薪酬支出50 000元

11. 下列经济业务中,引起资产和负债同时增加的有(   )。
    A. 赊购原材料 B. 以银行存款购入材料
    C. 向银行借款并将款项存入银行 D. 从银行提取现金

12. 下列账户中,期末结转后应无余额的账户有(   )。
    A. 管理费用 B. 主营业务成本
    C. 其他业务成本 D. 应付账款

13. 下列应通过"营业税金及附加"科目进行核算的有(   )。
    A. 营业税 B. 消费税
    C. 城市维护建设税 D. 教育费附加

14. 下列各项中,期末应结转到"本年利润"账户的有(   )。
    A. 主营业务成本 B. 投资收益
    C. 制造费用 D. 管理费用

15. 按照相关法律规定,企业提取的法定盈余公积和任意盈余公积的主要用途有(   )。
    A. 扩大企业规模 B. 支付借款利息
    C. 弥补亏损 D. 转增资本

16. 企业购入需要安装的机器设备时,可能进行的账务处理有( )。
    A. 借记"固定资产"账户　　　　　B. 借记"在建工程"账户
    C. 贷记"银行存款"账户　　　　　D. 贷记"应付账款"账户
17. 关于"生产成本"账户,下列说法错误的有( )。
    A. 生产车间管理人员工资直接记入"生产成本"账户
    B. 该账户属于损益类账户
    C. 其余额一般出现在贷方
    D. 其余额表示月末在产品成本
18. 企业发生的下列费用中,应通过"管理费用"账户核算的有( )。
    A. 业务招待费　　　　　　　　　B. 土地使用税
    C. 固定资产修理费　　　　　　　D. 管理人员差旅费
19. 企业按实际成本法进行原材料核算时,设置的相关账户有( )。
    A. 应交税费　　　　　　　　　　B. 在途物资
    C. 原材料　　　　　　　　　　　D. 材料采购
20. 下列应记入"其他业务成本"账户进行核算的有( )。
    A. 罚款支出　　　　　　　　　　B. 出租包装物的成本
    C. 出租无形资产的摊销额　　　　D. 捐款支出

判断题

1. 资产与所有者权益在数量上始终是相等的。( )
2. 多数经济业务的发生,不会破坏资产与负债及所有者权益之间的平衡关系。( )
3. 借贷记账法的记账规则为:有借必有贷,借贷必相等。即对于每一笔经济业务都要在两个或两个以上相互联系的会计科目中以借方和贷方相等的金额进行登记。( )
4. 按照所反映的经济内容分类归属于不同类别的账户,可能具有相同或者是相似的用途和结构。( )
5. 编制试算平衡表,如果试算不平衡,则账户记录或计算肯定有误;如果试算平衡,可大体推断账户记录正确,但不能绝对肯定记账无误。( )
6. 复合会计分录仅指账户的对应关系属于多借多贷的会计分录。( )
7. 原材料的采购费用属于原材料采购成本中的间接成本,因此均需要通过分配记入原材料的采购成本。( )
8. 固定资产折旧既可以按月计提,也可以按年一次计提。( )
9. 借贷记账法是世界上通用的记账方法,也是我国的法定记账方法。( )
10. 企业在会计核算中,其全部账户的增加数之和必然与全部账户的减少数之和相等。( )
11. 试算平衡是根据"收入-费用=利润"的等式关系以及借贷记账法的记账规则,来检查账务记录是否正确的过程。( )
12. 通过账户对应关系,可以了解有关经济业务的来龙去脉。通过账户的平衡关系,可以检查有关业务的记录是否正确。( )
13. 对每一个账户来说,余额只可能在账户的一方即借方或贷方。( )

14. 费用类账户结构与资产类账户结构相同,收入类账户结构与权益类账户结构相同。(   )

15. 复式记账法的记账规则是"有借必有贷,借贷必相等"。(   )

实训题

【实训题 1】

【目的】 实训筹集资金业务的核算。

【资料】 长虹公司 2014 年 3 月份发生下列经济业务:

(1) 1 日,收到外商投入资金 2 000 000 元,款项存入银行。

(2) 8 日,收到安达公司商标权投资,经专家评估确认的价值为 70 000 元。

(3) 10 日,收到甲公司投入设备一台,设备账面原价为 400 000 元,双方协议确认的价值为 550 000 元(不考虑增值税),设备已经投入使用。

(4) 18 日,企业签发商业汇票 70 000 元直接偿还前欠购材料款。

(5) 20 日,向银行借入两年期借款 8 000 000 元,存入银行。

【要求】 根据上述资料,逐笔编制会计分录。

【实训题 2】

【目的】 实训生产准备业务的核算。

【资料】 长虹公司为增值税一般纳税人,增值税率为 17%。2014 年 9 月份发生下列经济业务:

(1) 3 日,向万达公司购入乙材料 150 吨,每吨 190 元(不含增值税,下同),材料发票账单已到达企业,价税款未付。

(2) 5 日,以现金 2 000 元支付上述乙材料运费。

(3) 5 日,乙材料验收入库,按实际成本结转。

(4) 7 日,以银行存款偿还万达公司价税款 33 345 元。

(5) 10 日,购入甲材料 8 吨,每吨 500 元,运杂费 400 元,价税款及运杂费以银行存款支付。材料已验收入库,按实际采购成本转账。

(6) 12 日,向兴达公司购入乙材料 200 吨,每吨 180 元;甲材料 40 吨,每吨 500 元。材料尚未运达企业,价税款未付。

(7) 14 日,以银行存款 8 160 元支付上述甲、乙材料运费(按材料重量分摊)。

(8) 15 日,向兴达公司购入的甲、乙材料运达企业,并验收入库,结转它们的实际成本。

(9) 18 日,以银行存款 50 000 元预付飞跃公司丙材料货款。

(10) 20 日,购入乙材料 100 吨,每吨 200 元;丙材料 200 吨,每吨 300 元。运费 6 000 元。材料价税款及运费以银行存款支付,材料已入库,按实际成本转账(运费按材料重量分摊)。

(11) 23 日,以银行存款 65 520 元支付 12 日购兴达公司材料价税款。

(12) 30 日,已预付货款的丙材料 150 吨运达企业,价款 30 000 元,税款 5 100 元,运费 1 000 元,材料已验收入库,按实际采购成本转账。

【要求】 根据上述资料,逐笔编制会计分录。

【实训题 3】

【目的】 实训产品生产业务的核算。

【资料】 长虹公司为增值税一般纳税人,2014 年 9 月发生如下业务:

(1) 5 日,开出现金支票一张,从银行提取现金 280 000 元。

(2) 7 日,以现金发放本月职工工资计 280 000 元。

(3) 30 日,本月发出材料情况见表 3-10。

表 3-10 材料发出情况表

项目	甲材料				乙材料				合计
	单位	数量	单价	金额	单位	数量	单价	金额	
生产产品耗用	吨	762	40	30 480	吨	436	50	21 800	52 280
A 产品	吨	317	40	12 680	吨	420	50	21 000	33 680
B 产品	吨	445	40	17 800	吨	16	50	800	18 600
车间一般耗用					吨	4	50	200	200
管理部门耗用					吨	2	50	100	100
合计		762		30 480		442		22 100	52 580

(4) 30 日,结算本月应付职工工资总额:A 产品生产工人工资 103 000 元,B 产品生产工人工资 92 000 元,车间管理人员工资 28 200 元,公司管理人员工资 56 800 元。

(5) 30 日,按工资总额 12% 计提社会保险费。

(6) 30 日,摊销本月份应负担的生产设备租金费用 1 300 元。

(7) 30 日,预提应由本月负担的银行短期借款利息 400 元。

(8) 30 日,计提固定资产折旧:车间使用的固定资产折旧 2 000 元,管理部门使用的固定资产折旧 3 000 元。

(9) 30 日,以现金支付车间办公费 1 560 元。

(10) 30 日,以银行存款支付车间业务招待费用 612 元。

(11) 30 日,结转制造费用,并按生产工人工资比例在 A、B 两种产品之间分配。

(12) 30 日,本月生产的 A 产品和 B 产品全部完工入库,A 产品完工 200 件,B 产品完工 300 件。

【要求】 根据上述资料,逐笔编制会计分录。

【实训题 4】

【目的】 实训产品销售业务的核算。

【资料】 长江公司为增值税一般纳税人,增值税率为17%。2014年5月份发生如下业务:

(1) 向安达公司销售乙产品20件,每件售价不含税1 000元,货款计20 000元。购买单位交来转账支票一张,面额为23 400元,货已提走,支票送存银行。

(2) 按合同向购买单位飞跃工厂发出甲产品10台,单位售价30 000元,价款计300 000元,另以现金垫付运杂费1 000元。合同规定,对方可于收货后半月内付款。

(3) 向中兴公司销售乙产品20件,每件售价1 000元,价款20 000元,收到中兴公司承兑的商品汇票一张,面额为23 400元。

(4) 按合同规定预收中方公司乙产品货款60 000元,存入银行。

(5) 中方公司从本企业提走乙产品65件,每件售价800元,价款以原预收款抵付,中方公司同时通过银行补付不足款项。

(6) 通过转账支票,支付电视台广告费6 000元。

(7) 大方公司退回上月购买的乙产品一件,当时乙产品的销售单价为1 000元,用银行存款支付。

(8) 本月已售出乙产品105件、甲产品10台,单位制造成本分别为500元、7 000元。

(9) 以现金支付本月所售产品运输装卸费1 000元。

(10) 收到飞跃工厂前欠货款。

(11) 中兴公司承兑的商业汇票到期,按面额如数收回货款。

【要求】 根据上述资料,逐笔编制会计分录。

【实训题5】

【目的】 实训利润及利润分配的核算。

【资料】 黄河公司2014年12月发生下列经济业务:

(1) 12日,取得罚款净收入8 000元,并存入银行。

(2) 15日,支援希望工程,由银行信汇20 000元,补助红星小学建设教学房屋。

(3) 16日,因债权人光大公司已经不存在,一笔10 000元的应付账款经批准转销。

(4) 17日,因非法经营甲商品,按规定被处罚款20 000元,款以银行存款支付。

(5) 31日,结转本月主营业务收入170 000元,其他业务收入150 000元,营业外收入20 000元。

(6) 31日,结转本月主营业务成本300 000元,主营业务税金及附加64 500元,销售费用31 000元,管理费用28 000元,财务费用6 000元,营业外支出18 000元,其他业务成本2 000元。

(7) 31日,实现净利润1 890 000元,并结转入"利润分配"账户。

(8) 31日,根据《公司法》的规定,按净利润的10%提取法定盈余公积金189 000元。

(9) 31日,根据批准的利润分配方案,计划向投资者分配利润500 000元。

(10) 31日,经公司研究决定,提取任意盈余公积金100 000元。

(11) 31日,年终决算时,黄河公司将"利润分配"账户所属的各明细分类账户的余额结转到"利润分配——未分配利润"明细分类账户的借方。

【要求】 根据上述资料,逐笔编制会计分录。

【实训题6】

【目的】 综合实训企业生产经营过程业务的核算。

【资料】 黄山公司2014年发生业务如下:

(1) 企业收到某公司作为投资投入的新设备一台,该设备所确认的价值为648 000元。

(2) 企业从银行取得短期借款100 000元。

(3) 企业购入甲材料10吨,每吨2 000元,增值税3 400元,全部款项以银行存款支付,材料已验收入库。

(4) 以银行存款预付某公司购货款75 000元。

(5) 行政管理部门以现金购买办公用品一批,价值560元,车间以现金购买办公用品1 200元。

(6) 支付本月电费9 000元,其中车间一般耗用4 000元,行政管理部门耗用5 000元。

(7) 计提本月固定资产折旧,其中生产车间20 000元,行政管理部门9 000元,共计29 000元。

(8) 以银行存款支付本季短期借款利息3 900元(平时不预提)。

(9) 分配本月职工工资37 000元,其中,生产A产品的工人工资12 000元,B产品工人工资16 000元,车间管理人员工资4 000元,行政管理人员工资5 000元。

(10) 仓库转来材料发出汇总表如表3-11所示。

(11) 本月共发生制造费用32 200元,按两种产品的直接工资费用比例分配制造费用。

(12) 本月完工入库A产品1 000件,单位成本350元,总成本350 000元。

(13) 销售A产品300件,每件售价1 000元,代垫运杂费1 600元,增值税51 000元,款尚未收到。

(14) 结转本月已售A产品的生产成本105 000元。

(15) 预付下一年度的报刊订阅费1 200元,以银行存款支付。

(16) 采购员李明预借差旅费3 000元。

(17) 以银行存款支付广告费20 000元。

表3-11 材料发出汇总表

单位:元

项 目	甲材料	乙材料	丙材料	合 计
A产品领用	35 000	12 500		47 500
B产品领用	29 000	23 000	16 000	68 000
车间耗用	3 000			3 000
行政部门耗用		2 000		2 000
合 计	67 000	37 500	16 000	120 500

(18) 收到A公司支付的违约金2 000元,存入银行。

(19) 王某报销差旅费800元(上个月出差时预借差旅费1 000元),余款退回现金。

（20）以银行存款支付广告费 18 000 元。

（21）收到中天公司偿付的前欠货款 15 000 元。

（22）销售给某工厂甲材料 1.6 吨，计 4 000 元，增值税销项税额 680 元，款项已收，存入银行。结转甲材料销售成本。

（23）本月应交销售税金 2 400 元（其中城市维护建设税 1 680 元，教育费附加 720 元）。

（24）结转各项损益类账户发生额到"本年利润"账户。

（25）按税率 25% 计算应交纳的企业所得税。

（26）将所得税费用结转到"本年利润"科目。

（27）按实现的净利润计提 10% 的法定盈余公积。

（28）按实现净利润的 30% 准备发放给投资者。

（29）以银行存款支付应交的企业所得税。

（30）将本年已经分配的利润结转到"利润分配——未分配利润"科目。

【要求】 根据以上业务，逐笔编制会计分录。

项目4　填制和审核会计凭证

工作任务、知识目标、职业能力

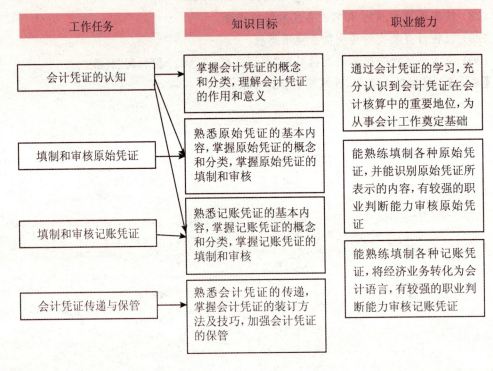

案例分析

周百灵是江城市某房地产有限公司业务经理。2014年3月10日,她参加完北京有关会议后,乘坐高铁返回公司所在地。在乘车过程中,意外地将钱包丢失,钱包中有本次到北京开会的所有资料,包括车票、打的费票据、住宿费单据、信用卡、刷卡小票、身份证及其他个人物品。按照规定,这些票据是作为差旅费报销的重要票据,而且无法取得复印件。她为此非常懊丧,不知如何处理。

问题:如果你是一名会计人员,能否为周经理排忧解难?按照我国会计制度的规定,应该如何完善手续,顺利办好报销手续?

任务 4.1　会计凭证认知

4.1.1　会计凭证的概念

企业在购买材料、支付货款、材料入库、发放职工薪酬、缴纳税款等各项经济业务发生时,为证明这一系列经济业务的发生或完成,需要取得或填制一系列原始单据,如供货方开出的发票、支票的存根联、材料入库单、领料单、工资单、纳税单等。此外,会计人员需要根据这些种类繁多、格式不一的原始单据,进行分类整理、加工,并填制相关凭单作为记账的依据。这一系列证明经济业务发生或完成的单据都称为会计凭证。会计凭证是记录经济业务、明确经济责任并据以登记账簿的书面证明文件。填制和审核会计凭证是会计核算的基本方法之一,是会计核算工作的起始环节。

4.1.2　会计凭证的分类

企业在各种各样的经济活动中会发生各种各样的经济业务,于是就会有各种各样的会计凭证。为便于区分使用,充分发挥会计凭证应有的作用,通常按照会计凭证填制程序和用途的不同,分为原始凭证和记账凭证两种。

任务 4.2　填制和审核原始凭证

4.2.1　认知原始凭证

4.2.1.1　原始凭证的概念

原始凭证又称单据,是在经济业务发生时取得或填制的,用以记录和证明经济业务的发生或完成情况的具有法律效力的证明文件。原始凭证是编制记账凭证的依据,是会计主体进行会计核算的原始资料和重要证据。因此,凡是不能证明经济业务已经发生或完成的各种单据,如商品购销合同、银行对账单、银行存款余额调节表等均不能作为会计核算的原始证据。

4.2.1.2　原始凭证的内容

经济业务是多种多样的,原始凭证也是多种多样的。例如,增值税专用发票或普通发票、领料单、收据、车船票、差旅费报销单等等,它们都是原始凭证。这些原始凭证尽管格式不统一,项目也不尽相同,但都具备一些共同的基本内容,即原始凭证的六要素。

(1) 原始凭证的名称和编号。

(2) 填制原始凭证的日期。

(3) 接受原始凭证的单位名称。

(4) 经济业务的基本内容(包括经济业务发生时的数量、单价和金额等)。

(5) 填制单位或个人的签名、盖章。

(6) 凭证附件。

实际工作中,根据经营管理和特殊业务的需要,除上述基本内容外,可以增加必要的内容,对于不同单位经常发生的共同性经济业务,有关部门可以制定统一的凭证格式,如火车票、银行结算凭证等。

【小思考4-1】 购销合同、银行对账单、银行存款余额调节表为什么不属于原始凭证?

4.2.1.3 原始凭证的种类

1. 原始凭证按其来源渠道不同分为外来原始凭证和自制原始凭证

(1) 外来原始凭证

外来原始凭证是在经济业务活动发生或完成时,从其他单位或个人处直接取得的原始凭证。如采购时取得的增值税专用发票或普通发票,出差时取得的车、船、机票,银行开出的收、付款的结算凭证,个人向企业借款时拟写的借条等等,都是外来原始凭证。如图4-1、图4-2所示。

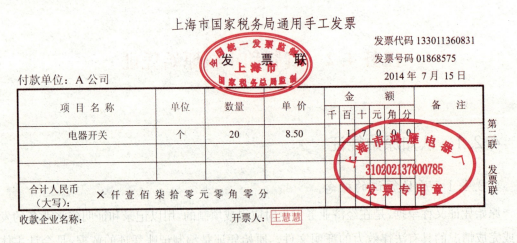

图4-1

安徽增值税专用发票

3402134621　　NO 00485311

开票日期：2014 年 8 月 1 日

购买方	名　称：安徽红星家居有限责任公司
	纳税人识别号：304020274302158
	地址、电话：江城市高新开发区黄山西路 158 号
	开户行及账号：工行黄山西路支行 1341 0902 5102 0026 888

密码区：略

货物或应税劳务名称	规格型号	单位	数量	单价	金额	税率	税额
纤维板		张	600	105.00	63000.00	17%	10710.00
实木板		立方米	30	2350.00	70500.00	17%	11985.00
合　计					¥133500.00		¥22695.00

价税合计（大写）：⊗ 壹拾伍万陆仟壹佰玖拾伍元整　　（小写）¥156195.00

销售方	名　称：黄山木材公司
	纳税人识别号：34020605516088
	地址、电话：黄山市屯溪路 108 号
	开户行及账号：工行火车站支行 1280 2310 8024 8099 015

备注：安徽黄山木材公司 34020605516088 发票专用章

收款人：古芸芸　　复核人：谢三运　　开票人：周一平　　销货单位（盖章）

图 4-2

（2）自制原始凭证

自制原始凭证是指在经济业务发生或完成时，由本单位业务经办部门或个人自行填制的原始凭证。如产品入库单、产品出库单、领料单、差旅费报销单等等，都是自制原始凭证。如表 4-1、表 4-2 所示。

表 4-1　领料单

领料部门：　　　　　　　　　　　　　　　　领料编号：
领料用途：　　　　　　　　年　月　日　　　发料仓库：

材料编号	材料名称	规格	计量单位	数量		单价	金额
				请领	实发		
备注						合计	

发料人：　　　　　审批人：　　　　　领料人：　　　　　记账：

表 4-2　收料单

供应单位：　　　　　　　　年　月　日　　　编　号：
发票号码：　　　　　　材料类别：　　　　　仓　库：

名称	规格	计量单位	数量		实际成本				计划成本	
			应收	实收	买价	运杂费	其他	合计	成本总额	成本差异
备　注										

收料人：　　　　保管人：　　　　仓库负责人：　　　　记账：

2. 原始凭证按照其填制手续及内容不同,又可以分为一次凭证、累计凭证和汇总凭证

(1) 一次凭证

一次凭证,是指一次填制完成、只记录一笔经济业务的原始凭证。例如,增值税专用发票或普通发票、收据、收料单、入库单等。一次凭证属于一次有效的凭证,其特点是填制手续一次完成、使用方便,但数量较多。外来原始凭证都是一次凭证。

(2) 累计凭证

累计凭证,是指在一定时期内多次记录发生的同类型经济业务的原始凭证。也就是说,累计凭证是多次有效的原始凭证。累计凭证的特点是填制手续不是一次完成,而且在一定期间内可以连续登记相同性质的经济业务,随时计算累计数和结余数,并按照费用限额进行费用控制,期末按实际发生额记账。累计凭证起到了简化填制手续、减少凭证张数的作用。常见的累计凭证——限额领料单的格式如表4-3所示。

表4-3 限额领料单

领料部门:　　　　　　　　　　　　　　　　　　　　　　　领料编号:
领料用途:　　　　　　　　　年　月　日　　　　　　　　发料仓库:

材料编号	材料名称	规格	计量单位	领用限额	实际领用			备注
					数量	单价	金额	

日期	请领		实发		退库			限额结余
	数量	领料人签章	数量	发料人签章	数量	收料人签章	退料人签章	
合计								

生产计划部门负责人:　　　　　　供应部门负责人:　　　　　　仓库负责人:

(3) 汇总凭证

汇总凭证,是指对一定时期内反映经济业务内容相同的若干张原始凭证,按照一定的标准综合、汇总完成的一种原始凭证,故又称原始凭证汇总表。例如,产品出库汇总表、材料入库汇总表、差旅费报销单等。汇总原始凭证合并了同类经济业务,简化了记账工作量。常见汇总凭证——发料汇总表的格式如表4-4所示。

表 4-4 发料汇总表

年 月 日至 日　　　　　　　　　　　　　　　单位:元

会计科目	领料部门	领用材料			合计
		原材料	燃料	周转材料	
生产成本	甲产品				
	乙产品				
制造费用	一车间				
	二车间				
管理费用	行政管理部门				
销售费用	销售部门				
合计					

制表人：　　　　　　　　审核人：　　　　　　　　记账：

3. 原始凭证按照格式不同,分为通用凭证和专用凭证

（1）通用凭证

通用凭证,是指由有关部门统一印制、在一定范围内使用的具有统一格式和使用方法的原始凭证。通用原始凭证的使用范围,因制作部门不同而异。可以在某一地区、某一行业,也可以在全国通用。如火车票、银行结算凭证等,在全国通用。

（2）专用凭证

专用凭证,是指由单位自行印制、仅在本单位内部使用的原始凭证。如领料单、折旧费计算表、借款单等。

原始凭证的分类总结如图 4-3 所示。

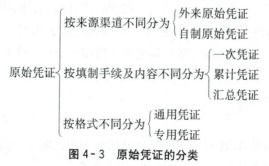

图 4-3　原始凭证的分类

4.2.2　原始凭证的填制

4.2.2.1　原始凭证的填制要求

原始凭证是编制记账凭证的依据,是会计核算最基础的原始资料。要保证会计核算工作的质量,必须从保证原始凭证的质量做起。具体地说,原始凭证的填制必须符合下列要求：

1. 记录要真实

原始凭证是用以证明经济业务的发生或完成情况的,是编制记账凭证的依据,其内容真

实正确与否,直接影响下一步的会计核算,直接影响会计信息的真实可靠性。所以在填制原始凭证时,不允许以任何手段弄虚作假、伪造或变造原始凭证,要以实际发生的经济业务为依据,真实正确地填写。

2. 内容要完整

原始凭证虽千差万别,但其有六项基本要素。填制原始凭证时,要逐项认真填写完毕,要求内容完整、齐全、不可缺漏。若项目填写不全、单位公章模糊或有其他不符合规定的,不得作为会计核算的原始书面证明。

3. 填制要及时

会计核算的及时性原则要求企业的会计核算应当及时进行,不得提前或延后。在经济业务发生后,要及时地取得或填制原始凭证,据以编制记账凭证、登记账簿,保证会计信息的时效性。

4. 手续要完备

单位自制的原始凭证必须有经办单位领导人或者其他指定的人员签名盖章;对外开出的原始凭证,必须加盖本单位公章等;从外部取得的原始凭证,必须盖有填制单位的公章;从个人取得的原始凭证,必须有填制人员的签名盖章等。

5. 书写要清楚、规范

(1) 文字规范。原始凭证要按规定填写,文字要简要,字迹要清楚,易于辨认,不得使用未经国务院公布的简化汉字。如果金额数字书写中使用繁体字,也可以。

(2) 大小写金额规范。大小写金额必须相符且填写规范,小写金额用阿拉伯数字逐个书写,不得写连笔字。在金额前要填写人民币符号"¥",人民币符号"¥"与阿拉伯数字之间不得留有空白。金额数字一律填写到角分,无角分的,写"00"或"—"符号;有角无分的,分位写"0",不得用符号"—"。大写金额用汉字壹、贰、叁、肆、伍、陆、柒、捌、玖、拾、佰、仟、万、亿、元、角、分、零、整等,一律用正楷或行书书写。大写金额前未印有"人民币"字样的,应加写"人民币"三个字,"人民币"字样和大写金额之间不得留有空白。大写金额到元或角为止的,后面要写"整"或"正"字;有分的,不写"整"或"正"字。如小写金额为"¥1 008.00",大写金额应写成"人民币壹仟零捌元整"。

6. 编号要连续

各种凭证要连续编号,以便查考。如果凭证已预先印定编号,如发票、支票等重要凭证,在写错作废时,应加盖"作废"戳记,妥善保管,不得撕毁。

7. 按规定方法更正

原始凭证填写错误,不得涂改、刮擦、挖补,必须按规定方法更正。原始凭证有错误的,应当由出具单位重开或更正,更正处应当加盖出具单位印章。原始凭证金额有错误的,应当由出具单位重开,不得在原始凭证上更正。

4.2.2.2 原始凭证的填制范例

【例 4-1】 2014 年 8 月 15 日,金星公司以现金从中山商场购买办公用品。取得的发票如图 4-4 所示。

图 4-4 增值税专用发票的填制

银行票据的填制

银行票据(包括现金支票、转账支票、银行汇票、银行本票、商业汇票)的填制,除了按照原始凭证的具体要求以外,特别在填制日期上做出了明确的规定:

(1) 票据的出票日期必须使用中文大写。在填写月、日时,月为壹、贰和壹拾的,日为壹至玖和壹拾、贰拾和叁拾的,应在其前加"零";日为拾壹至拾玖的,应在其前面加"壹"。例如,2月15日,应写成"零贰月壹拾伍日";10月20日,应写成"零壹拾月零贰拾日"。

(2) 票据出票日期使用小写填写的,银行不予以受理。大写日期未按规范填写的,银行可不予以受理。

【小思考 4-2】 会计上为什么要对涉及银行结算票据的出票日期采用中文大写?

【例 4-2】 2014 年 8 月 20 日,安徽红星家居有限责任公司财务部签发银行承兑汇票一张给上海机械设备股份有限公司,面值 180 180 元。填制的银行承兑汇票如图 4-5 所示。

【小思考 4-3】 企业与银行结算有关的原始凭证的日期是否均采用中文大写?

4.2.3 原始凭证的审核

以经济业务活动实际发生为依据而填制完毕的原始凭证,必须经会计主管或具体处理该事项的会计人员审核无误后才能作为记账凭证填制的依据。原始凭证的审核内容与原始凭证的填制要求是相一致的,一般应从以下五个方面着手:

1. 审核原始凭证的真实性

原始凭证的真实性审核,主要包括凭证日期是否真实、业务内容是否真实、数据是否真

银行承兑汇票(存根) 3				IX IV 00154010
签发日期 贰零壹肆 年 捌 月 零贰拾 日				第 号
出票人全称	安徽红星家居有限责任公司	收款人	全 称	上海机械设备股份有限公司
出票人账号	1341 0902 5102 0026 888		账 号	1341 0210 3302 2211 515
付款行全称	工行黄山西路支行		开户银行	工行淮海路支行
出票金额	人民币(大写):壹拾捌万零壹佰捌拾元整			千百十万千百十元角分 ¥ 1 8 0 1 8 0 0 0
汇票到期日	贰零壹肆年零贰月零肆日	付款行	行号	1802
承兑协议号			地址	上海市闵行区淮海路145号
本汇票请你行承兑,到期日无条件付款。 出票人签章		本汇票已经承兑,到期日由本行付款。 承兑日期 年 月 日		

图4-5 银行承兑汇票的填制

实等。对外来原始凭证,必须有填制单位公章和填制人员签章;对自制原始凭证,必须有经办部门和经办人员的签名或盖章;此外,对通用原始凭证,还应审核凭证本身的真实性,以防假冒。

2. 审核原始凭证的合法性、合理性

审核原始凭证所反映的经济业务是否符合国家的方针、政策、法令、制度,是否以企业制定的计划和合同为依据,是否履行了规定的凭证传递程序和审核程序,是否有贪污腐化等行为。

3. 审核原始凭证的完整性

审核原始凭证的基本要素是否填写齐全完整,有无遗漏情况,文字和数字书写是否清楚,凭证联次是否正确,等等。

4. 审核原始凭证的正确性

审核原始凭证的各项目金额的计算及填写是否正确,大小写金额是否一致,数字计算是否准确,凭证发生错误是否按规定方法更正,等等。

5. 审核原始凭证的及时性

原始凭证的及时性审核,主要是审核凭证是否及时填写、传递是否及时。特别对银行结算票据的日期,如支票、银行汇票等,更应仔细验证其签发日期。

《会计法》对原始凭证审核的规定

《中华人民共和国会计法》第十四条规定:

会计机构、会计人员必须按照国家统一的会计制度的规定对原始凭证进行审核,对不真实、不合法的原始凭证有权不予接受,并向单位负责人报告;对记载不准确、不完整的原始凭证予以退回,并要求按照国家统一的会计制度的规定更正、补充。

原始凭证记载的各项内容均不得涂改;原始凭证有错误的,应当由出具单位重开或者更正,更正处应当加盖出具单位印章。原始凭证金额有错误的,应当由出具单位重开,不得在原始凭证上更正。

记账凭证应当根据经过审核的原始凭证及有关资料编制。

经过审核的原始凭证,应根据不同情况处理:

(1) 对于完全符合要求的原始凭证,应及时据以编制记账凭证入账。

(2) 对于真实、合法、合理,但内容不够完整、填写有错误的原始凭证,应退回给有关经办人员,由其负责将有关凭证补充完整、更正错误或重开后,再办理正式会计手续。

(3) 对于不真实、不合法的原始凭证,会计机构、会计人员有权不予接受,并向单位负责人报告。

任务 4.3 填制和审核记账凭证

4.3.1 认知记账凭证

4.3.1.1 记账凭证的概念

记账凭证是指对审核无误的原始凭证,按照经济业务的内容加以归类,并据以确定会计分录后填制的会计凭证,它是登记账簿的直接依据。

原始凭证虽是经济业务实际发生的原始证据,但原始凭证种类繁多、数量庞大、格式各异,很难做到分类反映经济业务的内容,所以就必须按照会计核算方法的要求,对原始凭证进行分类、归纳,根据复式记账法的基本原理,确定应借、应贷的会计科目和金额,将原始凭证中的一般数据转化为会计语言。记账凭证介于原始凭证和会计账簿之间,是登记明细分类账户和总分类账户的依据。

4.3.1.2 记账凭证的内容

由于各单位经济内容不同、规模大小及会计核算繁简程度不同,记账凭证的格式亦有所不同。但为了满足记账的基本要求,记账凭证应具备以下基本内容:

(1) 记账凭证的名称,如"收款凭证"、"付款凭证"、"转账凭证"。

(2) 填制记账凭证的日期。

(3) 经济业务的内容、摘要。

(4) 会计科目名称(包括一级科目、二级科目或明细科目)、金额和借贷方向。

(5) 记账凭证的编号。

(6) 所附原始凭证张数。

(7) 制单、审核、记账、会计主管等人员的签名、盖章。如果为收款、付款凭证,还应由出纳人员签名或盖章。

(8) 记账标记。

4.3.1.3 记账凭证的种类

1. 记账凭证按其反映经济业务内容的不同,分为收款凭证、付款凭证和转账凭证

(1) 收款凭证

收款凭证用于记录现金和银行存款收款业务的会计凭证。它是根据库存现金和银行存款收入业务的原始凭证编制的,据以作为登记现金日记账、银行存款日记账以及有关明细账和总账等账簿的依据,也是出纳员收讫款项的依据。其格式如图4-6所示。

收款凭证

借方科目：　　　　　　　　　　年　月　日　　　　　　　　　收字第　　号

摘要	贷方科目		金额	记账符号	附单据　张
	总账科目	明细科目			
合　计					

会计主管：　　　记账：　　　出纳：　　　审核：　　　制单：

图4-6　收款凭证

(2) 付款凭证

付款凭证是用于记录库存现金和银行存款付款业务的凭证。它是根据库存现金和银行存款付出业务的原始凭证编制的,据以作为登记现金日记账、银行存款日记账以及有关明细账和总账等账簿的依据,也是出纳员支付款项的依据。其格式如图4-7所示。

付款凭证

贷方科目：　　　　　　　　　　年　月　日　　　　　　　　　付字第　　号

摘要	借方科目		金额	记账符号	附单据　张
	总账科目	明细科目			
合　计					

会计主管：　　　记账：　　　出纳：　　　审核：　　　制单：

图4-7　付款凭证

(3) 转账凭证

转账凭证是用于记录不涉及库存现金和银行存款收付的转账业务的凭证。它是根据有关转账业务的原始凭证编制的,作为登记有关明细账和总账的依据。其格式如图4-8所示。

转账凭证

年　月　日　　　　　　　　　转字第　　号

摘要	会计科目		借方金额	贷方金额	记账符号	
	一级科目	明细科目				附单据　张
合　计						

会计主管：　　　　　记账：　　　　　审核：　　　　　制单：

图 4-8　转账凭证

如果是只涉及库存现金、银行存款之间的相互划转的经济业务，例如，从银行提取现金、将现金存入银行等，只填制付款凭证，不填收款凭证，以免重复记账。

2. 记账凭证按其填列方式的不同，分为单式记账凭证、复式记账凭证和汇总记账凭证

（1）单式记账凭证

单式记账凭证是指每张凭证上只填制一个应记会计科目的凭证。也就是对一项经济业务所涉及的每个会计科目分别填制凭证。采用单式记账凭证，其优点是：内容单一，便于记账工作的分工，也可以加速凭证的传递和方便按科目汇总；但单式记账凭证张数多，内容比较分散，填制的工作量大，不容易集中揭示经济业务的全貌，在凭证的复核、装订和保管方面都不方便。

（2）复式记账凭证

复式记账凭证就是指在一张凭证上填列一笔经济业务所涉及的全部会计科目。例如收、付、转凭证。复式记账凭证的优点有很多，例如，可以完整地反映一笔经济业务的全貌、对应关系清楚、便于凭证的分析和审核等，但复式记账凭证也有不便于归类整理，不便于会计记账工作的分工之缺点。

【小思考 4-4】　　在单式记账法下采用单式记账凭证，在复式记账法下采用复式记账凭证——这句话正确吗？为什么？

（3）汇总记账凭证

汇总记账凭证是将许多同类记账凭证逐日或定期（3 天、5 天、10 天等）加以汇总后填制的凭证。汇总记账凭证按汇总的范围不同，又可以分为分类汇总和全部汇总。

① 分类汇总，就是根据许多同类的单一记账凭证，定期加以汇总而重新编制的记账凭证，如汇总收款凭证、汇总付款凭证和汇总转账凭证，其目的是为了减轻登记总分类账的工作量。

② 全部汇总，就是根据全部单一记账凭证，定期加以汇总而重新编制的记账凭证，例如，企业在编制通用记账凭证时，根据通用记账凭证编制的记账凭证汇总表（或科目汇总表）。

根据上述介绍，记账凭证的分类可总结成如图 4-9 所示。

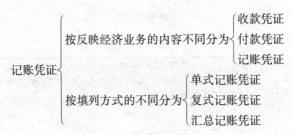

图 4-9 记账凭证的分类

4.3.2 记账凭证的填制

4.3.2.1 记账凭证的填制步骤

(1) 根据审核无误后的原始凭证或原始凭证汇总表,运用复式记账原理,确定应借、应贷的会计科目,编制会计分录。

(2) 按照记账凭证的格式、内容和要求,填制记账凭证。

(3) 将本记账凭证所属的原始凭证放在该记账凭证的后面,作为附件,并将记账凭证和原始凭证用回形针别在一起。

(4) 定期将记账凭证及所附的原始凭证送交审核人员审核。

(5) 记账人员根据审核无误的记账凭证,登记相关会计账簿,并在记账凭证上标记"记账符号"。

4.3.2.2 记账凭证填制的具体方法

(1) 记账凭证的"摘要"栏要简单明了,能正确反映经济业务和主要内容。

(2) 经济业务所使用的会计科目,必须根据国家统一会计制度的规定使用。

(3) 记账凭证中金额、小写的数字必须正确,符号和数字的书写要规范;如有空行,应当在金额栏自最后一笔金额数字下的空行处至合计数上的空行处画线注销。

(4) 一张记账凭证填制完毕,应按借贷记账法的记账规则来检查它的平衡关系。

(5) 记账凭证必须连续编号备查。各单位应根据本单位业务繁简程度、人员多寡、分工情况等选择适合本单位的编号方法,但都应该按月顺序编号,即每月从1号重新编起,顺序编至月末。例如,采用收款、付款和转账凭证的单位,可按库存现金收、付,银行存款收、付和转账业务三类分别编号,如"现收038♯"、"现付010♯"等。如果一笔经济业务需填制2张或2张以上的记账凭证时,可采用"分数编号法"编号,如第15号经济业务需填制2张记账凭证,则这2张记账凭证编号分别为 $15\frac{1}{2}$ 和 $15\frac{2}{2}$。

(6) 每张记账凭证都要注明所附原始凭证的张数,原始凭证张数的计算一般以原始凭证的自然张数为准。

(7) 记账凭证填制完毕之后,填制人员必须签名或盖章,以明确责任。

4.3.2.3 记账凭证填制范例

下面介绍几种记账凭证的具体填制方法。

【例 4-3】 2014年9月5日企业收到甲公司偿还的价款70 000元,根据有关原始凭证填制记账凭证如图4-10所示。

收款凭证

借方科目：银行存款　　　　2014年9月5日　　　　收字 012 号

摘要	贷方科目		金额	记账符号
	总账科目	明细科目		
收回甲公司账款	应收账款	甲公司	70 000.00	√
合　计			¥70 000.00	

附单据 1 张

会计主管：　　记账：曹志刚　　出纳：王 华　　审核：周大伟　　制单：王 华

图4-10　收款凭证的填制

【例4-4】 9月5日企业以现金购买办公用品318元,根据有关凭证填制付款凭证如图4-11所示。

付款凭证

贷方科目：库存现金　　　　2014年9月5日　　　　付字第008号

摘要	借方科目		金额	记账符号
	总账科目	明细科目		
现金购买办公用品	管理费用	办公费	318.00	√
合　计			¥318.00	

附单据 2 张

会计主管：　　记账：曹志刚　　出纳：王 华　　审核：周大伟　　制单：王 华

图4-11　付款凭证的填制

【例4-5】 9月5日企业接受黄山公司投入设备80 000元,根据有关凭证填制转账凭证如图4-12所示。

转账凭证

2014年9月5日　　　　转字第011号

摘要	会计科目		借方金额	贷方金额	记账符号
	一级科目	明细科目			
接受黄山公司投资	固定资产		80 000.00		√
	实收资本	黄山公司		80 000.00	√
合　计			¥80 000.00	¥80 000.00	

附单据 3 张

会计主管：　　记账：曹志刚　　出纳：　　审核：周大伟　　制单：张新华

图4-12　转账凭证的填制

【**例 4-6**】 假定企业采用通用记账凭证,以上编制的记账凭证分别如图 4-13、图 4-14、图 4-15 所示。

记 账 凭 证
2014 年 9 月 5 日　　　　　　　　　　　　第 015 号

摘　　要	会计科目		借方金额	金额	记账符号	
	一级科目	明细科目				
收回甲公司账款	银行存款		70 000.00		√	附单据 1 张
	应收账款	甲公司		70 000.00	√	
合　计			¥70 000.00	¥70 000.00		

会计主管：　　　记账：曹志刚　　出纳：王 华　　审核：周大伟　　制单：王 华

图 4-13　记账凭证的填制 1

记 账 凭 证
2014 年 9 月 5 日　　　　　　　　　　　　第 016 号

摘　　要	会计科目		借方金额	贷方金额	记账符号	
	一级科目	明细科目				
现金购买办公用品	管理费用	办公费	318.00		√	附单据 2 张
	库存现金			318.00	√	
合　计			¥318.00	¥318.00		

会计主管：　　　记账：曹志刚　　出纳：王 华　　审核：周大伟　　制单：王 华

图 4-14　记账凭证的填制 2

记 账 凭 证
2014 年 9 月 5 日　　　　　　　　　　　　第 017 号

摘　　要	会计科目		借方金额	贷方金额	记账符号	
	一级科目	明细科目				
接受黄山公司投资	固定资产		80 000.00		√	附单据 3 张
	实收资本	黄山公司		80 000.00	√	
合　计			¥80 000.00	¥80 000.00		

会计主管：　　　记账：曹志刚　　出纳：　　　审核：周大伟　　制单：张新华

图 4-15　记账凭证的填制 3

4.3.2.4 科目汇总表的编制方法

(1) 根据记账凭证中涉及的会计科目,设置"T"形账户,将每张记账凭证中涉及的借贷发生额——记入有关"T"形账户的借方、贷方。

(2) 计算各个账户的本期借方发生额与贷方发生额合计数。

(3) 填制科目汇总表的日期及编号。日期为科目汇总表编制的起讫日期;编号每年从1号开始,顺序编号,不得跳号、重号。

(4) 填写会计科目名称。为了方便记账人员记账和查账,科目名称应按会计科目的编码顺序填写,本期间不涉及的会计科目,可以不必填写。

(5) 将汇总的各个账户的本期借方发生额与贷方发生额合计数填入表中。

(6) 汇总计算借方、贷方合计数,填在"合计"行内,并检查借贷金额是否相等。

如表4-5所示。

表4-5 科目汇总表

年　月　日至　月　日　　科汇字第　号

会计科目	借　方	贷　方
合　计		

记账凭证自　号至　号共　张

会计主管:　　　　记账:　　　　审核:　　　　制单:

4.3.3 记账凭证的审核

记账凭证的审核,主要围绕记账凭证填制的要求和具体填制方法进行,其审核的内容有:

1. 内容是否真实

审核记账凭证是否附有原始凭证,所附原始凭证的张数与字面附件张数是否相符,原始凭证所记录的经济业务的内容是否与记账凭证所记录经济业务的内容相一致。

2. 项目是否齐全

记账凭证格式中所列的各项内容是否填制齐全,有无遗漏和错误,有关人员是否都签名或盖章。

3. 科目是否正确

记账凭证所确定的会计分录是否正确,即所记的金额有无错误,借贷方金额是否相等,一级科目的金额与其所属的明细科目金额之和是否相一致等。

4. 书写是否正确

审核记账凭证中记录是否文字工整、数字清晰,是否按规定进行更正等。

此外,出纳人员在办理收款或付款业务时,应在原始凭证上加盖"收讫"或"付讫"的戳记,以避免重收重付。

任务 4.4　传递和保管会计凭证

4.4.1　传递会计凭证

会计凭证的传递是指从经济业务发生或完成时取得或填制原始凭证开始,直到会计凭证的装订、归档、保管时为止,与本单位内部有关部门和人员之间,按照规定的手续、时间和传递路线,进行会计凭证处理和移交的程序。

正确组织会计凭证的传递,能够及时地反映和监督各项经济业务的发生或完成情况,提高了会计核算资料的及时性。同时也便于部门和个人间的分工协作,起到相互牵制,加强岗位责任制的作用。因此,各个单位应根据本单位的实际情况,如本单位的工作性质,所涉及的经济活动的特点,内部人员分工情况等,制定出适合本单位的一套会计凭证的传递程序和方法,作为本单位业务部门和会计部门处理会计凭证的工作规范。一般来讲,主要从以下两个方面着手设计:

4.4.1.1　凭证的传递路线

单位应根据自身实际,设计出的传递路线既要保证会计凭证经过必要的环节进行处理和审核,又要避免在不必要的环节停留,所设计的程序要合理、适用、前后衔接紧密,便于各环节的相互联系和监督。

4.4.1.2　凭证在各个环节停留的时间

设计凭证在各个环节停留的时间要合理,不宜过长或过短,要求在规定的时间内处理和传递凭证,不准拖延和积压会计凭证,更不允许跨期,以保证会计核算的准确性和及时性。

4.4.2　装订会计凭证

会计装订是每一个会计人员应必备的一项会计技能,会计凭证记账后,应及时装订。装订的范围:原始凭证、记账凭证、科目汇总表、银行对账单等。科目汇总表的工作底稿也可以装订在内,作为科目汇总表的附件。使用计算机的企业,还应将转账凭证清单等装订在内。单一的凭证如何装订成册,进行有效完整的管理是今天我们要学习的一个内容。

4.4.2.1 会计凭证装订前的准备工作

（1）分类整理，按顺序排列，检查日数、编号是否齐全。

（2）按凭证汇总日期归集（如按上、中、下旬汇总归集）确定装订成册的本数。

（3）摘除凭证内的金属物（如订书钉、大头针、回形针），对大的张页或附件要折叠成同记账凭证大小，且要避开装订线，以便翻阅保持数字完整；

（4）整理检查凭证顺序号，如有颠倒要重新排列，发现缺号要查明原因。再检查附件有无漏缺，领料单、入库单、工资或奖金发放单是否随附齐全。

（5）记账凭证上有关人员（如财务主管、复核、记账、制单等）的印章是否齐全。

4.4.2.2 会计凭证装订前的排序、粘贴和折叠

1. 对会计凭证进行排序和粘贴

对于纸张面积过小的原始凭证，一般不能直接装订，可先按一定次序或类别排列，再粘在一张同记账凭证大小的白纸上。同类同金额的单据尽量粘在一起，先下后上粘贴，上下（或左右）错开，便于翻阅。参见图4-16。

图4-16 原始凭证的粘贴顺序

2. 对会计凭证进行折叠

对于纸张面积大于记账凭证的原始凭证，可按照记账凭证的面积尺寸，先自下向后，再自右向后折叠。在折叠时，需要将凭证的左上角让出来，以便装订后可以展开查阅。有的原始凭证不仅面积大，而且数量多，可以单独装订，如工资单、领料单等，但在记账凭证上应注明保管地点。

【小思考4-5】 对于纸张面积略小于记账凭证的原始凭证，应该如何作为记账凭证的附件进行装订？

4.4.2.3 会计凭证装订方法

（1）将凭证封皮和封底，分别附在凭证前面和后面，再拿一张质地相同的纸放在封皮上角，做装订线保护纸。

（2）在凭证的左上角画一边长为5厘米的等腰三角形，用夹子夹住，用装订机在底线上分布均匀地打两个眼儿。

（3）用针和棉线来回穿眼，穿完线后在凭证的背面打结。

（4）将护角向左上侧面折，并将一侧剪开至凭证的左上角，然后抹上胶水。

（5）向上折叠，将侧面和背面的线绳扣粘死。

（6）待晾干后，在凭证本的侧脊上面写上"某年某月第几册共几册"的字样。装订人在装订线封签处签名或者盖章。

参见图 4-17。

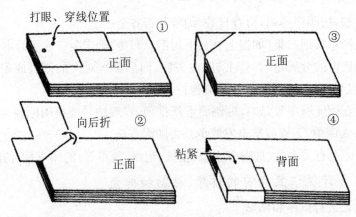

图 4-17 装订会计凭证示意图

4.4.3 保管会计凭证

会计凭证是记录经济业务，明确经济责任并据以登记账簿的书面证明文件，是企业发生经济业务的见证和重要的历史资料，是会计档案的重要组成部分，各单位必须按规定建立立卷归档制度，妥善保管会计资料，以便日后查用。关于会计凭证的保管工作，主要从以下几个方面着手：

（1）经手会计凭证的每个会计人员应有强烈的责任心，认真做好会计凭证的保管工作，使得其齐全、完整、不丢失、不缺损。

（2）根据企业经济业务的频繁次数，定期（一般为每旬或每月）将登记账簿后的各项原始凭证进行分类整理，并按记账凭证的编号顺序连同所附的原始凭证或原始凭证汇总表折叠整齐后，加具封面、封底装订成册，并在封面、封底上加贴封签，在封签处加盖会计主管的骑缝图章。装订记账凭证的封面、封底时要认真、准确填写。

如果附在记账凭证后的原始凭证过多，可以单独装订原始凭证，成册保管，并在装订成册的封面上注明所属记账凭证的日期、种类和编号，同时在有关的记账凭证上注明"附件另订"，并在相关的原始凭证和记账凭证上都相互注明日期和编号，以便于日后查找。另外，各种经济合同、存出保证金收据及涉外文件等重要的原始单据，应当另编目录，单独登记保管，并在有关记账凭证和原始凭证上相互注明日期和编号。

（3）装订成册的会计凭证应指定专人保管，不得随意外借或涂改。若其他单位需要借阅存档凭证时，必须经过本单位会计主管人员同意并批准，方可调档、借阅。

（4）会计凭证的保管期限和销毁手法，必须严格按照国家会计法规、会计制度的有关规定执行。对于一般的会计凭证，保管期限为 15 年；银行对账单一般为 3 年；对于重要的会计凭证，例如涉外业务凭证，按照国家法规应长期保存。对于保存期满的会计凭证必须开列清单，经本单位领导审核，报上级主管部门批准，方可销毁。

项目小结

1. 会计凭证的认知

见表 4-6。

表 4-6 会计凭证的认知

知识点	主要内容
会计凭证的概念	会计凭证是记录经济业务、明确经济责任并据以登记账簿的书面证明文件
会计凭证的分类	会计凭证按填制程序和用途的不同,可分为原始凭证和记账凭证

2. 填制和审核原始凭证

见表 4-7。

表 4-7 填制和审核原始凭证

知识点	主要内容
原始凭证的分类	按其来源渠道不同分为外来原始凭证和自制原始凭证;按其填制手续及内容不同,可以分为一次凭证、累计凭证和汇总凭证;按照格式不同,分为通用凭证和专用凭证
原始凭证的填制要求	记录要真实、内容要完整、填制要及时、手续要完备、书写要清楚规范、编号要连续、按规定方法更正等
原始凭证的审核	一般从原始凭证的真实性、合法性、合理性、完整性、正确性和及时性等方面着手

3. 填制和审核记账凭证

见表 4-8。

表 4-8 填制和审核记账凭证

知识点	主要内容
记账凭证的分类	按其反映经济业务内容的不同,分为收款凭证、付款凭证和转账凭证;按其填列方式的不同,分为单式记账凭证、复式记账凭证和汇总记账凭证
记账凭证的填制要求	填制时间及时、摘要简明扼要、会计科目运用正确、借贷金额相等、附件记载正确等
记账凭证的审核	主要围绕内容是否真实、项目是否齐全、科目是否正确、书写是否正确等方面进行

4. 会计凭证的传递和保管

见表 4-9。

表 4-9　会计凭证的传递和保管

知识点	主要内容
会计凭证的传递	是指从经济业务发生或完成时取得或填制原始凭证开始,直到会计凭证的装订、归档、保管时为止,与本单位内部有关部门和人员之间,按照规定的手续、时间和传递路线,进行会计凭证处理和移交的程序
会计凭证的装订	会计装订是每一个会计人员应必备的一项会计技能,会计凭证记账后,应及时装订。装订时应掌握装订方法和技巧
会计凭证的保管	各单位必须按规定建立立卷归档制度,妥善保管会计资料,以便日后查用。对于保管期满的会计凭证应按有关规定销毁

项目自测题

单项选择题

1. 在一定时期内,连续登记发生的相同经济业务的凭证称为(　　)。
   A. 汇总凭证　　　　B. 累计凭证　　　　C. 记账凭证　　　　D. 转账凭证
2. 凡涉及现金与银行存款相互转账业务的应编制(　　)。
   A. 付款凭证　　　　　　　　　　　B. 收款凭证
   C. 付款和收款凭证同时编制　　　　D. 转账凭证
3. 会计人员审核原始凭证时,发现其金额有错误,应由(　　)。
   A. 原填制单位更正　　　　　　　　B. 经办人员更正
   C. 会计人员更正　　　　　　　　　D. 会计主管人员更正
4. 下列凭证,只用于记录不涉及现金与银行存款业务的是(　　)。
   A. 付款凭证　　　　B. 收款凭证　　　　C. 转账凭证　　　　D. 通用记账凭证
5. 自制原始凭证与外来原始凭证相比具有(　　)。
   A. 同等效力　　　　　　　　　　　B. 不同等效力
   C. 自制原始凭证有更大效力　　　　D. 外来原始凭证有更大效力
6. 在填写银行结算票据时,2月10日应写为(　　)。
   A. 贰月拾日　　　　B. 零贰月拾日　　　C. 零贰月壹拾日　　D. 零贰月零壹拾日
7. 在填写银行结算票据时,8月8日应写为(　　)。
   A. 捌月捌日　　　　B. 捌月零捌日　　　C. 零捌月捌日　　　D. 零捌月零捌日
8. 会计人员审核原始凭证时,发现凭证真实、合法、合理,但填写有错误(不包括金额有错误),正确的处理方法是(　　)。
   A. 退回原填制单位,由经办人员更正　　B. 不予以受理,并报告单位领导

C. 退回原填制单位,并报告单位领导　　D. 由本单位会计人员直接更正

9. 下列凭证中,填写的日期应采用大写日期的是(　　)。
　　A. 付款凭证　　　　B. 增值税发票　　　C. 现金支票　　　　D. 普通发票
10. 企业在编制通用记账凭证时,记账凭证的编号应(　　)。
　　A. 每本从1号开始　　　　　　　　　B. 每月从1号开始
　　C. 每季从1号开始　　　　　　　　　D. 每年从1号开始
11. 企业购入材料收到供货单位开具的发票,该原始凭证按其来源分,应属于(　　)。
　　A. 一次凭证　　　B. 自制原始凭证　　C. 外来原始凭证　　D. 累计原始凭证
12. 以下不能作为原始凭证据以入账的是(　　)。
　　A. 车船票　　　　B. 差旅费报销单　　C. 现金支票存根　　D. 购料申请单
13. 工业企业限额领料单是一种(　　)。
　　A. 转账凭证　　　B. 一次凭证　　　　C. 汇总原始凭证　　D. 累计凭证
14. 填制会计凭证是(　　)的前提和依据。
　　A. 财产清查　　　B. 登记账簿　　　　C. 成本计算　　　　D. 编制会计报表
15. 凡是涉及现金和银行存款的原始凭证,在发生金额填写错误时,正确的处理方法是(　　)。
　　A. 作废　　　　　　　　　　　　　　B. 撕毁
　　C. 加盖"作废"戳记重填　　　　　　 D. 在凭证上改错
16. 以银行存款归还短期借款,单位应编制(　　)。
　　A. 收款凭证　　　B. 付款凭证　　　　C. 转账凭证　　　　D. 记账凭证汇总表
17. 单式记账凭证是指在一张凭证上(　　)的凭证。
　　A. 只填写一项经济业务　　　　　　　B. 只填写一个会计科目
　　C. 只填写一个金额　　　　　　　　　D. 只填写两个会计科目
18. 一切会计凭证,只有(　　)后,才能作为登记账簿的依据。
　　A. 审核　　　　　B. 审核无误　　　　C. 审计　　　　　　D. 批准
19. 记账凭证填制的日期,一般情况下填写(　　)。
　　A. 经济业务发生时的日期　　　　　　B. 当天日期
　　C. 月末日期　　　　　　　　　　　　D. 期末日期
20. 供货单位开出的增值税专用发票,对于购货企业来说属于(　　)。
　　A. 自制原始凭证　B. 累计原始凭证　　C. 外来原始凭证　　D. 汇总原始凭证

多项选择题

1. 原始凭证按其填制手续及内容不同,可分为(　　)。
　　A. 一次凭证　　　B. 累计凭证　　　　C. 原始凭证汇总表　D. 汇总凭证
2. 原始凭证按其来源不同,可分为(　　)。
　　A. 一次凭证　　　B. 累计凭证　　　　C. 外来原始凭证　　D. 自制原始凭证
3. 下列经济业务,应填制付款凭证的是(　　)。
　　A. 购入材料一批,货款用银行存款支付　B. 销售产品一批,货款存入银行
　　C. 采购员预借差旅费以现金支付　　　　D. 以银行存款支付外购材料运杂费

4. 以下不能作为原始凭证编制记账凭证的是( )。
   A. 购料申请单　　B. 差旅费报销单　　C. 购销合同　　D. 银行对账单
5. 常用的自制原始凭证有( )。
   A. 收料单　　　　　　　　　　　B. 领料单
   C. 销售产品开出发票的存根　　　D. 工资单
6. 原始凭证审核的主要内容包括( )。
   A. 合理性　　　B. 合法性　　　C. 正确性　　　D. 完整性
7. 记账凭证按其反映的经济业务内容不同,通常分为( )。
   A. 收款凭证　　B. 付款凭证　　C. 转账凭证　　D. 原始凭证
8. 记账凭证可以根据( )填列。
   A. 每一张原始凭证　　　　　　B. 若干张同类原始凭证汇总
   C. 原始凭证汇总表　　　　　　D. 经济业务的内容
9. 原始凭证按其格式不同,可分为( )。
   A. 一次凭证　　B. 累计凭证　　C. 通用凭证　　D. 专用凭证
10. 记账凭证审核的主要内容包括( )。
    A. 金额是否正确　B. 项目是否齐全　C. 科目是否正确　D. 书写是否正确

判断题

1. 会计凭证按其填制的程序和用途不同可以分为原始凭证和记账凭证。( )
2. 凡不能证明经济业务发生或完成的各种单证不能作为原始凭证据以记账。( )
3. 按收款、付款、转账业务分别填制的记账凭证,称为专用记账凭证。( )
4. 凡不是本企业财会部门填写的原始凭证,都是外来原始凭证。( )
5. 企业编制原始凭证是记账的需要。( )
6. 原始凭证必要时可以涂改、挖补。( )
7. 复式记账凭证在复式记账法下采用,单式记账凭证在单式记账法下采用。( )
8. 限额领料单是一次性原始凭证。( )
9. 单式记账凭证是指一笔经济业务,只编一张记账凭证。( )
10. 对于定期保存的凭证应于保管期限满后,立即进行销毁。( )
11. 从外单位取得的原始凭证有遗失,当事人写出详细情况,即可报销。( )
12. 装订成册的记账凭证移交财会档案登记归档,当需要调阅时,应履行登记手续。( )
13. 企业填写的各种银行结算凭证的日期都必须采用大写日期。( )
14. 外来原始凭证都是一次凭证。( )
15. 记账凭证是登记账簿的直接依据。( )

实训题

【实训题1】

【目的】 通过实训,使学生熟练掌握数码字书写规范。
【要求】 根据下列资料进行实训。

【资料】

1. 对照表 4-10 中数字，实训数码字书写。

表 4-10

1	2	3	4	5	6	7	8	9	0	1	2	3	4	5	6	7	8	9	0	1	2	3	4	5	6	7	8	9	0

2. 对照表 4-11 中数字，实训没有数位线的数码字金额书写。

表 4-11

￥4 985.50	￥45 034.72	￥184 329.23	￥4 106 945.10	￥35 742.80	￥27 451.03

3. 实训中文大写数字转换为数码字：

(1) 人民币叁万壹仟零捌元陆角肆分　　　　应写成＿＿＿＿＿＿＿＿＿＿

(2) 人民币捌佰零陆元叁角整　　　　　　　应写成＿＿＿＿＿＿＿＿＿＿

(3) 人民币伍仟壹佰零伍元整　　　　　　　应写成＿＿＿＿＿＿＿＿＿＿

(4) 人民币陆万叁仟肆佰伍拾元整　　　　　应写成＿＿＿＿＿＿＿＿＿＿

(5) 人民币壹拾叁万伍仟陆佰元整　　　　　应写成＿＿＿＿＿＿＿＿＿＿

(6) 人民币柒佰叁拾捌万零贰佰肆拾元整　　应写成＿＿＿＿＿＿＿＿＿＿

(7) 人民币肆万贰仟元零玖分　　　　　　　应写成＿＿＿＿＿＿＿＿＿＿

(8) 人民币柒万零捌佰元整　　　　　　　　应写成＿＿＿＿＿＿＿＿＿＿

(9) 人民币壹佰万元整　　　　　　　　　　应写成＿＿＿＿＿＿＿＿＿＿

(10) 人民币柒仟捌佰玖拾元整　　　　　　应写成＿＿＿＿＿＿＿＿＿＿

【实训题 2】

【目的】　通过实训，使学生熟练掌握中文大写数字书写规范。

【要求】 根据下列资料进行实训。

【资料】

1. 对照表 4-12 中文字，分别用楷体和行楷实训单个中文大写数字（含数位）的书写。

表 4-12

零							零						
壹							壹						
贰							贰						
叁							叁						
肆							肆						
伍							伍						
陆							陆						
柒							柒						
捌							捌						
玖							玖						
拾							拾						
佰							佰						
仟							仟						
万							万						
亿							亿						
元							元						
角							角						
分							分						
整							整						

2. 实训小写数码字转换为中文大写数字：

(1) ￥913.60　　　应写成_____

(2) ￥530.40　　　应写成_____

(3) ￥1 368.10　　应写成_____

(4) ￥54 627.38　 应写成_____

(5) ￥20 408.72　 应写成_____

(6) ￥3 420.65　　应写成_____

(7) ￥90 107.29　 应写成_____

(8) ￥710 600.00　应写成_____

(9) ￥78 193.00　 应写成_____

(10) ￥4 025 810.52 应写成_____

【实训题 3】

【目的】 实训原始凭证的填制。

【要求】 根据下列资料填制原始凭证。

【资料】

1. 2014年9月5日,职工周大海赴广州参加商品洽谈会借款5 000元。借款单参见图4-18。

借　款　单

年　月　日

借款人		
借款理由		
借款金额	￥	
部门负责人意见	借款人签章	
领导批示：	会计主管人员批示：	

第一联 存根联

图4-18　借款单

2. 2014年9月20日,茂盛机电有限公司从黄河公司购入C材料1 500公斤,单价10元,价款15 000元,增值税率为17%,请填制增值税专用发票见图4-19。

3400044267　　安徽增值税专用发票　　№ 005055318

发　票　联　开票日期：　　年　月　日

购货单位	名　　称：								密码区		略	加密版本： 013400052110 01611867
	纳税人识别号：3401065516158											
	地　址、电　话：芜湖市银湖北路158号											
	开户行及账号：工行银湖路支行1370231090248088825											

货物或应税劳务名称	规格型号	单位	数量	单　价	金　额	税率	税　额
合　　计							

价税合计（大写）	（小写）￥

销货单位	名　　称：
	纳税人识别号：280202477394483
	地　址、电　话：西安市长江路78号
	开户行及账号：工行长江路支行1302310902556085001

备注

第三联 发票联 购买方记账凭证

收款人：　　　复核：　　　开票人：　　　销货单位：（章）

图4-19　增值税专用发票

3. 2014年9月25日,南华超市收到华联商厦开出的转账支票35 148.27元,填制进账单,于当日送存银行。进账单参见图4-20。

中国工商银行进账单(收账通知)

年　月　日　　　　　　　第 00231 号

收款人	全称		付款人	全称	
	账号	1370231090248077725		账号	1350471021024803355
	开户银行	中行镜湖路支行		开户银行	交行中山路支行

人民币（大写）：　　　　　　千百十万千百十元角分

票据种类：
票据张数：

单位主管　　会计　　复核　　记账　　　　收款人开户行盖章

此联是收款人开户行交给收款人的收账通知不作为提货依据

图 4-20　进账单

4. 2014 年 10 月 15 日，茂盛机电有限公司从黄河公司购入 C 材料 1 500 公斤到货，并验收入库。请填制收料单。收款单见图 4-21。

收 料 单

发票编号：
供货单位：　　　　　　　　　　　　　　　凭证编号：No 00248
材料类别：　　　　　　　年　月　日　　　收料仓库：1#材料库

材料编号	名称	规格	单位	数量		实际成本			
				应收	实收	单价	金额	运费	合计

主管：　　　记账：　　　仓库保管：　　　经办人：

图 4-21　收料单

5. 2014 年 9 月 17 日，江城市电视台收到新科电子有限责任公司支付的广告制作佣金 18 000 元，请填制广告业专用发票，见图 4-22。

江城市广告业专用发票

年　月　日

客户名称：　　　　　　　　　　　　　　　NO.2214575

项目	单位	数量	单价	金额						
				万	千	百	十	元	角	分
合计金额（大写）										

单位盖章　　　　会计　　　　出纳　　　　经手人

第二联 报销凭证

图 4-22　广告业专用发票

6. 2014 年 12 月 10 日，大禹有限公司财务科开出现金支票提取现金 5 000 元，作为备用金，请填制现金支票，见图 4－23。

中国银行
现金支票存根
Ⅶ Ⅳ04281412
附加信息

出票日期　年　月　日
收款人：
金　额：
用　途：
单位主管　会计

本支票付款期十天

中国银行现金支票　Ⅶ Ⅳ04281412

出票日期（大写）　年　月　日　付款行名称：
收款人：　出票人账号：

人民币（大写）		百	十	万	千	百	十	元	角	分

用途：

上列款项请从
我账户内支付
出票人签章

复核　记账

图 4－23　现金支票

【实训题 4】

【目的】 实训收款凭证、付款凭证、转账凭证的编制。

【资料】 新林公司 10 月份发生下列经济业务(部分)：

(1) 3 日，以银行存款支付广告费 2 000 元。(附件 2 张)

(2) 6 日，向银行借入 300 000 元短期借款存入银行。(附件 2 张)

(3) 8 日，收到宏业公司投入的资金 400 000 元，存入银行。(附件 3 张)

(4) 10 日，收到 A 公司投入的新机器设备一台，价值 60 000 元。(附件 3 张)

(5) 12 日，将现金 5 700 元送存银行。(附件 1 张)

(6) 13 日，从银行提取现金 1 000 元备用。(附件 1 张)

(7) 14 日，生产车间领用材料 38 000 元，用于产品生产。(附件 1 张)

(8) 15 日，行政部门领用维修材料 500 元。(附件 1 张)

(9) 18 日，以现金支付职工医药费 1 600 元。(附件 1 张)

(10) 19 日，购入甲材料 10 000 元，增值税 1 700 元，以银行存款支付。(附件 3 张)

(11) 20 日，收回红光公司前欠货款 2 000 元，存入银行。(附件 1 张)

(12) 22 日，以银行存款归还 C 公司货款 5 000 元。(附件 1 张)

(13) 24 日，以库存现金购买办公用品 180 元，当日交付各行政部门使用。(附件 2 张)

(14) 27 日，计提本月应负担的短期借款利息 1 380 元。(附件 1 张)

(15) 28 日，以银行存款缴纳税款 25 000 元。(附件 4 张)

(16) 28 日，分配本月职工工资 30 000 元，其中：生产工人工资 18 000 元，车间管理人员工资 2 000 元，公司管理人员工资 10 000 元。(附件 2 张)

【要求】 根据上述经济业务，逐题编制收款凭证、付款凭证、转账凭证。

【实训题5】

【目的】 实训通用记账凭证及科目汇总表的编制。

【资料】 汇源公司2014年10月份发生下列业务：

(1) 4日,从天津红星工厂购入甲材料1 000公斤,每公斤20元,计20 000元,材料已经验收入库,款以银行存款支付(假定不考虑增值税,下同)。

(2) 6日,从上海浦江工厂购入乙材料8 000公斤,单价10元,计80 000元,材料已经验收入库,款以银行存款支付。

(3) 10日,车间及行政管理部门领用各种材料汇总如表4-13所示。

表 4-13

应借科目		应贷科目				金额合计
		甲材料		乙材料		
		数量(公斤)	金额	数量(公斤)	金额	
生产成本	A产品	500	10 000	3 000	30 000	40 000
	B产品	700	14 000	5 000	50 000	64 000
	小计	1 200	24 000	8 000	80 000	104 000
制造费用		100	2 000	1 500	15 000	17 000
管理费用		200	4 000	500	5 000	9 000
合计		1 500	30 000	10 000	100 000	130 000

(4) 10日,售出A产品20台,每台售价4 000元,售出B产品30台,每台售价5 000元,计收到价款230 000元存入银行。

(5) 13日,计算出本月应付职工薪酬,见表4-14。

表 4-14

应借科目		应付工资总额
生产成本	A产品	22 800
	B产品	34 200
	小计	57 000
制造费用		4 560
管理费用		6 840
合计		68 400

(6) 14日,从银行提取现金68 400元,备发工资。

(7) 15日,以库存现金68 400元支付本月工资。

(8) 16日,售给新新工厂A产品5台,每台售价4 000元,计20 000元,货款尚未收到。

(9) 17日,以库存现金200元支付售出A产品运费。

(10) 18日,以银行存款支付本月水电费10 000元,其中:A产品耗用3 000元,B产品耗用3 500元,车间耗用1 500元,行政管理部门耗用2 000元。

(11) 19 日,售出 B 产品 10 台给海悦公司,单价 5 000 元,计 50 000 元,货款尚未收到。
(12) 20 日,以银行存款 1 060 元支付行政管理部门办公费。
(13) 21 日,收到新新工厂通过银行转来的前欠货款 20 000 元。
(14) 22 日,以银行存款支付广告费 8 000 元。
(15) 23 日,以现金 440 元支付生产车间的办公费。
(16) 24 日,以银行存款 3 600 元支付报刊费(直接列入当年费用)。
(17) 25 日,从银行取得短期借款 50 000 元,存入银行。
(18) 26 日,提取折旧费 8 000 元,其中:生产车间折旧费 6 000 元,行政部门折旧费 2 000 元。
(19) 28 日,生产车间领用烤火用的燃料 1 000 元。
(20) 28 日,以银行存款支付生产车间劳动保护费 1 000 元。
(21) 29 日,摊销长期待摊费用,其中生产车间 500 元,行政部门 500 元。
(22) 29 日,计算出本月发生的制造费用总额 32 000 元,并分配给 A、B 两产品,其中 A 产品 14 000 元,B 产品 18 000 元。
(23) 31 日,A 产品完工 35 台,已验收入库,其单位成本为 2 000 元,总成本 70 000 元;B 产品完工 42 台,已验收入库,其单位成本 2 500 元,总成本 105 000 元。
(24) 31 日,本月售出 A 产品 25 台,单位成本 2 000 元,结转销售成本 50 000 元;本月售出 B 产品 40 台,单位成本 2 500 元,结转销售成本 100 000 元。
(25) 31 日,计提本月应交城市维护建设税 1 500 元。
(26) 31 日,将本月销售收入 300 000 元转入本年利润账户。
(27) 31 日,将本月产品销售成本 150 000 元、销售费用 8 200 元、营业税金及附加 1 500 元、管理费用 25 000 元,结转到"本年利润"账户。
(28) 31 日,计算本月应交所得税 28 000 元。
(29) 31 日,以银行存款预缴企业所得税 20 000 元。
(30) 31 日,以银行存款购买股票 10 000 股作为交易性金融资产,每股价格 8 元。

【要求】
(1) 逐题编制记账凭证。
(2) 每半月编制 1 张科目汇总表。

项目 5　会计账簿的登记与管理

 工作任务、知识目标、职业能力

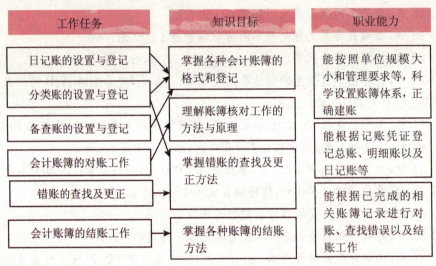

 专业知识

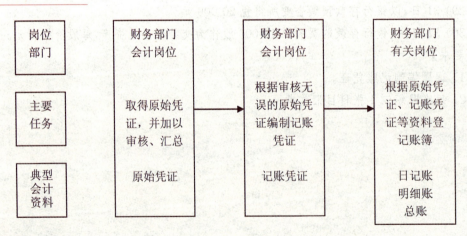

 案例分析

2013年1月1日，张丽以每月3 000元的租金租用一间店面，投资创办了天丽公司，主

要经营各种服装的批发零售。1月3日,张丽以公司名义在银行开立账户,存入100 000元作为资本,用于经营。由于张丽不懂会计,她除了将所有的发票、单据收集保存起来以外,没有做其他任何记录。

到月底,张丽发现公司有现金756元,而银行存款只剩下58 670元。另外,公司有尚未收回的销货款22 900元,尚未支付的购货款10 260元,经实地盘点,库存服装价值32 800元。那么,公司是赚了还是赔了?张丽一无所知。于是,她向从事会计工作的好朋友王敏请教如何计算公司的盈亏。王敏指出:公司需要建立一套系统的会计核算体系,特别是需要设置会计账簿,只有这样才可以全面、连续、系统、完整地记录企业经济业务的发生与完成情况,公司的财务状况与经营业绩也就可以较为直观地反映出来了。

王敏根据天丽公司的经营规模、业务类型及业务量为其建立了相应的会计账簿体系,并对张丽保存的所有单据进行检查、分析、汇总、登记后,发现该公司本月共收款51 380元,共付款91 954元,收入68 670元,成本费用63 804元,经过核算可知该公司本月的营业利润为4 866元。

问题: 会计账簿的建立对于一家企业来说有何重要的意义?会计账簿应该如何建立?

任务5.1 会计账簿的认知

5.1.1 会计账簿的作用

5.1.1.1 会计账簿的概念

会计账簿是指由一定格式账页组成的,以审核无误的会计凭证为依据,全面、系统、连续地记录各项经济业务的簿籍。各单位应当按照国家统一会计制度的规定和会计业务的需要设置会计账簿。

5.1.1.2 会计账簿的作用

设置和登记账簿,是会计工作的重要环节,是编制会计报表的基础,是连接会计凭证与会计报表的中间环节,也是会计信息处理的一个重要的专门方法。其作用主要表现在:

(1) 可取得全面、系统的会计信息。通过登记账簿,可以把会计凭证所提供的资料归类汇总,形成集中的、系统的、全面的会计核算资料,为会计信息使用者提供各方面的详细信息,以便对各项资源的保管和使用情况进行监督。

(2) 可以为计算财务成果、编制会计报表提供依据。账簿记录的各项数据资料是分析经济活动过程及其结果的重要资料来源。根据账簿提供的总括核算资料和明细核算资料可以计算出各项财务指标,正确地计算出费用、成本和利润,据以考核费用成本计划和利润计划的完成情况,综合反映财务成果。同时,账簿资料又是编制会计报表的直接依据,财务会计报告的编报是否及时,会计报表质量是否可靠,都同账簿的设置与登记有着密切的关系。

(3) 有利于开展会计检查和会计分析。会计账簿既是汇集、加工会计信息的工具,也是积累、储存经济活动情况的数据库。企业的一切财务收支、经营过程和结果都体现在账簿中。因此,利用账簿提供的资料,可以有效地开展会计检查和会计分析,加强会计监督,保护财产的安全和完整,提高企业的经营管理水平。

(4) 可为改善经营管理、合理使用资金提供资料。账簿反映的资料比会计凭证系统、全面,又比财务报表具体、详细。利用账簿资料,可以了解企业贯彻有关方针、政策、制度的情况,可以考核各项计划的完成情况。利用账簿记录提供的明细核算资料,可监督计划、预算的执行情况,资金的合理有效使用情况,及时发现问题、分析原因、提出改进措施,促使企业不断提高管理水平,增加经济效益。

5.1.2 会计账簿的分类

5.1.2.1 账簿按用途分类

账簿按其用途的不同,可以分为序时账簿、分类账簿和备查账簿三种。

1. 序时账簿

序时账簿,也称日记账,是按照经济业务发生时间的先后顺序,逐日逐笔登记经济业务的账簿。日记账按其记录内容的不同又分为普通日记账和特种日记账。

普通日记账,也称通用日记账,是用来登记企业所发生的全部经济业务的日记账。在账中,按照每日所发生的经济业务的先后顺序,逐笔编制会计分录,因而这种日记账也称分录日记账。设置普通日记账的单位,一般不再编制记账凭证,以免重复。

特种日记账是用来专门记录某一特定类型的经济业务发生情况的日记账。在账中,将该类经济业务按其发生的先后顺序逐日逐笔登记。如记录现金收付业务及其结存情况的现金日记账,记录银行存款收付业务及其结存情况的银行存款日记账,以及专门记录转账业务的转账日记账。我国要求企业必须设置的特种日记账是现金日记账和银行存款日记账。

2. 分类账簿

分类账簿是指对发生的全部经济业务按照会计科目进行分门别类登记的账簿。分类账簿按其反映内容的详细程度不同,又可分为总分类账簿和明细分类账簿。

总分类账簿,简称总账,是根据一级会计科目设立的总分类账户,是用来总括分类记录全部经济业务的账簿。它可以提供各种资产、负债、收入、成本、费用等的总括核算资料。明细分类账簿,简称明细账,是按照明细科目设立的分类账户,用以详细反映经济业务内容。总账对明细账具有统驭和控制作用,明细账是对总账的补充和具体化,两者相辅相成,互为补充。在实际工作中,每个会计主体可以根据经营管理的需要,为不同的总账账户设置所属明细账。

3. 备查账簿

备查账簿也称辅助账簿,是指对一些在序时账簿和分类账簿中不能记载或记载不全的经济业务进行补充登记的账簿,对序时账簿和分类账簿起补充作用。相对于序时账簿和分类账簿这两种主要账簿而言,备查账簿属于辅助性账簿,与其他账簿之间不存在严密的勾稽关系,不受总账或明细账的控制。它可以为经营管理提供参考资料,如租入的固定资产登记簿、应收票据的备查簿、代销商品登记簿等。

5.1.2.2 账簿按外表形式分类

各种账簿都具有一定的外表形式,按其外表形式的不同可分为订本式账簿、活页式账簿和卡片式账簿。

1. 订本式账簿

订本式账簿是指在启用前就将许多张账页装订成册并连续编号的账簿。其优点是能够避免账页散失和人为地抽换账页,保证账簿记录资料的安全完整。缺点是必须事先估计每个账户所需要的账页张数,预留账页过多,会造成浪费,而预留太少又会影响账户的连续登记,在同一时间因账页固定只能由一人登记账簿,不便于分工记账。因此,一般情况下,比较重要的、账户数量变化不大的账簿才使用订本式,如总账、现金日记账和银行存款日记账。

2. 活页式账簿

活页式账簿简称活页账,是指年度内账页不固定装订成册,而置于活页账夹中,年末将本年所登记的账页装订成册并连续编号的账簿。其优点是记账时可根据需要随时抽换、增添或重新排列账页,登记方便,且便于分工记账。缺点是账页容易散失和被人为抽换。明细账大多采用活页账。

3. 卡片式账簿

卡片式账簿是指用印有记账格式的和特定内容的卡片登记经济业务的账簿。这种账簿一般用卡片箱装置,不用装订成册,可以随取随放,它实际上是一种特殊的活页式账簿。其优点在于使用比较灵活,保管比较方便,有利于详细记录经济业务的具体内容,可跨年度使用,无需经常更换。缺点是卡片容易散失,一般应装置在卡片箱内。在我国,企业一般只对固定资产的核算采用卡片账形式,有少数企业在材料核算中也使用材料卡片。

【小思考5-1】 企业会计核算在实现会计电算化后,对会计账簿有什么规定或要求?

5.1.2.3 账簿按账页格式分类

账簿按账页格式的不同,可以分为三栏式账簿、多栏式账簿、数量金额式账簿和横线登记式账簿等。

1. 三栏式账簿

三栏式账簿是将账页中登记金额的部分分为三个栏目,即借方、贷方和余额三栏。这种格式适用于只提供价值核算信息,不需要提供数量核算信息的账簿,如总账、现金日记账、银行存款日记账、债权债务明细账等。

2. 数量金额式账簿

数量金额式账簿是在借方、贷方和余额栏下分别设置数量、单价和金额三个小栏目,用以登记财产物资的实物数量和价值量。这种明细账一般适用于既要进行金额核算又要进行实物数量核算的财产物资的明细核算,如原材料、周转材料和库存商品等存货类明细账。

3. 多栏式账簿

多栏式账簿是由多栏式账页组成的账簿。多栏式明细账有三种具体的格式。一种基本结构为"借方"、"贷方"和"余额"三栏,在"借方"和"贷方"栏内再分别按照明细科目或项目设专栏。多栏式明细账的另一种结构是在"借方"或"贷方"设多栏,"贷方"或"借方"设一栏。这种账页格式适用于核算项目较多且管理上要求提供各核算项目详细信息的账簿,如生产成本、制造费用、管理费用等成本、费用类明细账。

4. 横线登记式账簿

横线登记式账簿也称为平行式账簿,其基本结构是在账户从借方到贷方的同一行内,记录某一经济业务从发生到结束的所有事项。这种账页一般适用于需要逐笔进行结算的经济业务,如材料采购、其他应收款明细账等。

企业可根据经营管理的需要,设置上述相互联系、相互补充的账簿体系。账簿体系如图5-1所示。

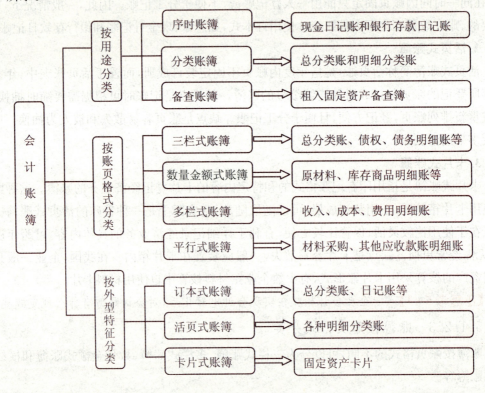

图 5-1 会计账簿分类

任务 5.2 会计账簿的设置与登记

会计账簿的种类很多,各种账簿之间既有区别,又有联系。任何企业的账簿设置,都应适合本单位的规模和特点以及经营管理的需要。因此,账簿组织既要保证便于记账、算账,能够及时正确地从账簿中取得经营管理和编制财务报表的资料,又要严密精简,避免重叠、繁琐和遗漏,有利于节约人力物力,提高工作效率。

根据《会计法》的规定,所有实行独立核算的国家机关、社会团体、公司、企业、事业单位和其他组织都必须设置总账、明细账、日记账及其他辅助账簿等法定会计账簿,并保证其内容真实、完整。

5.2.1 日记账的设置与登记

日记账是一种原始分录簿。它按时间顺序,根据原始凭证,依次记录每一交易与事项,所以它又被称为日记簿。记录时,日记账要为每一交易与事项指出应借账户、应贷账户和金额。

5.2.1.1 现金日记账

现金日记账是用来逐日逐笔登记库存现金的收入、付出及结余情况的特种日记账,必须采用订本式账簿。其账页格式一般采用三栏式,在同一张账页上分设"收入"、"支出"和"结余"三栏。为了清晰地反映现金收付业务的具体内容,在"摘要"栏后,还应专设"对方科目"栏,登记对方科目名称。其基本格式如表5-1所示。

表5-1 现金日记账

年		凭证	摘要	对方	收入(借方)	支出(贷方)	结存
月	日	字号		科目	金额	金额	金额

现金日记账的登记方法:

现金日记账通常由出纳人员根据审核无误的现金收款凭证、现金付款凭证和银行存款付款凭证,按经济业务发生时间的先后顺序,逐日逐笔进行登记。

(1) 现金日记账中的"年、月、日"、"凭证字号"、"摘要"和"对方科目"等栏,根据有关会计凭证登记。

(2) "收入"栏根据现金收款凭证和引起现金增加的银行存款付款凭证登记(从银行提取现金,只编制银行存款付款凭证)。

(3) "支出"栏根据现金付款凭证登记。

(4) 每日收付款项逐笔登记完毕后,应根据"上日余额+本日收入-本日支出=本日余额"的公式,逐日结出现金余额,与库存现金实存数核对,以检查每日现金收付是否有误。月末,应结出当期"收入"栏和"支出"栏的发生额和期末余额,并与"库存现金"总分类账户核对一致,做到日清月结,账实相符。如账实不符,应及时查明原因。

5.2.1.2 银行存款日记账

银行存款日记账是用来逐日反映银行存款的增减变化和结余情况的特种日记账。通过银行存款日记账的设置和登记,可以加强对银行存款进行日常的监督和管理,并便于与开户银行进行核对。

银行存款日记账应按企业在银行开立的账户和币种分别设置,每个银行存款账户设置一本银行存款日记账。银行存款日记账的格式也有三栏式和多栏式两种,其基本结构与现金日记账基本相同。由于银行存款的收付,都是根据特定的银行结算凭证进行的,因此设有"结算凭证——种类、号数"栏。三栏式银行存款日记账的格式如表5-2所示,外币银行存款日记账的格式如表5-3所示。

表5-2 银行存款日记账

年		凭证字号	摘要	结算凭证		收入(借方)金额	支出(贷方)金额	结存金额
月	日			种类	号数			

表5-3 银行存款日记账(外币)

存款种类: 　　　　　　　　　　　　　　　　　　　　　　　　　　　　　第　页

年		凭证字号	摘要	结算凭证		收入			支出			结余		
月	日			种类	号数	原币	汇率	人民币	原币	汇率	人民币	原币	汇率	人民币

银行存款日记账的登记方法:

银行存款日记账是由出纳人员根据银行存款收款凭证、银行存款付款凭证和现金付款凭证,按经济业务发生时间的先后顺序,逐日逐笔进行登记的序时账簿。

(1) 银行存款日记账中的"年、月、日"、"凭证字号"、"摘要"等栏,根据有关会计凭证登记。

（2）"结算凭证——种类、号数"栏填写银行存款收支的凭据名称和编号。

（3）"收入"栏根据银行存款收款凭证和引起银行存款增加的现金付款凭证登记(将现金存入银行,只编制现金付款凭证)。

（4）"支出"栏根据银行存款付款凭证登记。

（5）银行存款日记账和现金日记账一样,每日终了,应结出银行存款余额,做到日清,以便于检查监督银行存款的收支情况,避免出现透支现象,同时也便于及时同银行对账单进行核对。

为了避免多栏式银行存款日记账的篇幅过大,在实际工作中,一般也将其划分为银行存款收入日记账和银行存款支出日记账,其格式与现金收入日记账和现金支出日记账基本相同。

总之,采用多栏式现金和银行存款日记账可以减少收、付款凭证的汇总编制手续,简化总账登记工作,而且可以清晰地反映账户的对应关系,了解现金和银行存款收付款项的来龙去脉。

5.2.2 分类账的设置与登记

5.2.2.1 总分类账

总分类账也称总账,是按总分类科目开设账页、进行分类登记、总括反映和记录具体经济内容增减变动情况的账簿。总分类账簿是编制财务报表的重要依据,一般采用三栏式账页格式。由于总分类账能全面地、总括地反映和记录经济业务引起的资金运动和财务收支情况,并为编制财务报表提供数据,因此,任何单位都必须设置总分类账。

总分类账一般采用订本式账簿形式,按照会计科目的编码顺序分别开设账户,并为每个账户预留若干账页。由于总分类账只进行货币量度的核算,因此最常用的格式是三栏式,在账页中设置"借方"、"贷方"和"余额"三个基本金额栏。"借或贷"栏是指账户的余额在借方还是在贷方。总分类账账页格式如表5-4所示。

表 5-4 总分类账

会计科目名称或编号:_____   第　页

年		凭证		摘 要	借 方	贷 方	借或贷	余 额
月	日	字	号					

总分类账可以根据记账凭证逐笔登记,也可以通过一定的方式分次汇总成汇总记账凭证或科目汇总表,然后据以登记,还可以根据多栏式现金、银行存款日记账在月末时汇总登

记。总分类账登记的依据和方法,取决于企业采用的账务处理程序。

5.2.2.2 明细分类账

明细分类账是根据明细科目开设账页,分类地登记经济业务具体内容,以提供明细资料的账簿。明细分类账一般采用活页式账簿。根据实际需要,各种明细分类账分别按二级科目或明细科目开设账户,并为每个账户预留若干账页,用来分类、连续地记录有关资产、负债、所有者权益、收入、费用、利润等的详细资料。设置和运用明细分类账,有利于加强对各会计要素的管理和使用,并为编制财务报表提供必要的资料。因此,各单位在设置总分类账的基础上,还要根据经营管理的需要,对部分总账科目设置相应的明细账,以形成既能提供经济活动总括情况,又能提供详细数据的账簿体系。

明细账的格式,应根据它所反映经济业务的特点,以及财产物资管理的不同要求来设计,一般有三栏式明细账、数量金额式明细账、多栏式明细账和横线登记式明细账四种。

1. 三栏式明细账

三栏式明细账账页只设"借方"、"贷方"和"余额"三个金额栏,只进行金额核算,不设数量栏。它适用于只需要反映金额的经济业务,如"应收账款"、"应付账款"等不需要进行数量核算的债权、债务结算账户。三栏式明细分类账格式如表 5-5 所示。

表 5-5 明细分类账

明细科目名称或编号:_____   第　页

年		凭证		摘 要	借 方	贷 方	借或贷	余 额
月	日	字	号					

三栏式明细账的登记方法:

三栏式明细分类账是由会计人员根据审核无误的记账凭证及所附的原始凭证,按经济业务发生的时间先后顺序逐日逐笔登记的。

(1)明细账中的"年、月、日"、"凭证字号"、"摘要"等栏,根据有关记账凭证登记。
(2)"借方"、"贷方"金额栏登记账户的借方、贷方发生额。
(3)"借或贷"栏登记余额的方向。
(4)"余额"栏登记业务发生后该账户的余额。

2. 数量金额式明细账

数量金额式明细账账页格式是在"收入"、"发出"、"结存"三栏内,再分别设置"数量"、"单价"和"金额"等栏目,以分别登记实物的数量、单价和金额。

数量金额式明细账适用于既要进行金额明细核算，又要进行数量明细核算的财产物资项目，如"原材料"、"库存商品"等账户的明细核算。它能提供各种财产物资收入、发出、结存等的数量和金额资料，也便于企业开展业务和加强管理。数量金额式明细账格式如表 5-6 所示。

表 5-6　原材料明细分类账

类别＿＿＿　　编号＿＿＿　　规格及品名＿＿＿　　产地＿＿＿
单位＿＿＿　　最高存量＿＿＿　　最低存量＿＿＿　　存放仓库＿＿＿

年		凭证字号	摘要	收入			发出			结存		
月	日			数量	单价	金额	数量	单价	金额	数量	单价	金额

数量金额式明细账的登记方法：

数量金额式明细账一般是由会计人员和业务人员（如仓库保管员），根据审核无误的会计凭证，按照经济业务发生时间的先后顺序逐日逐笔进行登记。

（1）明细账中的"年、月、日"、"凭证字号"、"摘要"等栏，根据有关记账凭证登记。

（2）根据原始凭证填写实际入库、出库和结存的财产物资的数量。

（3）入库"单价"栏和"金额"栏按照所入库存货的单位成本登记；出库栏和结存栏中的"单价"栏和"金额"栏，登记时间及登记金额取决于企业所采用的期末存货计价方法，在采用月末一次加权平均法下，出库和结存的"单价"栏和"金额"栏一个月只在月末登记一次。

3. 多栏式明细账

多栏式明细账是根据经济业务的特点和经营管理的需要，在一张账页的"借方"栏或"贷方"栏设置若干专栏，集中反映有关明细项目的核算资料。它主要适用于只记金额、不记数量，而且在管理上需要了解其构成内容的费用、成本、收入、利润账户，如"生产成本"、"制造费用"、"管理费用"、"主营业务收入"等账户的明细分类账。"本年利润"、"利润分配"和"应交税费"、"应交增值税"等科目所属明细科目则需采用借、贷方均为多栏式的明细账。按明细分类账登记的经济业务不同，多栏式明细账又可以分为借方多栏、贷方多栏和借贷方均多栏三种格式。

（1）借方多栏式明细账

借方多栏式明细账的账页格式适用于借方需要设多个明细科目或明细项目的账户，如"生产成本"、"制造费用"、"管理费用"、"财务费用"和"营业外支出"等科目的明细分类核算。借方多栏式明细账的格式如表 5-7、表 5-8 所示。

表 5-7 生产成本明细账

户名：　　　　　　　　　　　　　　　　　　　　　　　　　　　　　　　　　　　　第　　　页

年		凭证		摘要	借方(成本项目)				贷方	余额
月	日	字	号		原材料	直接人工	制造费用	合计		

表 5-8 管理费用明细分类账

　　第　　　页

年		凭证		摘要	借方项目							
月	日	字	号		工资	社保费	差旅费	办公费	折旧费	修理费	……	合计

借方多栏式明细账的登记方法：

借方多栏式明细账一般是由会计人员根据审核无误的会计凭证，按照经济业务发生时间的先后顺序逐日逐笔进行登记。如各明细项目的贷方发生额未设置贷方专栏，则用"红字"登记在借方栏及明细项目专栏内，以表示对该项目金额的冲销或转出。

(2) 贷方多栏式明细账

贷方多栏式明细账的账页格式适用于贷方需要设多个明细科目或明细项目的账户，如"主营业务收入"和"营业外收入"等科目的明细核算。贷方多栏式明细分类账的格式与内容如表 5-9 所示。

表 5-9 主营业务收入明细账

　　第　　　页

年		凭证		摘要	贷方(项目)				贷方	余额
月	日	字	号		产品销售收入	加工收入	…	合计		

贷方多栏式明细账的登记方法：

贷方多栏式明细账一般是由会计人员根据审核无误的会计凭证，按照经济业务发生时间的先后顺序逐日逐笔进行登记。如各明细项目的借方发生额未设置借方专栏，则用"红字"登记在贷方栏及明细项目专栏内，以表示对该项目金额的冲销或转出。

(3) 借方贷方多栏式明细账

借方贷方多栏式明细账的账页格式适用于借方、贷方均需要设多个明细科目或明细项目的账户，如"应交税费——应交增值税"科目的明细分类核算。借方贷方多栏式明细账的格式与内容如表 5-10 所示。

表 5-10 应交增值税明细账

第_____页

年		凭证		摘要	借方(项目)					贷方(项目)					借或贷	余额
月	日	字	号		进项税额	已交税金	减免税款	…	合计	销项税额	出口退税	进项税额转出	…	合计		

借方贷方多栏式明细账的登记方法：

借方贷方多栏式明细账一般是由会计人员根据审核无误的会计凭证，按经济业务发生时间的先后顺序，对各明细项目分借方、贷方，逐笔逐日进行登记。

4. 横线登记式明细账

横线登记式明细账，也称平行式明细账，是在账页的同一横行内将前后密切相关的经济业务进行平行登记，以检查每笔经济业务的完成及变动情况。如采购材料业务的付款和收料情况，备用金业务的借支和报销收回情况等。因此，它一般用于需要逐笔结清每笔经济业务的明细账，如"材料采购"、"其他应收款"、"应收票据"等明细账。平行式明细账格式如表 5-11 所示。

表 5-11 明细分类账

第_____页

行次	户名	借方					贷方					转销
		年		凭证		摘要	金额	年		凭证		摘要	金额	
		月	日	字	号			月	日	字	号			

平行式明细账的借方一般在购料付款或借出备用金时按会计凭证的编号顺序逐日逐笔登记,其贷方则不要求按会计凭证编号逐日逐笔登记,而是在材料验收入库或者备用金使用后报销和收回时,在借方记录的同一行内进行登记。同一行内借方、贷方均有记录时,表示该项经济业务已处理完毕,若一行内只有借方记录而无贷方记录的,表示该项经济业务尚未结束。

以上各种明细账的登记方法,应根据本单位经济业务的繁简和管理上的需要,依据记账凭证、原始凭证或原始凭证汇总表逐日逐笔或定期汇总登记。固定资产、债权、债务等明细账应逐日逐笔登记;库存商品、原材料、周转材料等存货明细账以及收入、费用明细账可以逐笔登记,也可以定期汇总登记。

5.2.3 备查账的设置与登记

备查账是为备忘备查而设置的,也是会计账户体系的一个组成部分。备查账主要用于登记资产负债表表内(或分类账账内)需要说明原因的重要交易或事项,或资产负债表表外(或分类账账外)的重要交易或事项。它可以补充说明总分类账和明细分类账所不能详细反映的资料。例如,分类账内没有反映的担保事项、分类账内虽已记录但性质重要的应收票据、所有权不属于本企业但由企业暂时使用或代为保管的财产物资,都需要在备查账上进行登记说明。备查账对完善企业会计核算、加强企业内部控制与管理、强化对重要经济业务事项的监督、明确会计交接责任、准确填列财务会计报告附注内容等都具有重要意义。

备查账没有固定的格式,各单位可根据实际需要灵活设置,内容应科学、完整,格式应简洁、明了,可采用订本式或活页式等形式。在登记管理上,应建立相应的责任制度,明确何时登记、谁登记、谁保管、谁配合、谁检查,做到责任分明,并将备查账簿纳入企业重要的会计档案进行管理。下面仅以应收票据备查登记簿为例加以说明,如表 5-12 所示。

表 5-12 应收票据备查登记簿

总第 _____ 页
分第 _____ 页

票据种类:

年		凭证		摘要	合同		票据基本情况				承兑人及单位名称	背书人及单位名称	贴现		承兑		转让		
月	日	字	号		字	号	号码	签发日期	到期日期	金额			日期	净额	日期	金额	受理单位	票面金额	实收金额

任务 5.3　会计账簿的启用和记账规则

5.3.1　会计账簿的基本内容

各种账簿所记录的经济内容不同,账簿的格式又多种多样,不同账簿的格式所包括的具体内容也不尽一致,但各账簿都应具备以下基本内容:

1. 封面

主要用于表明账簿的名称,如现金日记账、银行存款日记账、总分类账、应收账款明细账等。

2. 扉页

主要用于填列账簿启用的日期和截止日期、页数、册次;经管账簿人员一览表和签章、会计主管人员签章;账户目录等内容。

3. 账页

账页是用来记录具体经济业务的载体,其格式因记录经济业务的内容不同而有所不同。每张账页上都应载明的主要内容有:

(1) 账户的名称(即会计科目、子目或细目)。

(2) 记账日期。

(3) 记账凭证种类和号数。

(4) 摘要(经济业务内容的简要说明)。

(5) 借方、贷方金额及余额的方向、金额。

(6) 总页次和分页次等。

5.3.2　会计账簿的启用

为了保证会计账簿记录的合法性和会计资料的真实性、完整性,明确经济业务,会计账簿应由专人负责登记。

启用会计账簿时应在账簿封面上写明单位名称和账簿名称,并在账簿扉页附账簿启用和经办人员一览表(简称启用表)。启用表内容主要包括账簿名称、启用日期、账簿页数、记账人员和会计机构负责人、会计主管人员姓名,并加盖名章和单位公章。账簿启用表格式如表 5-13 所示。

表 5-13　账簿启用及接交表

单位名称									单位印鉴	
账簿名称										
账簿编号										
账簿页数				本账簿共计　　页						
启用日期				公元　　年　　月　　日						
经管人员			接　管			移　交		会计负责人		印花税票粘贴处
姓名	盖章	年	月	日	年	月	日	姓名	盖章	

记账人员或者会计机构负责人、会计主管人员调动工作时,必须办理账簿交接手续,在账簿启用和经管人员一览表中注明交接日期、交接人员和监交人员姓名,并由双方交接人员签名或者盖章,以明确有关人员的责任,增强有关人员的责任感,维护会计记录的严肃性。

此外,为了保证账簿记录的完整,防止账页散失和便于查阅账簿资料,还应设置账户目录。账户目录是由记账人员在账簿中开设户头后,按顺序将每个账户的名称和页数进行登记。订本式账簿,应当从第一页到最后一页顺序编定页数,不得跳页、缺页。对于活页账簿,由于在账簿启用时无法确定页数,可先将账户名称填写好,待年终装订后再按实际使用的账页顺序编定页码。账户目录格式如表 5-14 所示。

表 5-14　账户目录

科目名称	页　数	科目名称	页　数	科目名称	页　数	科目名称	页　数

5.3.3　会计账簿的记账规则

为了保证账簿记录、成本计算和会计报表不出现差错,必须根据审核无误的会计凭证登记会计账簿,并符合下列要求:

5.3.3.1 准确完整

登记会计账簿时,应当将会计凭证日期、编号、业务内容摘要、金额和其他有关资料逐项记入账内,做到数字准确、摘要清楚、登记及时、字迹工整。对于每一项会计事项,一方面要记入有关的总账,另一方面要记入该总账所属的明细账。账簿记录中的日期,应该填写记账凭证上的日期;以自制的原始凭证(如收料单、领料单等)作为记账依据的,账簿记录中的日期应按有关自制凭证上的日期填列。

5.3.3.2 登记账簿要及时

登记账簿的间隔时间应该多长,没有统一的规定。总账按各单位所选用的会计核算形式来确定登记的依据和具体时间,总的来说是越短越好;对于各种明细账,可逐日逐笔进行登记,也可定期(3 天或 5 天)登记,但债权债务类和财产物资类明细账应当每天进行登记;现金和银行存款日记账,应当根据办理完毕的收付款凭证,随时逐笔顺序进行登记,最少每天登记一次。

5.3.3.3 注明记账符号

登记完毕后,要在记账凭证上签名或者盖章,并注明已经登账的符号"√",表示已经记账。在记账凭证上设有专门的栏目用于注明记账符号,以免发生重记或漏记。

5.3.3.4 书写留空

账簿中书写的文字和数字上面要留有适当空格,不要写满格,一般应占格距的 1/2。这样一旦发生登记错误,能比较容易地进行更正,同时也方便查账工作。

5.3.3.5 正常记账使用蓝黑墨水

为了保证账簿记录的持久性,防止涂改,登记账簿必须使用蓝黑墨水或者碳素墨水书写,不得使用圆珠笔(银行的复写账簿除外)或者铅笔书写。在会计上,数字的颜色是重要的语素之一,它同数字和文字一起传达出会计信息,书写墨水的颜色用错了,其导致的概念混乱不亚于数字和文字的错误。

5.3.3.6 特殊记账使用红墨水

依据财政部会计基础工作规范的规定,下列情况,可以用红色墨水记账:
(1) 按照红字冲账的记账凭证,冲销错误记录。
(2) 在不分设借或贷栏的多栏式账页中,登记减少数。
(3) 在三栏式账户的余额栏前,如未印明余额方向的,在余额栏内登记负数余额。
(4) 期末结账时的划线。
(5) 根据国家统一会计制度的规定可以用红字登记的其他会计记录。

5.3.3.7 顺序连续登记

各种账簿按页次顺序连续登记,不得跳行、隔页。如果发生跳行、隔页,更不得随便更换账页和撤出账页,作废的账页也要留在账簿中。如果发生跳行、隔页现象,应在空行、空页处用红色墨水划对角线注销,或者注明"此行空白"、"此页空白"字样,并由记账人员和会计机构负责人签名或者盖章。

5.3.3.8 结出余额

凡需要结出余额的账户,结出余额后,应当在"借或贷"等栏内注明"借"或"贷"字样,以示余额的方向;没有余额的账户,应当在"借或贷"等栏内写"平"字,并在余额栏内用"0"表示。现金日记账和银行存款日记账必须逐日结出余额。一般说来,对于没有余额的账户,在余额栏内标注的"0"应当放在"元"位。

5.3.3.9 过次承前

每一账页登记完毕结转下页时,应当结出本页合计数及余额,写在本页最后一行和下页第一行有关栏内,并在摘要栏内注明"过次页"和"承前页"字样;也可以将本页合计数及金额只写在下页第一行有关栏内,并在摘要栏内注明"承前页"字样。

对需要结计本月发生额的账户,结计"过次页"的本页合计数应当为自本月初起至本页末止的发生额合计数;对需要结计本年累计发生额的账户,结计"过次页"的本页合计数应当为自年初起至本页末止的累计数;对既不需要结计本月发生额,也不需要结计本年累计发生额的账户,可以只将每页末的余额结转次页。

5.3.3.10 不得刮擦、涂改

账簿记录发生错误时,必须按规定方法更正,严禁刮、擦、挖、补,或使用化学药水清除、更改字迹。错账的更正,必须按规定方法进行。

5.3.4 会计账簿的平行登记

5.3.4.1 平行登记的概念

总分类账是根据总分类科目开设的,用以提供总括指标的账簿;明细分类账是根据明细分类科目开设的,用以提供更加具体及详细的会计信息。总分类科目是所属的明细分类科目的综合,对所属明细分类科目起统驭作用。明细分类科目是有关总分类科目的补充,对有关总分类科目起着详细说明的作用。为了使总分类账与其所属的明细分类账之间能起到统驭与补充的作用,便于账户核对,并确保核算资料的正确、完整,必须采用平行登记的方法,在总分类账及其所属的明细分类账中进行记录。

所谓平行登记,就是对发生的每项经济业务,都要以会计凭证为依据,一方面记入有关总分类账户,另一方面记入有关总分类账户所属明细分类账户的方法。

5.3.4.2 平行登记的要点

1. 依据相同

总分类核算和明细分类核算都以同一会计凭证为依据。记入明细分类账户中的凭证一般要根据原始凭证或记账凭证;记入总分类账户中的凭证则一般根据以原始凭证为基础编制而成的记账凭证或有关的汇总凭证。

2. 期间相同

对于每一项经济业务,一方面要记入有关总分类账户,另一方面也必须在同一会计期间记入各总分类账户所属的有关各明细分类账户,不设置明细分类账户的科目除外。

3. 方向相同

每项经济业务记入总分类账户和明细分类账户时借贷方向必须一致。如在总分类账户中记入借方,则在所属明细分类账户中也应记入借方;如在总分类账户中记入贷方,则在所属明细分类账户中也应记入贷方。

4. 金额相等

每项经济业务记入总分类账户中的金额要与记入所属明细分类账户的金额相等。如同时涉及该总分类账户的若干明细分类账户,则该总分类账户登记的金额应与各个明细分类账户登记的金额之和相等。

5.3.4.3 平行登记的作用

平行登记意味着把相同的原始会计数据,通过两个相互联系又相互制约的总分类核算和明细分类核算系统进行处理,最后使有关指标相符,起自动的核对作用。根据总分类账与其所属明细分类账的平行登记规则记账之后,总分类账与明细分类账之间产生了下列数量关系:

(1) 总分类账户期初余额与其所属各个明细分类账户期初余额之和必然相等。

(2) 总分类账户本期发生额与其所属各个明细分类账户本期发生额的合计数之和必然相等。

(3) 总分类账户期末余额与其所属各个明细分类账户期末余额之和必然相等。

显而易见,这样能随时查明有关核算环节上的差错,保证会计信息的质量。平行登记的作用在容易出错的手工会计中尤其重要,在电算化环境下,只要没有错误的操作,总账和明细账始终保持自动的平衡,因此是否平行登记无非是电子数据处理的方法问题。

5.3.4.4 平行登记的应用

下面以"原材料"和"应付账款"账户为例,说明总分类账户与明细分类账户平行登记的方法。

【例5-1】 长江实业股份有限公司2014年9月1日"原材料"与"应付账款"总分类账户及所属明细分类账户的期初余额如表5-15所示。

表5-15 "原材料"与"应付账款"期初余额资料

账户名称	材料名称	数 量	单 价	金 额	账户名称	供应单位	金 额
原材料	A材料	5 000千克	10	50 000	应付账款	宏远公司	30 000
	B材料	600千克	50	30 000		天利公司	40 000
	合 计			80 000		合 计	70 000

长江实业股份有限公司9月份发生材料收发和结算业务如下(本题不考虑应交的增值税):

(1) 2日,向宏远公司购入A材料4 000千克,每千克10元;B材料500千克,每千克50元,材料均已验收入库,货款尚未支付。

(2) 8日,生产车间领用B材料900千克,每千克50元,用于产品生产。

(3) 15日,以银行存款偿还上月购材料所欠宏远公司货款30 000元。

(4) 18日,向天利公司购入B材料400千克,进价每千克50元,材料已验收,货款暂欠。

(5) 22日,生产车间领用A材料7 000千克,每千克10元,用于产品生产。

(6) 28日,以银行存款偿还上月购材料及本月购材料所欠天利公司货款,共计50 000元。

根据以上资料,用平行登记法记入"原材料"和"应付账款"总分类账户及其明细分类账户的方法如下:

首先,将月初余额分别记入"原材料"、"应付账款"两个总分类账户及其明细分类账户。

其次,根据以上有关经济业务,编制记账凭证(即会计分录)。

根据资料,编制记账凭证如下(假定记账凭证编号自01号开始,并连续编制),分别如图5-2至图5-7所示。

记 账 凭 证

2014年9月2日　　　　　　　　　　第 01 号

摘　　要	会计科目		借方金额	贷方金额	记账符号	
	一级科目	明细科目				
向宏远公司购入	原材料	A材料	40 000		√	附单据3张
A、B材料,款未付		B材料	25 000		√	
	应付账款	宏远公司		65 000	√	
合　　计			¥80 000.00	¥80 000.00		

会计主管:　　　记账: 李默然　　　出纳:　　　审核: 华瑞生　　　制单: 朱晓艳

图5-2　记账凭证的填制

记 账 凭 证

2014年9月8日　　　　　　　　　　第 02 号

摘　　要	会计科目		借方金额	贷方金额	记账符号	
	一级科目	明细科目				
生产产品领用B材料	生产成本		45 000		√	附单据1张
	原材料	B材料		45 000	√	
合　　计			¥80 000.00	¥80 000.00		

会计主管:　　　记账: 李默然　　　出纳:　　　审核: 华瑞生　　　制单: 朱晓艳

图5-3　记账凭证的填制

记 账 凭 证

2014 年 9 月 15 日　　　　　　　　　　　　　第 03 号

摘　要	会计科目		借方金额	贷方金额	记账符号	附单据3张
	一级科目	明细科目				
支付宏远公司货款	应付账款	宏远公司	30 000		√	
	银行存款			30 000	√	
合　计			￥80 000.00	￥80 000.00		

会计主管：　　　　记账：李默然　　　出纳：何继萍　　　审核：华瑞生　　　制单：朱晓艳

图 5-4　记账凭证的填制

记 账 凭 证

2014 年 9 月 18 日　　　　　　　　　　　　　第 04 号

摘　要	会计科目		借方金额	贷方金额	记账符号	附单据3张
	一级科目	明细科目				
向天利公司购入	原材料	B 材料	20 000		√	
B 材料，款未付	应付账款	天利公司		20 000	√	
合　计			￥80 000.00	￥80 000.00		

会计主管：　　　　记账：李默然　　　出纳：　　　　审核：华瑞生　　　制单：朱晓艳

图 5-5　记账凭证的填制

记 账 凭 证

2014 年 9 月 22 日　　　　　　　　　　　　　第 05 号

摘　要	会计科目		借方金额	贷方金额	记账符号	附单据3张
	一级科目	明细科目				
生产产品领用 A 材料	生产成本		70 000		√	
	原材料	A 材料		70 000	√	
合　计			￥80 000.00	￥80 000.00		

会计主管：　　　　记账：李默然　　　出纳：　　　　审核：华瑞生　　　制单：朱晓艳

图 5-6　记账凭证的填制

记账凭证

2014 年 9 月 28 日　　　　　　　　　　　　　　　第 06 号

摘　　要	会计科目		借方金额	贷方金额	记账符号	附单据1张
	一级科目	明细科目				
支付天利公司货款	应付账款	天利公司	50 000		√	
	银行存款			50 000	√	
合　　计			￥80 000.00	￥80 000.00		

会计主管：　　　记账：李默然　　　出纳：何继萍　　　审核：华瑞生　　　制单：朱晓艳

图 5-7　记账凭证的填制

最后，根据所编制的记账凭证登记"原材料"和"应付账款"总分类账户及其明细分类账户，并分别计算本期发生额及期末余额。以上平行登记的结果，如表 5-16 至表 5-21 所示。

表 5-16　总分类账

会计科目名称或编号：　原材料　

2014 年		凭证		摘　　要	借　方	贷　方	借或贷	余　额
月	日	字	号					
9	1			期初余额			借	80 000
	2	记	01	购进 A、B 材料	65 000			
	8	记	02	生产领用 B 材料		45 000		
	18	记	04	购 B 材料	20 000			
	22	记	05	生产领用 A 材料		70 000	借	50 000

表 5-17　总分类账

会计科目名称或编号：应付账款

2014 年		凭证		摘　　要	借　方	贷　方	借或贷	余　额
月	日	字	号					
9	1			期初余额			贷	70 000
	2	记	01	应付宏远公司款		65 000		
	15	记	03	还宏远公司款	30 000			
	18	记	04	购 B 材料		20 000		
	28	记	06	还天利公司款	50 000		贷	75 000

表 5-18 原材料明细分类账

规格及品名：A 材料　　　　　单位：千克　　　　　第＿＿＿页

2014年		凭证		摘要	借方			贷方			余额		
月	日	字	号		数量	单价	金额	数量	单价	金额	数量	单价	金额
9	1			期初结存							5 000	10	50 000
	2	记	01	购进	4 000	10	40 000				9 000	10	90 000
	22	记	05	生产领用				7 000	10	70 000	2 000	10	20 000
	30			本月合计	4 000		40 000	7 000		70 000	2 000	10	20 000

表 5-19 原材料明细分类账

规格及品名：B 材料　　　　　单位：千克　　　　　第＿＿＿页

2014年		凭证		摘要	借方			贷方			余额		
月	日	字	号		数量	单价	金额	数量	单价	金额	数量	单价	金额
9	1			期初结存							600	50	30 000
	2	记	01	购进	500	50	25 000				1 100	50	55 000
	8	记	02	生产领用				900	50	45 000	200	50	10 000
	18	记	04	购进	400	50	20 000				600	50	30 000
	30			本月合计	900		45 000	900		45 000	600	50	30 000

表 5-20 应付账款明细分类账

明细科目名称：宏远公司

2014年		凭证		摘要	借方	贷方	借或贷	余额
月	日	字	号					
9	1			期初余额			贷	30 000
	2	记	01	购A、B材料，款未付		65 000	贷	95 000
	15	记	03	还宏远公司款	30 000		贷	65 000

表 5-21 应付账款明细分类账

明细科目名称：天利公司

2014年		凭证		摘要	借方	贷方	借或贷	余额
月	日	字	号					
9	1			期初余额			贷	40 000
	18	记	01	购B材料，款未付		20 000	贷	60 000
	28	记	06	还天利公司款	50 000		贷	10 000

【例 5-2】　续例 5-1 的资料，长江实业股份有限公司根据 2014 年 9 月份"原材料"和"应付账款"总分类账户及其明细分类账户资料编制核对表，如表 5-22 所示。

表 5-22　总账与明细账核对表

2014 年 9 月　　　　　　　　　　　　　　　　　　金额单位：元

账户名称		期初余额		本期发生额		期末余额	
总分类账户	明细分类账户	借方	贷方	借方	贷方	借方	贷方
原材料	A 材料	50 000		40 000	70 000	20 000	
	B 材料	30 000		45 000	45 000	30 000	
	合　计	80 000		85 000	115 000	50 000	
应付账款	宏远公司		30 000	30 000	65 000		65 000
	天利公司		40 000	50 000	20 000		10 000
	合　计		70 000	80 000	85 000		75 000

上表核对的结果表明,"原材料"和"应付账款"两个总分类账户与其所属明细分类账户记录方向相同,金额相等,结果是正确的。

5.3.5　会计账簿登记方法

5.3.5.1　总分类账的登记分法

总分类账可以根据记账凭证逐笔登记,也可以根据经过汇总的科目汇总表或汇总记账凭证等登记。

5.3.5.2　明细分类账的登记方法

依据:一是根据原始凭证登记明细账;二是根据汇总原始凭证登记明细分类账;三是根据记账凭证登记明细分类账。

方法:逐日逐笔或定期汇总登记。

固定资产、债权、债务等明细账应逐日逐笔登记。库存商品、原材料、产成品收发明细账以及收入、费用明细账可以逐笔登记,也可定期汇总登记。

任务 5.4　对账和结账

5.4.1　对账

对账就是核对账目。为了保证账簿记录的真实可靠、正确完整,对账簿和账户所记录的有关数据加以检查和核对,这种检查和核对工作,在会计上叫对账。对账的基本内容包括:

5.4.1.1　账证核对

账证核对,是指将会计账簿记录与会计凭证(包括记账凭证和原始凭证)有关内容进行核对。由于会计账簿是根据会计凭证登记的,两者之间存在勾稽关系,因此,通过账证核对,可以检查、验证会计账簿记录与会计凭证的内容是否正确无误,以保证账证相符。各单位应当定期或不定期地将会计账簿记录与其相应的会计凭证记录(包括时间、编号、内容、金额、记录方向等)逐项核对,检查是否一致。如有不符之处,应当及时查明原因,予以更正。保证账证相符,是会计核算的基本要求之一,也是账账相符、账实相符和账表相符的基础。

5.4.1.2 账账核对

账账核对,是指将各种会计账簿之间相对应的记录进行核对。由于会计账簿之间相对应的记录存在着内在联系,因此,通过账账相对,可以检查、验证会计账簿记录的正确性,以便及时发现错账,予以更正,保证账账相符。账账核对的内容主要包括:

(1) 总分类账各账户借方余额合计数与贷方余额合计数核对相符。

(2) 总分类账各账户余额与其所属明细分类账各账户余额之和核对相符。

(3) 现金日记账和银行存款日记账的余额与总分类账中"库存现金"和"银行存款"账户余额核对相符。

(4) 会计部门有关财产物资的明细分类账余额与财产物资保管或使用部门登记的明细账核对相符。

5.4.1.3 账实核对

账实核对,是在账账核对的基础上,将各种财产物资的账面余额与实存数额进行核对。由于实物的增减变化、款项的收付都要在有关账簿中如实反映,因此,通过会计账簿记录与实物、款项的实有数进行核对,可以检查、验证款项、实物会计账簿记录的正确性,以便于及时发现财产物资和货币资金管理中存在的问题,查明原因,分清责任,改善管理,保证账实相符。账实核对的主要内容包括:

(1) 现金日记账账面余额与现金实际库存数核对相符。

(2) 银行存款日记账账面余额与开户银行对账单核对相符。

(3) 各种材料、物资明细分类账账面余额与实存数核对相符。

(4) 各种债权债务明细账账面余额与有关债权、债务单位或个人的账面记录核对相符。

5.4.2 错账的更正方法

对于账簿记录错误,不准涂改、挖补、刮擦或者用药水消除字迹,不准重新抄写,而必须根据错误的具体情况和性质,采用规范的方法予以更正。错账更正方法通常有划线更正法、红字更正法和补充登记法三种。

5.4.2.1 划线更正法

记账凭证填制正确,在记账或结账过程中发现账簿记录中文字或数字有错误,应采用划线更正法。更正时,先在错误的文字或数字正中划一条单红线,表示注销,划线时必须使原有字迹仍可辨认,以备审查;然后将正确的文字或数字用蓝字写在划线处的上方,并由记账人员在更正处盖章,以示负责。文字错误,可以只划线更正错误的部分;数字错误,应将错误数字全部划红线更正,不能只更正其中的个别错误数字。

【例5-3】 顺达公司记账员李晓根据记账凭证过账时将"原材料"账户的"28 457"元误记为"28 547"元。应将错误数字"28 547"全部用红线注销后,再写上正确的数字"28 457"。

更正时: ~~28 457~~ 李晓
~~28 547~~

5.4.2.2 红字更正法

红字更正法一般适用于以下两种情况错账的更正:

(1) 记账后,如果发现记账凭证中的应借、应贷会计科目有错误或借贷方向有错误,那么应采用红字更正法予以更正。

更正时,先用红字金额填写一张与原错误记账凭证内容完全相同的记账凭证,且在摘要栏注明"冲销×月×日第×号凭证",并据以用红字登记入账,冲销账簿中原有的错误记录,同时,再用蓝字重新填制一张正确的记账凭证,且在摘要栏注明"更正×月×日第×号凭证",并据以用蓝字登记入账。

【例5-4】 顺达公司生产车间一般消耗领用A材料一批,价值5 300元。该公司会计人员在填制记账凭证时,误作如下会计分录,并已登记入账。

借:生产成本   5 300
　　贷:原材料   5 300

错账更正方法:

① 用红字金额填制一张与原错误记账凭证内容完全相同的记账凭证,并据以入账。

借:生产成本   5 300
　　贷:原材料   5 300

② 用蓝字填制一张正确的记账凭证,并据以入账。

借:制造费用   5 300
　　贷:原材料   5 300

(2) 记账后,如果发现记账凭证和账簿记录中应借、应贷的会计科目及借贷方向没有错误,只是所记金额大于应记金额。

错账更正方法:将多记的金额用红字填制一张与原错误记账凭证会计科目及借贷方向相同的记账凭证,并在摘要栏注明"冲销×月×号凭证多记金额"字样,并据以用红字登记入账,以冲销多记的金额,求得正确的金额。

【例5-5】 A公司以银行存款450元支付银行手续费。误作如下会计分录,并已登记入账。

借:财务费用   540
　　贷:银行存款   540

错账更正方法:发现这种错账以后,应采用原来正确分录中的会计科目,根据正确金额与错误金额的差额"90"用红字金额填制记账凭证,并记入到原来已经登记过的账户("财务费用"和"银行存款")中去,原有的错误记录就被冲销掉了,错账也就被更正了。会计分录为:

借:财务费用   90
　　贷:银行存款   90

5.4.2.3 补充登记法

记账之后,发现记账凭证中应借、应贷会计科目及借贷方向都正确,只是所记金额小于应记金额,可采用补充登记法进行更正。

更正时,将少记金额用蓝字填制一张与原错误记账凭证科目名称和方向一致的记账凭证,并用蓝字据以登记入账,以补足少记的金额,同时在摘要栏内注明"补记×月×日第×号凭证少记金额"。

【例 5-6】 B 公司企业收到某单位归还的欠款 8 000 元存入银行。编制如下分录,并已登记入账。

借:银行存款　　　　　　　　　　　　　800
　　贷:应收账款　　　　　　　　　　　　800

错账更正方法:发现这种错账以后,应采用原来正确分录中的会计科目,根据正确金额与错误金额的差额"7 200"用蓝字金额填制记账凭证,并记入到原来已经登记过的账户("银行存款"和"应收账款")中去,原来少记的部分就被补充登记入了有关账户,错账也就被更正了。会计分录如下:

借:银行存款　　　　　　　　　　　　　7 200
　　贷:应收账款　　　　　　　　　　　　7 200

上述错账只是企业众多经济业务中的几种情况,我们可以将错账更正方法总结如表 5-23 所示。

表 5-23 错账更正方法一览表

错误性质	发现时间	更正方法名称	更正步骤要点
仅账簿记录有误	记账后结账前	划线更正法	(1) 划红线注销 (2) 作出正确记录 (3) 在更正处盖章
记账凭证科目错误	记账后	红字更正法	(1) 用红字冲销原记录 (2) 用蓝字重填记账凭证并入账
记账凭证科目正确,金额多记	记账后	红字更正法	用红字填记账凭证冲销多记数并入账
记账凭证科目正确,金额少记	记账后	补充登记法	用蓝字填记账凭证补记少记数并入账

5.4.3 结账

结账是一项将账簿记录定期结算清楚的账务工作。结账时间可以是月末、季末、年末,并为编制会计报表做准备。结账的内容通常包括两个方面:一是结算各资产、负债、所有者权益账户,据以计算本期发生额和期末余额;二是结清各种损益类账户,并据以计算出本期利润。

5.4.3.1 结账的程序

(1) 将本期发生的经济业务事项全部登记入账,并保证其正确性。不得把将要发生的经济业务提前入账,也不得把已经在本期发生的经济业务延至下期(甚至以后期)入账。在此基础上,才可保证结账的有用性,确保财务报表的正确性。

(2) 根据权责发生制的要求,调整有关账项,合理确定本期应计的收入和应计的费用。

(3) 将损益类科目转入"本年利润"科目,结平所有损益类科目。

(4) 结算出资产、负债和所有者权益科目的本期发生额和余额,并结转下期。

完成上述几项工作后,就可以计算各账户的本期发生额及期末余额,并根据总分类账和明细分类账的本期发生额和期末余额记录,分别进行试算平衡。

5.4.3.2 结账的方法

会计期间一般按日历时间划分为年、季、月,结账于各会计期末进行,所以分为月结、季结、年结。现行的结账方法是划线结账法。

1. 月结

月结时应考虑各账户的特点,分别采用不同的方法,具体如下:

(1) 对不需要按月结计本期发生额的账户,如各项应收款明细账和各项财产物资明细账等,每次记账以后,都要随时结出余额,每月最后一笔余额即为月末余额。也就是说,月末余额就是本月最后一笔经济业务记录的同一行内的余额。月末结账时,只需要在最后一笔经济业务记录之下划一条通栏单红线(称为"结账线"),不需要再结计一次余额。划线的目的,是为了突出有关数字,表示本期的会计记录已经截止或者结束,并将本期与下期的记录明显分开。

(2) 现金、银行存款日记账和需要按月结计发生额的收入、费用等明细账户,每月结账时,要在最后一笔经济业务记录下面通栏划单红线,结出本月发生额和余额,在摘要栏内注明"本月合计"字样,在下面通栏划单红线。

(3) 对需要按月结计本期发生额和期末余额的账户,采用"记账凭证核算形式"所登记的总账、成本费用类明细账、采用"账结法"下的损益类明细账等,每月结账时,要在最后一笔经济业务记录下面划一通栏单红线,并在其行内结出本月发生额和余额,在日期栏内填写本月最后一天的号数,在摘要栏内注明"本月合计"字样,在下面再划一条通栏单红线。

(4) 对需要结计本年累计发生额的某些明细账户,如主营业务收入、管理费用、生产成本明细账等,每月结账时,应在"本月合计"行下结计自年初起至本月末止的累计发生额,登记在月份发生额下面,在摘要栏内注明"本年累计"字样,并在下面再划一通栏单红线。12月末的"本年累计"就是全年累计发生额,全年累计发生额下划双红线。

(5) 总账(除"本年利润"、"利润分配"账户和采用"记账凭证核算形式"所登记的总账)平时只需结出月末余额,不进行结账工作。年度结账时,为了总括地反映全年各项资金运动情况的全貌,核对账目,要将所有总账账户结出全年发生额和年末余额,在摘要栏内注明"本年合计"字样,并在合计数下通栏划双红线。

(6) 需要结计本月发生额的某些账户,如果本月只发生一笔经济业务,由于这笔记录的金额就是本月发生额,结账时,只要在此行记录下划一单红线,表示与下月的发生额分开就可以了,不需另结出"本月合计"数。

2. 季结

季度结账一般是总账才需要。由于总账在年终结账时要将所有总账结出全年发生额和年末余额,以便于总括反映本年全年各项资金运动情况的全貌并核对账目,而总账在各月只结余额而不结发生额,为减少年终结账的工作量而把工作做在平时,对于总账就要进行季结。即在每季度结束时,应在季末月份月结后,分别结算出本季度借方、贷方本期发生额合计数和期末余额,在"摘要"栏内注明"本季累计"字样,并在该行下面再划一条通栏单红线,以便与下季发生额划分清楚。

3. 年结

在第四季度季结"本季累计"行下一行的"摘要"栏内注明"本年合计"字样,加计1~4季度的"本季累计",并算出年末余额,填入该行的各金额栏;然后在"本年合计"行下划通栏双红线(称为"封账线"),封账即可。如果明细账年末没有余额,对只需结计余额的,只需在12月最后一笔经济业务记录之下通栏划双红线,封账即可。

项目小结

1. 日记账的设置与登记

见表5-24。

表5-24 日记账的设置与登记

知识点	主要内容
日记账的设置	普通日记账的设置; 特种日记账的设置
日记账的登记	按时间先后顺序、逐日逐笔登记

2. 分类账的设置与登记

见表5-25。

表5-25 分类账的设置与登记

知识点	主要内容
分类账的设置	总分类账按总分类科目开设账页进行分类登记; 明细分类账是根据明细科目开设账页
分类账的登记	总分类账可以根据记账凭证逐笔登记,也可以根据汇总记账凭证或科目汇总表登记;明细账根据原始凭证或汇总原始凭证登记,也可根据记账凭证登记

3. 备查账的设置与登记

见表5-26。

表 5-26　备查账的设置与登记

知识点	主要内容
备查账的设置	备查账主要用于登记资产负债表表内（或分类账账内）需要说明原因的重要交易或事项，或资产负债表表外（或分类账账外）的重要交易或事项
备查账的登记	经营租入固定资产的登记簿、代保管商品登记簿、受托加工物资登记簿等

4. 对账与结账

见表 5-27。

表 5-27　对账与结账

知识点	主要内容
对账	账证核对，账账核对，账实核对
结账	月末结账、季末结账、半年末结账、年度结账

5. 错账的更正方法

见表 5-28。

表 5-28　错账的更正方法

知识点	适用范围
划线更正法	记账凭证填制正确，在记账或结账过程中发现账簿记录中文字或数字有错误
红字更正法	记账后，如果发现记账凭证中的应借、应贷会计科目有错误或借贷方向有错误，或所记金额大于应记金额，应采用红字更正法
补充登记法	记账后，如果发现记账凭证中的应借、应贷会计科目和方向都正确，只是所记金额小于应记金额，应采用补充登记法

项目自测题

单项选择题

1. 下列不属于对账的是（　　）。

　　A. 账簿记录与原始凭证之间的核对

　　B. 总分类账簿与其所属明细分类账簿之间的核对

　　C. 仓库保管员保管账与保管实物核对

　　D. 财产物资明细账账面余额与财产物资实存数额的核对

2. 下列不适于建立备查账的是（　　）。

　　A. 租入的固定资产　　　　　　　　　　B. 应收票据

C. 受托加工材料 D. 购入的固定资产

3. 下列情况不可以用红色墨水记账的是( )。
   A. 冲账的记账凭证,冲销错误记录
   B. 在不设借、贷等栏的多栏式账页中,登记减少数
   C. 在三栏式账户的余额栏前,印明余额方向的,在余额栏内登记负数余额
   D. 在三栏式账户的余额栏前,未印明余额方向的,在余额栏内登记负数余额

4. 银行存款日记账是根据( )逐日逐笔登记的。
   A. 银行存款收、付款凭证 B. 转账凭证
   C. 库存现金收款凭证 D. 银行对账单

5. 在手工会计核算下,总分类账要选用( )。
   A. 活页式账簿 B. 自己认为合适的账簿
   C. 卡片式账簿 D. 订本式账簿

6. 下列说法不正确的是( )。
   A. 出纳人员主要负责登记现金日记账和银行存款日记账
   B. 现金日记账由出纳人员根据收、付款凭证,逐日逐笔顺序登记
   C. 银行存款日记账应该定期或者不定期与开户银行提供的对账单进行核对,每月至少核对三次以上
   D. 现金日记账和银行存款日记账,应该定期与会计人员登记的现金总账和银行存款总账核对

7. 下列做法中,不符合会计账簿记账规则的是( )。
   A. 使用圆珠笔登账
   B. 账簿中书写的文字和数字占格距的1/2
   C. 登记后在记账凭证上注明已经登账的符号
   D. 按账簿页次顺序连续登记,不跳行隔页

8. 设置和登记账簿是( )的基础。
   A. 复式记账 B. 填制记账凭证
   C. 编制会计分录 D. 编制会计报表

9. 从银行提取现金,登记库存现金日记账的依据是( )。
   A. 库存现金收款凭证 B. 银行存款收款凭证
   C. 库存现金付款凭证 D. 银行存款付款凭证

10. 企业生产车间因生产产品领用材料10 000元,在填制记账凭证时,将借方科目记为"管理费用"并已登记入账,应采用的错账更正方法是( )。
    A. 划线更正法 B. 红字更正法
    C. 补充登记法 D. 重填记账凭证法

11. 企业开出转账支票1 680元购买办公用品,编制记账凭证时,误记金额为1 860元,科目及方向无误并已记账,应采用的更正方法是( )。
    A. 补充登记180元 B. 红字冲销180元
    C. 在凭证中划线更正 D. 把错误凭证撕掉重编

12. 填制记账凭证时无误,根据记账凭证登记账簿时,将20 000元误记为2 000元,已登记入账,尚未结账。更正时应采用( )。
    A. 划线更正法
    B. 红字更正法
    C. 补充登记法
    D. 更换账页法
13. 下列账簿中,一般采用活页账形式的是( )。
    A. 日记账
    B. 总分类账
    C. 明细分类账
    D. 备查账
14. 总分类账一般采用的账页格式为( )。
    A. 两栏式
    B. 三栏式
    C. 多栏式
    D. 数量金额式
15. 将账簿划分为序时账簿、分类账簿和备查账簿的依据是( )。
    A. 账簿的用途
    B. 账页的格式
    C. 账簿的外形特征
    D. 账簿的性质
16. 在结账前发现账簿记录有文字或数字错误,而记账凭证没有错误,应采用( )。
    A. 划线更正法
    B. 红字更正法
    C. 补充登记法
    D. 平行登记法
17. 会计账簿暂由本单位财务会计部门保管( ),期满之后,由财务会计部门编造清册移交本单位的档案部门保管。
    A. 1年
    B. 3年
    C. 5年
    D. 10年
18. 卡片账一般在( )时采用。
    A. 无形资产总分类核算
    B. 固定资产明细分类核算
    C. 原材料总分类核算
    D. 原材料明细分类核算
19. 对全部经济业务事项按照会计要素的具体类别而设置的分类账户进行登记的账簿称为( )。
    A. 备查账簿
    B. 序时账簿
    C. 分类账簿
    D. 三栏式账簿
20. 错账更正时,划线更正法的适用范围是( )。
    A. 记账凭证中会计科目或借贷方向错误,导致账簿记录错误
    B. 记账凭证正确,登记账簿时发生文字或数字错误
    C. 记账凭证中会计科目或借贷方向正确,所记金额大于应记金额,导致账簿记录错误
    D. 记账凭证中会计科目或借贷方向正确,所记金额小于应记金额,导致账簿记录错误

多项选择题

1. 账证核对指的是核对会计账簿记录与原始凭证、记账凭证的( )是否一致,记账方向是否相符。
    A. 时间
    B. 凭证字号
    C. 内容
    D. 金额
2. 出纳人员可以登记和保管的账簿是( )。
    A. 现金日记账
    B. 银行存款日记账

        C. 现金总账 　　　　　　　　　　　　D. 银行存款总账
    3. 下列属于账实核对的是( )。
        A. 现金日记账账面余额与现金实际库存数的核对
        B. 银行存款日记账账面余额与银行对账单的核对
        C. 财产物资明细账账面余额与财产物资实存数额的核对
        D. 应收、应付款明细账账面余额与债务、债权单位核对
    4. 下列属于序时账的是( )。
        A. 现金日记账 　　　　　　　　　　　B. 银行存款日记账
        C. 应收账款明细账 　　　　　　　　　D. 主营业务收入明细账
    5. 下列关于会计账簿的更换和保管说法正确的有( )。
        A. 总账、日记账和多数明细账每年更换一次
        B. 变动较小的明细账可以连续使用，不必每年更换
        C. 备查账不可以连续使用
        D. 会计账簿由本单位财务会计部门保管半年后，交由本单位档案管理部门保管
    6. 下列需要划双红线的是( )。
        A. 在"本月合计"的下面 　　　　　　　B. 在"本年累计"的下面
        C. 在12月末的"本年累计"的下面 　　 D. 在"本年合计"下面
    7. 下列可以作为库存现金日记账借方登记依据的是( )。
        A. 库存现金收款凭证 　　　　　　　　B. 库存现金付款凭证
        C. 银行存款收款凭证 　　　　　　　　D. 银行存款付款凭证
    8. 对于划线更正法，下列说法正确的是( )。
        A. 划红线注销时必须使原有字迹仍可辨认
        B. 对于错误的数字，应当全部划红线更正，不得只更正其中的错误数字
        C. 对于文字错误，可只划去错误的部分
        D. 对于错误的数字，可以只更正其中的错误数字
    9. 必须逐日结出余额的账簿是( )。
        A. 现金总账 　　　　　　　　　　　　B. 银行存款总账
        C. 现金日记账 　　　　　　　　　　　D. 银行存款日记账
    10. 按照账页格式的不同，会计账簿分为( )。
        A. 两栏式账簿 　　　　　　　　　　　B. 三栏式账簿
        C. 数量金额式账簿 　　　　　　　　　D. 多栏式账簿
    11. 不同类型经济业务的明细分类账可根据管理需要，依据( )逐日逐笔登记或定期登记。
        A. 记账凭证 　　　　　　　　　　　　B. 科目汇总表
        C. 原始凭证 　　　　　　　　　　　　D. 汇总原始凭证
    12. 账页包括的内容有( )。
        A. 账户名称 　　　　　　　　　　　　B. 记账凭证的种类和号数
        C. 摘要栏 　　　　　　　　　　　　　D. 总页次和分户页次

13. 下列适合采用多栏式明细账格式核算的是（　　）。
   A. 原材料　　　　　　　　　　B. 制造费用
   C. 生产成本　　　　　　　　　D. 库存商品
14. 下列说法中不正确的有（　　）。
   A. 日记账必须采用三栏式
   B. 总账最常用的格式为三栏式
   C. 三栏式明细分类账适用于成本费用类科目的明细核算
   D. 银行存款日记账应按企业在银行开立的账户和币种分别设置，每个银行账户设置一本日记账
15. 下列内容中，属于结账工作的有（　　）。
   A. 结算有关账户的本期发生额及期末余额
   B. 编制试算平衡表
   C. 清点库存现金
   D. 按照权责发生制对有关账项进行调整

判断题

1. 新旧账有关账户之间转记余额，不必编制记账凭证。（　　）
2. 企业的序时账簿和分类账簿必须采用订本式账簿。（　　）
3. 期末对账时，也包括账证核对，即会计账簿记录与原始凭证、记账凭证的时间、凭证字号、内容、金额是否一致，记账方向是否相符。（　　）
4. 登记账簿时，发生的空行、空页一定要补充书写，不得注销。（　　）
5. 由于编制的记账凭证会计科目错误，导致账簿记录错误，更正时，可以将错误的会计科目划红线注销，然后，在划线上方填写正确的会计科目。（　　）
6. 固定资产明细账不必每年更换，可以连接使用。（　　）
7. 任何单位，对账工作应该每年至少进行一次。（　　）
8. 为便于管理，"应收账款"、"应付账款"的明细账必须采用多栏式明细分类账格式。（　　）
9. 每一账页登记完毕结转下页时，应当结出本页合计数及余额，写在本页最后一行和下页第一行有关栏内，并在摘要栏内注明"过次页"和"承前页"字样。（　　）
10. 费用明细账一般均采用三栏式账簿。（　　）
11. 对需要按月进行月结的账簿，结账时，应在"本月合计"字样下面通栏划单红线，而不是划双红线。（　　）
12. 补充登记法一般适用于记账凭证所记会计科目无误，只是所记金额大于应记金额，从而引起的记账错误。（　　）
13. 总分类账户平时不必每日结出余额，只需每月结出月末余额。（　　）
14. 库存现金日记账的账页格式均为三栏式，而且必须使用订本账。（　　）
15. 账簿只是一个外在的形式，账户才是它的真实内容。账簿与账户的关系是形式和内容的关系。（　　）

实训题

【实训题 1】

【目的】 实训现金日记账和银行存款日记账的登记。

【资料】 珠江公司 2014 年 6 月 1 日现金日记账余额为 3 800 元,银行存款日记账余额为 45 000 元。本月发生以下相关业务:

(1) 1 日,签发现金支票从银行提取现金 3 000 元备用。

(2) 3 日,职工王亚明预借差旅费 2 000 元,出纳人员以现金付讫。

(3) 5 日,收到银行通知,红星工厂所欠货款 56 000 元,已收妥入账。

(4) 8 日,从银行取得短期借款 50 000 元,存入 A 公司开户银行。

(5) 10 日,行政部门报销业务招待费 500 元,以现金付讫。

(6) 15 日,签发转账支票一张 324 元,支付本月电话费。

(7) 17 日,签发现金支票 22 000 元,从银行提取现金,以备发工资。

(8) 17 日,以现金 22 000 元发放职工工资。

(9) 20 日,采购员王亚明出差归来,报销差旅费 2 150 元,差额以现金付讫。

(10) 25 日,签发转账支票 42 000 元,支付前欠昌河公司货款。

【要求】 根据上述业务编制记账凭证并登记现金日记账和银行存款日记账。

【实训题 2】

【目的】 实训存货按实际成本发出的核算。

【资料】 京都公司存货按实际成本计价进行核算。2014 年 7 月 1 日结存 A 材料 100 公斤,每公斤实际成本 100 元。本月发生如下经济业务:

(1) 3 日,购入 A 材料 150 公斤,每公斤实际成本 105 元,材料已验收入库。

(2) 5 日,发出 A 材料 180 公斤。

(3) 7 日,购入 A 材料 70 公斤,每公斤实际成本 98 元,材料已验收入库。

(4) 12 日,发出 A 材料 130 公斤。

(5) 20 日,购入 A 材料 80 公斤,每公斤实际成本 110 元,材料已验收入库。

(6) 25 日,发出 A 材料 30 公斤。

【要求】

(1) 开设原材料明细账,采用先进先出法计算发出材料和结存材料的实际成本。

(2) 开设原材料明细账,采用一次加权先出法计算发出材料和结存材料的实际成本。

【实训题 3】

【目的】 实训总账与明细账平行登记的核算。

【资料】 红河公司 2014 年 8 月 1 日"库存商品"和"应收账款"总分类账和明细分类账的期初余额如表 5-29 所示。

表 5-29

账户名称	材料名称	数量	单价	金额	账户名称	供应单位	金额
库存商品	甲产品	1 000 件	50	50 000	应收账款	C公司	18 000
	乙产品	800 件	30	24 000		D公司	26 000
						E公司	6 000
合计				74 000	合计		50 000

2014 年 8 月份红河公司发生下列相关业务(不考虑增值税):

(1) 8 月 5 日,收到大宇公司前欠货款 4 000 元,存入开户银行。

(2) 8 月 10 日,向方兴公司销售乙产品 400 件,每件售价 50 元,成本 30 元,货款 20 000 元尚未收到。

(3) 8 月 16 日,收到立明公司前欠货款 10 000 元,存入银行。

(4) 8 月 20 日,向大宇公司销售甲产品 100 件,每件售价 80 元,成本 50 元,收回货款 5 000 元,其余暂欠。

(5) 8 月 22 日,收到方兴工厂签发的转账支票一张,用于偿还前欠货款 20 000 元。

(6) 8 月 30 日,本月生产的产品完工验收入库,其中,甲产品 300 件,单位成本 50 元;乙产品 200 件,单位成本 30 元。

【要求】 根据以上资料,首先逐笔编制记账凭证,然后根据记账凭证登记"库存商品"和"应收账款"总账及明细账。

【实训题 4】

【目的】 实训错账的更正方法。

【资料】 某企业在账证核对过程中,发现账簿出现下列错误,请分别采用适当的更正错账方法予以更正。

(1) 车间计提折旧 20 000 元。记账凭证记录为:

借:制造费用　　　　　　20 000
　　贷:累计折旧　　　　　　20 000

记账时,制造费用账簿记录为 200 000 元。

(2) 生产领用材料 10 000 元。记账凭证记录为:

借:生产成本　　　　　　1 000
　　贷:原材料　　　　　　1 000

并已登记入账。

(3) 发放工资 50 000 元。记账凭证记录为:

借:应付职工薪酬　　　　58 000
　　贷:库存现金　　　　　　58 000

并已登记入账。

(4) 收回其他单位欠款 100 000 元。记账凭证记录为:

借:应收账款　　　　　　100 000

　　　　贷：银行存款　　　　　　　　100 000

并已登记入账。

(5) 企业管理部门领用维修用材料1 000元。记账凭证记录为：

借：制造费用　　　　　　　　　1 000

　　　　贷：原材料　　　　　　　　　　1 000

并已登记入账。

【要求】 根据以上资料，指出应采用何种方法更正，并说明更正步骤。

项目6 财产清查的核算

 工作任务、知识目标、职业能力

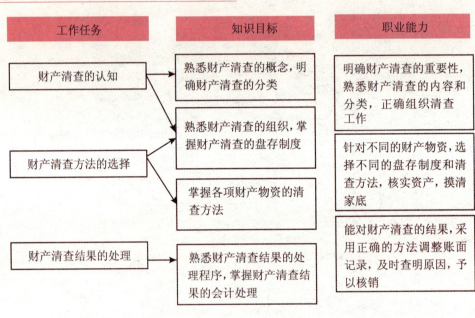

 **专业知识**

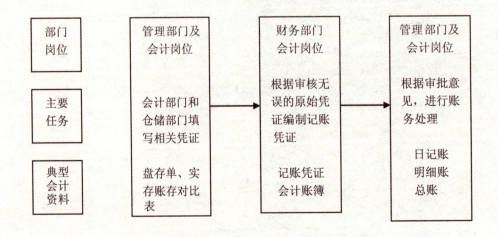

1999年6月,山东省黄河河务局到工行济南支行查看自己的账户,发现500万元的存款仅仅剩下了1 000元,于是支行纪委到检察机关报案。经查,该项存款手续都是该行会计科副科长胡××一手操办。胡利用高息诱惑拉存款,诱导黄河河务局1994年把500万元存入该行,并写下了一年内不提款的保证书。随后胡找人私刻河务局的行政章、财务章以及财务负责人的名章,私提了499.9万元的公款。在调查中还发现工行济南市中支行行长孙××也与胡有关,他们两人还将两笔共计2 000多万元的公款挪为他用。

问题: 胡××与孙××从1994年开始至1999年被发现共挪用公款2 000余万元,为什么事隔这么久才被发现?这说明企业在管理上存在哪些问题?应该如何防范?

任务6.1　财产清查的认知

6.1.1　财产清查及其作用

6.1.1.1　财产清查的概念

财产清查,是指通过对货币资金、实物资产和往来款项等财产物资进行盘点或核对,确定其实存数,查明账存数与实存数是否相符的一种专门方法。

企业的会计工作,都要通过会计凭证的填制和审核,然后及时地在账簿中进行连续登记。应该说,这一过程能保证账簿记录的正确性,也能真实反映企业各项财产的实有数,各项财产的账实应该是一致的。但是,在实际工作中,由于种种原因,账簿记录会发生差错,各项财产的实际结存数也会发生差错,造成账存数与实存数发生差异。其中原因是多方面的,一般有以下几种情况:

(1) 在收发物资中,由于计量、检验不准确而造成品种、数量或质量上的差错。

(2) 财产物资在运输、保管、收发过程中,在数量上发生自然增减变化,如蒸发、挥发、干耗、腐蚀等。

(3) 在财产增减变动中,由于手续不齐或计算、登记上发生错误。

(4) 由于管理不善或工作人员失职,造成财产损失、变质或短缺等。

(5) 贪污盗窃、营私舞弊造成的损失。

(6) 自然灾害造成的非常损失。

(7) 未达账项引起的账账、账实不符等。

上述种种原因都会影响账实的一致性。因此,运用财产清查的手段,对各种财产物资进行定期或不定期的核对和盘点,具有十分重要的意义。

6.1.1.2 财产清查的作用

(1) 保证账实相符,使会计资料真实可靠。通过财产清查,可以确定各项财产物资的实际结存数,将账面结存数和实际结存数进行核对,可以揭示各项财产物资的溢缺情况,从而及时地调整账面结存数,保证账簿记录真实、可靠。

(2) 促进资产的有效管理和安全完整。通过财产清查,能够使有关人员具体了解单位各项财产物资的使用、储存状况和质量构成,及时发现不良资产和沉淀资产。例如,对已经损坏和变质、失去有效性的不良资产应及时转销,以免虚列资产,使资产不实;对于储存时间过长、将过期变质和超期积压的沉淀资产应及时处理,既可避免损失,又能减少资金占用等等。通过财产清查,使其投入正常的经营周转,从而促进资产的有效管理和安全完整。

(3) 建立、健全财产物资管理制度。通过财产清查,对某些财产物资账实不符的原因进行分析,能够及时发现财产物资管理制度中存在的薄弱环节,及时采取措施弥补经营管理中的漏洞,有针对性地建立、健全财产物资管理制度和内部控制制度;进一步明确经济责任,提高财产物资的管理水平,保证财产物资管理质量。

(4) 保证财经纪律和结算纪律的执行。通过财产清查,可以查明有无偷税、漏税等不法行为,在债权、债务的结算活动中有无长期故意拖欠或不合理的情况等,促使企业遵守国家的财经纪律和结算制度。

6.1.2 财产清查的分类

财产清查可以按不同的标志进行分类,主要分类有以下几种:

6.1.2.1 按照清查的对象和范围分类

按照清查的对象和范围,分为全面清查和局部清查。

1. 全面清查

全面清查是指对所有的财产物资进行全面盘点与核对。其清查对象主要包括:原材料、在产品、自制半成品、库存商品、现金、短期存(借)款、有价证券及外币、在途物资、委托加工物资、往来款项、固定资产等。全面清查具有范围广、内容多、时间长、参与人员多、耗费资金多等特点,一般只是在以下几种情况下才需要进行:

(1) 年终决算之前,为了确保年终决算会计资料真实、正确,要进行一次全面清查。

(2) 单位撤销、合并或改变隶属关系,要进行一次全面清查,以明确经济责任。

(3) 开展资产评估、清产核资等活动,需要进行全面清查,以摸清家底,便于按需要组织资金的供应。

(4) 单位主要负责人调离工作,需要进行全面清查。

(5) 中外合资、国内联营前,企业股份制改造前,需要进行全面清查。

等等。

2. 局部清查

局部清查是指根据需要只对财产中某些重点部分进行的盘点与核对。局部清查具有范围小、内容少、时间短、参与人员少、耗费资金少但专业性较强等特点。

局部清查的内容有:

(1) 现金应由出纳员在每日业务终了时点清,做到日清月结。
(2) 对于银行存款和银行借款,应由出纳员每月同银行核对一次。
(3) 对材料、在产品和库存商品除年度清查外,应有计划地每月轮番清点抽查。
(4) 对贵重的财产物资,应每月清查盘点一次。
(5) 对于债权债务,应在年内至少核对一至两次,有问题应及时核对,及时解决。

6.1.2.2　按照财产清查的时间分类

按照财产清查的时间,分为定期清查和不定期清查。

1. 定期清查

定期清查是指按照预先计划安排的时间对财产物资进行的清查。一般是在期末进行,它可以是全面清查,也可以是局部清查。其清查的目的在于保证会计核算资料的真实正确。

2. 不定期清查

不定期清查也称临时清查,是指根据实际需要对财产物资所进行的临时性清查。其目的在于分清责任,查明情况。不定期清查一般是局部清查。不定期清查适用于以下四种情况的财产清查:

(1) 更换财产物资、现金保管人员时,要对有关人员所保管的财产物资进行清查,以分清经济责任。
(2) 上级主管部门、财政、银行以及审计等部门,要对本单位进行会计检查时,应按检查要求和范围进行清查,以验证会计资料的准确性。
(3) 发生自然灾害和意外事故,要对受灾损失的有关财产进行清查,以查明损失情况。
(4) 按照上级规定进行临时性的清产核资工作时,要对本单位的财产进行清查。

6.1.2.3　按照清查的执行系统分类

按照清查的执行系统分类,可以分为内部清查和外部清查。

1. 内部清查

内部清查是指由本单位内部自行组织清查工作小组所进行的财产清查工作。大多数财产清查都是内部清查。

2. 外部清查

外部清查是指由上级主管部门、审计机关、司法部门、注册会计师根据国家有关规定或情况需要对本单位所进行的财产清查。一般来讲,进行外部清查时应有本单位相关人员参加。

任务 6.2　财产清查方法的选择

6.2.1　财产清查的准备工作

财产清查是一项复杂细致的工作,它涉及面广、政策性强、工作量大。为了加强领导,保质保量完成此项工作,一般应在企业单位负责人(如厂长、经理等)的领导下,由会计、业务、仓库等有关部门的人员组成财产清查的专门班子,具体负责财产清查的领导工作。在清查前,必须首先做好以下几项准备工作:

(1) 清查小组制定财产计划,确定清查对象、范围、配备清查人员,明确清查任务。

(2) 财务部门要将总账、明细账等有关资料登记齐全,核对正确,结出余额。保管部门对所保管的各种财产物资以及账簿、账卡挂上标签,标明品种、规格、数量,以备查对。

(3) 银行存款和银行借款应从银行取得对账单,以便查对。

(4) 对需要使用的度量衡器,要提前校验正确,保证计量准确。对应用的所有表册,都要准备妥当。

6.2.2 财产物资的盘存制度

财产物资的盘存制度,是指确定财产的收入、发出和账面结存的核算方法,通常有实地盘存制和永续盘存制两种。

6.2.2.1 实地盘存制

实地盘存制又称定期盘存制,是指期末通过实物盘点来确定存货数量,并据以计算库存存货成本和销售(发出货物耗用)成本的一种财产物资盘存制度。

1. 实地盘存制的特点

采用这种制度,平时根据会计凭证逐笔在会计账簿中只登记财产物资的增加数,不登记减少数,也不随时结出存货的账面结存的数量和金额。期末通过实地盘点,确定结存数量,并倒挤发出数量及金额,完成账簿记录,使账实相符。

2. 实地盘存制下的计算公式

期末,通过实地盘点确定期末数量后,按照下列公式:

$$本期减少数 = 期初账面余额 + 本期增加数 - 期末实际结存数$$

倒挤计算本期各项财产物资的减少额,再登记有关账簿。其中,期末库存金额 = 期末库存数量(实地盘点数)× 单价。从计算公式可以看出,期末对各项财产物资进行实地盘点的结果,是计算、确定本期财产物资减少数的依据。

3. 实地盘存制的优缺点

实地盘存制的优点是核算工作简单、工作量少。缺点是手续不够严密,不能通过账簿随时反映和监督各项财产物资的收、发、结存情况,反映的数字不精确,不利于对财产物资库存的管理和控制;倒挤计算销售成本或耗用成本,使得一些库存财产物资的损耗、差错、损失和短缺等挤入了销售成本或耗用成本,影响了成本计算的正确性;只能定期结算销售或耗用成本,即只有通过实地盘点才能计算销售或耗用成本,不能适应账务处理上随时结转的需要;不利于保护财产物资的安全完整,对于一些财产物资的短缺和损失不利于查明原因,明确责任。因此,实地盘存制只适用于数量大、价值低、收发频繁的存货。

6.2.2.2 永续盘存制

永续盘存制,亦称账面盘存制,是根据会计凭证在账簿中连续记录存货的增加和减少,并随时根据账簿记录结出账面结存数量,即对存货的日常记录既登记收入数,又登记发出数,通过结账,能随时反映账面结存数的一种存货核算方法。

1. 永续盘存制的特点

采用这种制度,平时对各项存货的增加数和减少数,都要根据会计凭证连续记入有关账簿,并随时结出账面结存的数量和金额。期末存货的账面结存金额根据会计主体采用的成本计算方法(如先进先出法、加权平均法等)不同分别确定。由于存货明细账记录中已经计算了期末结存数,期末清查的目的仅在于查明账实不符的原因,并通过调整账簿记录做到账实一致。

2. 永续盘存制的计算公式

期末存货账面结存数量 ＝ 期初账面结存数量 ＋ 本期增加数－本期减少数

3. 永续盘存制的优缺点

永续盘存制的优点是在财产物资明细账中,能够随时反映财产物资的收入、发出和结存情况,并能够从数量和金额两方面进行控制。财产物资明细账的结存数量可以与实地盘点数进行核对,当发生溢余和短缺时,有利于查明原因,明确责任,及时纠正。另外,各种财产物资明细账的结存数量,还可以随时与最高库存限额、最低库存限额进行比较,以判断是否库存积压或不足,方便及时组织库存物资的购销和处理,提高财产物资的使用效率。

永续盘存制的缺点是库存财产物资的明细分类核算的工作量较大,特别是财产物资种类繁多的企业尤为明显。另外,账簿中记录的财产物资的增、减变动及结存情况都是根据有关会计凭证登记的,可能发生账实不符的情况。因此,采用永续盘存制,需要对各项存货定期进行财产清查,以查明账实是否相符,以及账实不符的原因。

尽管永续盘存制存在上述缺点,但是,它在控制和保护财产物资方面具有明显的优越性。因此,从加强存货的管理,提供管理所需会计信息的角度出发,除少数特殊情况外,一般都采用永续盘存制。但也不排除运用实地盘存制,具体做法是:平时采用永续盘存制,期末通过实地盘点确定实存数,从而达到两者的完美地结合。

6.2.3 财产清查的方法

对于不同的财产物资,清查的方法各有不同,具体来说可分为两大类:实物盘点法与账目核对法。实物盘点法是将企业的账簿记录与实际盘点的结果进行核对,借以了解账实是否相符的财产清查方法。账目核对法是指将企业的账簿记录与银行、债权债务人转来的对账单进行核对,借以了解账实是否相符的财产清查方法。

实物的清查方法有实地盘点法和技术推算盘点法。

1. 实地盘点法

实地盘点法是指通过逐一清点或用计量器具来确定实物的实际结存数量,再与账存数对比清查的一种方法。这种方法准确简单,适用的范围较广,在多数财产物资清查中都可以采用。

2. 技术推算盘点法

采用这种方法,对于财产物资不是逐一清点计数,而是通过量方、计尺等技术推算财产物资的结存数量。这种方法只适用于成堆量大而价值又不高、难以逐一清点的财产物资的清查。例如,露天堆放的煤炭等。这种方法计量的结果不是十分准确,因此允许有一定的误差。

对于实物的质量,应根据不同的实物采用不同的检查方法,例如有的采用物理方法,有的采用化学方法来检查实物的质量。

实物清查过程中,实物保管人员和盘点人员必须同时在场。对于盘点结果,应如实登记"盘存单",并由盘点人和实物保管人签字或盖章,以明确经济责任。盘存单既是记录盘点结果的书面证明,也是反映财产物资实存数的原始凭证。其一般格式如表6-1所示。

表6-1 盘存单

单位名称:　　　　　　　　盘点时间:　　　　　　　　编　　号:
财产类别:　　　　　　　　存放地点:　　　　　　　　金额单位:

编号	名称	规格	计量单位	数量	单价	金额	备注

盘点人签章:　　　　　　　　监盘人:　　　　　　　　保管人:

为了查明实存数与账存数是否一致,确定盘盈或盘亏情况,应根据盘存单和有关账簿的记录,编制"实存账存对比表"。实存账存对比表是用以调整账簿记录的重要原始凭证,也是分析产生差异的原因,明确经济责任的依据。实存账存对比表的一般格式如表6-2所示。

表6-2 实存账存对比表

单位名称:　　　　　　　　年　月　日　　　　　　　　编号:

编号	类别及名称	计量单位	单价	实存		账存		对比结果				备注
								盘盈		盘亏		
				数量	金额	数量	金额	数量	金额	数量	金额	

主管人员:　　　　　　　　会计:　　　　　　　　复核:　　　　　　　　制表:

6.2.4　货币资金的清查

6.2.4.1　库存现金的清查

库存现金的清查,包括人民币和各种外币的清查,都是采用实地盘点即通过点票数来确定现金的实存数,然后以实存数与现金日记账的账面余额进行核对,以查明账实是否相符及盈亏情况。

由于现金的收支业务十分频繁,容易出现差错,需要出纳人员每日进行清查和定期及不定期的专门清查。每日业务终了,出纳人员都应将现金日记账的账面余额与现金的实存数进行核对,做到账款相符。对库存现金清查时,出纳人员必须在场,现钞应逐张查点,还应注意有无违反现金管理制度的现象,如不能用白条抵库,编制"现金盘点报告表",并由盘点人员和出纳人员签章。现金盘点报告表兼有盘存单和实存账存对比表的双重作用,是反映现金实有数和调整账簿记录的重要原始凭证。现金盘点报告表的一般格式如表 6-3 所示。

表 6-3 现金盘点报告表

单位名称:　　　　　　　　　　　年　月　日　　　　　　　　　　　单位:元

币别	实存金额	账存金额	对比结果		备注
			盘盈	盘亏	

会计主管:　　　　　　　盘点人:　　　　　　　出纳员:

6.2.4.2 银行存款的清查

银行存款的清查,与实物和现金的清查方法不同,它是采用与银行核对账目的方法来进行的。即将企业单位的银行存款日记账与从银行取得的对账单逐笔核对,以查明银行存款的收入、付出和结余的记录是否正确。

开户银行送来的银行对账单是银行在收付企业单位存款时复写的账页,它完整地记录了企业单位存放在银行的款项的增减变动情况及结存余额,是进行银行存款清查的重要依据。

在实际工作中,企业银行存款日记账余额与银行对账单余额往往不一致,其主要原因有:一是双方账目发生错账、漏账。所以在与银行核对账目之前,应先仔细检查企业单位银行存款日记账的正确性和完整性,然后再将其与银行送来的对账单逐笔进行核对。二是正常的"未达账项"。所谓未达账项,是指开户银行和本单位之间,对于同一款项的收付业务,由于凭证传递时间不同,导致记账时间不一致,发生的一方已取得结算凭证登记入账,而另一方由于尚未取得结算凭证尚未入账的会计事项。

企业单位与银行之间的未达账项,有以下四种情况:

(1) 企收银未收。指企业送存银行的款项,企业已做存款增加入账,但银行尚未入账。如企业销售产品收到支票,送存银行后即可根据银行盖章的"进账单"回单联,登记银行存款的增加,而银行则不能马上登记增加,要等款项收妥后再计增加。如果此时对账,就会形成企业已收、银行未收的现象。

(2) 企付银未付。指企业开出支票或其他付款凭证,企业已作为存款减少入账,但银行尚未付款、未记账。如企业开出一张支票支付购料款,企业可以根据支票存根联、发货票等凭证,登记银行存款的减少。而持票人尚未将支票送往银行,银行因为尚未接到支付款项的凭证尚未记减少。如果此时对账,就形成企业已付、银行未付的现象。

(3) 银收企未收。指银行代企业收进的款项,银行已作为企业存款的增加入账,但企业尚未收到通知,因而未入账。如外地某单位给企业汇来款项,银行收到汇款单后,登记存款增加,企业由于尚未收到汇款凭证尚未记银行存款增加。如果此时对账,就形成银行已收、企业未收的现象。

(4) 银付企未付。指银行代企业支付的款项,银行已作为企业存款的减少入账,但企业尚未收到通知,因而未入账。如银行代企业支付款(如水电费等),银行取得支付款项的凭证已记银行存款减少,企业尚未接到凭证尚未登记银行存款减少。如果此时对账,就形成银行已付、企业未付的现象。

上述任何一种情况的发生,都会使双方的账面存款余额不一致。因此,为了查明企业单位和银行双方账目的记录有无差错,同时也是为了发现未达账项,在进行银行存款清查时,必须将企业单位的银行存款日记账与银行对账单逐笔核对;核对的内容包括收付金额、结算凭证的种类和号数、收入来源、支出的用途、发生的时间、某日止的金额等。通过核对,如果发现企业单位有错账或漏账,应立即更正;如果发现银行有错账或漏账,应及时通知银行查明更正;如果发现有未达账项,则应据以编制"银行存款余额调节表"进行调节,并验证调节后余额是否相等。

编制"银行存款余额调节表"时,在双方现有银行存款余额基础上,各自加减未达账项进行调节,即补记对方已入账而本单位尚未入账的账项。

用等式表示即:

企业银行存款日记账余额 ＋ 银收企未收 － 银付企未付
＝ 银行对账单余额 ＋ 企收银未收 － 企付银未付

现举例说明"银行存款余额调节表"具体编制方法。

【例 6-1】 2014 年 6 月 30 日某企业银行存款日记账的账面余额为 31 000 元,银行对账单的余额为 36 000 元,经逐笔核对,查无差错,但发现有下列几笔未达账项:

(1) 29 日,企业销售产品收到转账支票一张计 2 000 元,将支票存入银行,银行尚未办理入账手续。

(2) 29 日,企业采购原材料开出转账支票一张计 1 000 元,企业已做银行存款付出,银行尚未收到支票而未入账。

(3) 30 日,企业开出现金支票一张计 250 元,银行尚未入账。

(4) 30 日,银行代企业收回货款 8 000 元,收款通知尚未到达企业,企业尚未入账。

(5) 30 日,银行代付电费 1 750 元,付款通知尚未到达企业,企业尚未入账。

(6) 30 日,银行代付水费 500 元,付款通知尚未到达企业,企业尚未入账。

根据以上资料编制银行存款余额调节表,调整双方余额,格式如表 6-4 所示。

表 6-4 银行存款余额调节表

2014 年 6 月 30 日　　　　　　　　　　　　　　单位:元

项　目	金　额	项　目	金　额
企业银行存款账面余额	31 000	银行对账单账面余额	36 000
加:银行已收,企业未收账项		加:企业已收,银行未收账项	
(1) 银行代收货款	8 000	(1) 存入的转账支票	2 000
减:银行已付,企业未付账项		减:企业已付,银行未付账项	
(1) 银行代付电费	1 750	(1) 开出转账支票	1 000
(2) 银行代付水费	500	(2) 开出现金支票	250
调节后存款余额	36 750	调节后存款余额	36 750

如果调节后双方余额相等,则一般说明双方记账没有差错,但不能绝对排除双方账面记录有差错的可能,更不能排除双方可能出现的账务处理错误;若不相等,则表明企业方或银行方或双方记账有差错,应进一步核对,查明原因予以更正。

需要注意的是,未达账项不是错账、漏账,因此,据此编制的银行存款余额调节表不是原始凭证,对于银行已经入账而企业尚未入账的未达账项,不能根据银行存款余额调节表来编制会计分录,作为记账依据,双方仍保持账面原有的余额,待收到银行的有关凭证后方可入账。另外,对于长期悬置的未达账项,应及时查明原因,予以解决。

上述银行存款的清查方法,也适用于各种银行借款的清查。但在清查银行借款时,还应检查借款是否按规定的用途使用,是否按期归还。

6.2.5 债权债务的清查

债权债务的清查,主要包括对单位各种应收款、应付款、预收款、预付款等债权、债务的清查。其清查与银行存款清查相同,也是采用同对方核对账目的方法进行。具体内容和方法如下:

1. 检查、核对账簿记录

单位应将本单位的各项往来款项全部完整地登记入账簿,并对账簿记录依据的会计凭证进行逐笔核对,以保证账簿记录的正确性。

2. 编制往来款项的对账单

单位依据本单位往来款项,逐户编制一式两联(一联企业留存,一联交由对方单位)的"往来款项对账清单",如表6-5所示,送交对方单位进行核对,如对方单位核对无误,应在对账单上加盖公章后退回本单位;如对方单位发现数字不符,应在对账单上注明不符的原因后退回发出单位,或者另抄对账单退回,作为进一步核对的依据。本单位收到对方的回单后,对错误的账目应及时查找原因,按规定的手续和方法加以更正;核对时,如发现存在未达账项,本单位和对方单位都应采用调节账面余额的办法,确认往来款项是否相符。

表6-5 往来款项对账清单

××单位:

你单位于××年×月×日到我厂购买××产品××件,货款××元,尚有××元未付,请核对后将回联单寄回。

清查单位:(盖章)
××年×月×日

沿此虚线裁开,将以下回联单寄回

往来款项对账清单(回联)

××清查单位:

你单位寄来的"往来款项对账清单"已收到,经核对相符无误。

单位:(公章)
××年×月×日

3. 编制"往来款项清查结果报告表"

企业收到对方单位寄回的回联单后,应将查清的结果编制"往来款项清查报告表",如表6-6所示。除了填制各种债权债务外,对于有争议的以及无法收回的和无法支付的款项详细注明,并查找原因,区别不同的情况采取相应的措施进行处理。

表6-6 往来款项清查结果报告表

××单位　　　　　　　　　　××年×月×日　　　　　　　　　　单位:元

明细账户名称	账户结存余额	清查结果		不相符的原因分析					备注
		相符	不相符	未达账项	按合同规定拒付款项	争议款项	无法收回款项	其他	

在往来款项清查后,对于该收回的款项应设法及时收回,该归还的款项及时偿还;有争议的款项,没有收回希望的款项以及无法支付的款项,应及时采取措施,避免相互间的长期拖欠或发生坏账损失。

任务6.3 财产清查结果的会计处理

6.3.1 财产清查结果处理的步骤

为了核算和监督企业在财产清查过程中查明的各种财产物资的盘盈、盘亏和损毁及处理情况,应设置"待处理财产损溢"账户(属资产类账户)。该账户是一个具有双重性质的账户。其借方登记未审批的盘亏及毁损数或批准处理的盘盈数;贷方登记未审批的盘盈数或经批准转销的财产物资盘亏、毁损数。企业的财产损溢应查明原因,在期末结账前处理完毕,处理后无余额。此账户核算的内容比较广泛、庞杂且具有暂时的性质,属于一个过渡性的账户,可按待处理财产设置"待处理流动资产损溢"和"待处理固定资产损溢"两个二级明细账户进行明细核算。对其核算的要求如下:

6.3.1.1 审批前的核算

1. 审批前财产物资盘盈的核算

各项财产物资在保管、使用过程中,由于管理制度不健全、计量不准等原因发生实物数额大于账面余额的情况为盘盈。对于盘盈的各种财产物资发现时借记"原材料"、"库存商品"等账户,贷记"待处理财产损溢"账户。

2. 审批前财产物资盘亏或毁损的核算

在财产清查过程中,发现各项财产物资由于管理不善或自然灾害等原因造成的实物结存数额小于账面余额的情况为盘亏和毁损。对于盘亏和毁损的各项财产物资发现时借记"待处理财产损溢"和"累计折旧"等账户,贷记"原材料"、"库存商品"、"固定资产"等账户。

6.3.1.2 审批后的核算

在财产清查过程中对盘盈、盘亏和毁损的各种财产物资都应当按照规定的程序呈报有关领导部门进行审批,并严格按审批的处理意见进行转销。

1. 审批后财产物资盘盈的核算

对批准后转销的流动资产盘盈,借记"待处理财产损溢"账户,贷记"管理费用"等账户。

2. 审批后财产物资盘亏和毁损的核算

对批准后转销的固定资产盘亏和毁损,借记"营业外支出"账户,贷记"待处理财产损溢"账户;对批准后转销的流动资产盘亏和损毁,应根据不同情况分别记入各有关账户,属于管理不善的部分,借记"管理费用"账户,属于非常损失的部分,借记"营业外支出"账户,贷记"待处理财产损溢"账户。

6.3.2 财产清查结果的账务处理

6.3.2.1 货币资产清查结果的处理

【例6-2】甲公司在财产清查过程中,发现现金短款300元,核查后发现是出纳员王维的责任,应由其赔偿。

(1)批准前,根据"库存现金报告表"编制会计分录如下:

借:待处理财产损溢——待处理流动资产损溢　　300
　　贷:库存现金　　　　　　　　　　　　　　　　　300

(2)批准后,编制会计分录如下:

借:其他应收款——王维　　　　　　　　　　　300
　　贷:待处理财产损溢——待处理流动资产损溢　　300

(3)若现金短款的具体原因不易确认,经批准后则应记入企业"管理费用"账户。

借:管理费用　　　　　　　　　　　　　　　　300
　　贷:待处理财产损溢——待处理流动资产损溢　　300

【例6-3】甲企业某日进行库存现金清查,发现现金长款100元。编制会计分录如下:

借:库存现金　　　　　　　　　　　　　　　　100
　　贷:待处理财产损溢——待处理流动资产损溢　　100

经反复核查,未查明原因,报经批准后做营业外收入处理。

借:待处理财产损溢——待处理流动资产损溢　　100
　　贷:营业外收入　　　　　　　　　　　　　　　100

6.3.2.2 实物资产清查结果的处理

【例6-4】甲公司在财产清查中,发现A材料实存数比账存数多出了300元。

(1)审批前,编制会计分录如下:

借:原材料——A材料　　　　　　　　　　　　300

  贷：待处理财产损溢——待处理流动资产损溢   300

  （2）经查，A材料属于计量不准所致，应冲减管理费用。编制会计分录如下：

  借：待处理财产损溢——待处理流动资产损溢   300

    贷：管理费用   300

【例6-5】 甲公司在财产清查中，发现M商品实存数比账存数少了4 500元。

（1）审批前，编制会计分录如下：

  借：待处理财产损溢——待处理流动资产损溢   4 500

    贷：库存商品——M商品   4 500

（2）经查，盘亏的M商品4 500元中有700元应由责任者个人赔偿，有2 000元应由保险公司赔偿，有800元属于自然灾害造成的非常损失，还有1 000元属于管理不善造成。

根据以上处理意见，编制如下会计分录：

  借：其他应收款——某责任人   700

       ——某保险公司   2 000

    营业外支出   800

    管理费用   1 000

    贷：待处理财产损溢——待处理流动资产   4 500

【例6-6】 甲公司在财产清查过程中盘盈设备一台，同类设备的市场价格为40 000元，估计八成新。

（1）批准前，应视为会计差错处理。编制会计分录如下：

  借：固定资产   32 000

    贷：以前年度损益调整   32 000

（2）调整留存收益，假定企业只提取法定盈余公积10%。编制会计分录如下：

  借：以前年度损益调整   32 000

    贷：盈余公积   3 200

      利润分配——未分配利润   28 800

【例6-7】 甲公司在财产清查过程中盘亏机器一台，账面余额50 000元，已提折旧20 000元。

（1）批准前，编制会计分录如下：

  借：待处理财产损溢——待处理固定资产损溢   30 000

    累计折旧   20 000

    贷：固定资产   50 000

（2）批准后，盘亏固定资产的净值作为营业外支出。

  借：营业外支出   30 000

    贷：待处理财产损溢——待处理固定资产损溢   30 000

6.3.2.3 应收款项清查结果的账务处理

  企业在财产清查中查明的有关债权的坏账损失，经批准后，直接进行转销，不需要通过"待处理财产损溢"账户核算。

  应收应付款项在财产清查过程中应及时清理，对于长期收不回来的应收账款、其他应收款等,确认为坏账损失后,要按规定的程序予以核销,冲减应收账款或其他应收账款。核销时应借记"坏账准备"账户,贷记"应收账款"或"其他应收款"等账户。

【例6-8】 甲公司应收W公司账款20 000元,因对方单位撤销,款项已确认无法收回,经批准冲销已计提的坏账准备。编制会计分录如下:

借:坏账准备　　　　　　　　　　　　　　　　20 000
　　贷:应收账款——W公司　　　　　　　　　　　　20 000

项目小结

1. 财产清查的认知

见表6-7。

表6-7　财产清查的认知

知识点	主要内容
财产清查的概念	通过对货币资金、实物资产和往来款项等财产物资进行盘点或核对,确定其实存数,查明账存数与实存数是否相符的一种专门方法
财产清查的分类	按照清查的对象和范围,分为全面清查和局部清查; 按照财产清查的时间,分为定期清查和不定期清查; 按照清查的执行系统,可以分为内部清查和外部清查

2. 财产清查方法的选择

见表6-8。

表6-8　财产清查方法的选择

知识点	主要内容
财产物资的盘存制度	实地盘存制,是指期末通过实物盘点来确定存货数量,并据以计算库存货成本和销售(发出货物耗用)成本的一种财产物资盘存制度。只适用数量大、价值低、收发频繁的存货。 永续盘存制,亦称账面盘存制,根据会计凭证在账簿中连续记录存货的增加和减少,并随时根据账簿记录结出账面结存数量。在控制和保护财产物资方面具有明显的优越性。 平时采用永续盘存制,期末通过实地盘点确定实存数,从而达到两者的完美的结合
财产清查的方法	实物盘点法与账目核对法
库存现金的清查	库存现金的清查,包括人民币和各种外币的清查,都是采用实地盘点和突击清查。清查时,出纳员必须在场
银行存款的清查	银行存款的清查,主要是采用与银行核对账目的方法来进行的。清查结果两者往往不相等,其主要原因是未达账项,也有可能是记账错误导致。如果是未达账项,可以通过"银行存款余额调节表"调节平衡
债权债务的清查	主要包括对单位各种应收款、应付款、预收款、预付款等债权债务的清查。其清查与银行存款清查相同,也是采用同对方核对账目的方法进行

3. 财产清查的核算

见表 6-9。

表 6-9　财产清查的核算

业务内容	会计处理
库存现金的清查	盘盈时：(1) 借：库存现金 　　　　　　贷：待处理财产损溢 　　　　(2) 借：待处理财产损溢 　　　　　　贷：管理费用 　　　　　　　　其他应收款 盘亏时：(1) 借：待处理财产损溢 　　　　　　贷：库存现金 　　　　(2) 借：管理费用 　　　　　　贷：待处理财产损溢
存货的清查	盘盈时：(1) 借：原材料等 　　　　　　贷：待处理财产损溢 　　　　(2) 借：待处理财产损溢 　　　　　　贷：管理费用 盘亏时：(1) 借：待处理财产损溢 　　　　　　贷：原材料等 　　　　(2) 借：其他应收款 　　　　　　营业外支出 　　　　　　管理费用 　　　　　　贷：待处理财产损溢
固定资产的清查	盘盈时：(1) 借：固定资产 　　　　　　贷：以前年度损益调整 　　　　(2) 借：以前年度损益调整 　　　　　　贷：盈余公积 　　　　　　　　利润分配——未分配利润 盘亏时：(1) 借：待处理财产损溢 　　　　　　累计折旧 　　　　　　贷：固定资产 　　　　(2) 借：营业外支出 　　　　　　贷：待处理财产损溢
应收款项的清查	企业在财产清查中查明的有关债权、债务的坏账收入或坏账损失，经批准后，直接进行转销，不需要通过"待处理财产损溢"账户核算

项目自测题

单项选择题

1. 在永续盘存制下,平时在账簿中对各项财产物资的登记方法是( )。
   A. 只登记增加数,不登记减少数
   B. 只登记减少数,不登记增加数
   C. 既登记增加数,又登记减少数
   D. 上述方法都可以

2. 现金的清查采用( )。
   A. 实地盘点法
   B. 技术推算法
   C. 询证法
   D. 核对法

3. 银行存款的清查是将银行存款日记账与( )核对,以查明账实是否相符。
   A. 银行存款凭证
   B. 银行存款总账
   C. 银行存款备查账
   D. 银行对账单

4. 盘亏的存货,在减去过失人或者保险公司等赔款和残料价值之后,属于非常损失的应记入( )。
   A. 管理费用
   B. 营业外支出
   C. 销售费用
   D. 其他业务成本

5. 盘亏的固定资产在处理时应( )。
   A. 记入其他业务成本
   B. 记入营业外支出
   C. 冲减其他业务收入
   D. 冲减营业外收入

6. 一般情况下,企业单位撤销、合并或改变隶属关系时,要进行( )。
   A. 全面清查
   B. 局部清查
   C. 实地盘点
   D. 技术推算

7. 盘亏及毁损财产物资中属于自然灾害造成的非常损失应记入( )。
   A. "其他应收款"账户的借方
   B. "营业外支出"账户的借方
   C. "管理费用"账户的借方
   D. "其他应收款"账户的贷方

8. 通常情况下,往来款项的清查方法是( )。
   A. 实地盘点法
   B. 估算法
   C. 推算法
   D. 对账法

9. ( )是记录盘点结果的书面证明,也是反映财产物资实存数的原始凭证。
   A. 盘存单
   B. 实存账存对比表
   C. 盘点盈亏报告表
   D. 以上均是

10. 银行存款实有数为( )。
    A. 银行存款日记账余额
    B. 银行对账单余额
    C. 银行存款余额调节表中调节后相等的余额
    D. 以上都不对

多项选择题

1. 财产清查按清查的范围分为( )。
   A. 全面清查
   B. 定期清查

C. 不定期清查 D. 局部清查

2. 财产清查按清查的时间分为（　　）。
   A. 全面清查 B. 定期清查
   C. 不定期清查 D. 局部清查

3. 企业在年终决算前进行的清查属于（　　）。
   A. 全面清查 B. 局部清查
   C. 定期清查 D. 不定期清查

4. 下列各种情况，需要进行财产全面清查的有（　　）。
   A. 企业改变隶属关系时 B. 企业合并前
   C. 出纳人员调离工作前 D. 公司总经理调离工作前

5. （　　），会使企业银行存款日记账的余额大于银行对账单的余额。
   A. 企业收到或已送存银行的款项，企业已入账，但银行尚未入账
   B. 企业开出各种付款凭证，已记入银行存款日记账，但银行尚未入账
   C. 银行代企业收进的款项，银行已入账，但企业尚未收到有关凭证，未能登记入账
   D. 银行代企业支付的款项，银行已入账，但企业尚未收到有关凭证，未能登记入账

6. "待处理财产损溢"账户的借方核算（　　）。
   A. 发生的财产盘盈数 B. 发生的财产盘亏和毁损数
   C. 处理的财产盘盈数 D. 处理的财产盘亏和毁损数

7. 实物清查的常用方法有（　　）。
   A. 实地盘点法 B. 技术推算盘点法
   C. 账目核对法 D. 逆查法

8. 实地盘点法可用于（　　）的清查。
   A. 实物 B. 现金
   C. 银行存款 D. 往来款项

9. 银行存款的清查，需将（　　）进行相互逐笔勾对。
   A. 银行存款总账 B. 银行对账单
   C. 银行存款日记账 D. 支票登记簿

10. 银行存款日记账与银行对账单不一致的原因有（　　）。
    A. 企业或银行出现记账错误 B. 出现未达账项
    C. 出现已达账项 D. 以上均是

判断题

1. 企业账实不符是单位财产管理不善或会计人员水平不高的结果。（　　）
2. 年终决算前进行的全面清查属于定期清查。（　　）
3. 定期清查就是按预先计划安排的时间对财产移交进行的清查。因此，定期清查均为全面清查。（　　）
4. "实存账存对比表"是财产清查的重要依据，是调整账面记录的原始凭证，也是分析盈亏原因、明确经济责任的重要依据。（　　）
5. 实地盘存制一般适用于价值较低的财产物资，或鲜活商品的盘存。（　　）

6. 永续盘存制增加了登记明细账的工作量,因而企业采用较少。(   )
7. 对存货实地盘点的结果除了要编"盘存单"外还应编制"实存账存对比表"。(   )
8. 对现金进行清查时,出纳人员必须在场。(   )
9. "库存现金盘点表"具有"盘存单"和"实存账存对比表"的作用。
10. "未达账项"是指银行存款日记账同银行存款总账之间一方已入账,而另一方未入账的款项。(   )
11. 对银行存款的清查中出现的未达账项应编制银行存款余额调节表进行调节,同时将未达账项编制记账凭证调整入账。(   )
12. 银行存款日记账和银行对账单的记录均无误,但两者余额仍然可能不一。(   )
13. "银行存款余额调节表"是调整账簿记录的原始凭证。(   )
14. 待处理财产损溢账户是双重性质的账户,期末结账前必须处理完毕。(   )
15. 存货发生盘盈后应暂时不做账务处理,待查明原因后再调整账簿记录。(   )

实训题

【实训题1】

【目的】 熟悉"永续盘存制"和"实地盘存制"。

【资料】 中兴公司2014年8月有关乙材料的收入、发出和结存情况如下:月初结存2 000千克,计4 000元;本月5日购进入库3 000千克,实际成本6 000元,本月10日购进入库1 000千克,实际成本2 000元;本月3日生产领用1 500千克,计3 000元,本月15日生产领用2 000千克,计4 000元;月末实地盘点乙材料实存2 000千克,计4 000元。

【要求】 分别按"永续盘存制"和"实地盘存制"填列乙材料明细账(表6-10、表6-11)。

表6-10 乙材料明细账(永续盘存制)

2014年		凭证号数	摘要	收入			发出			结存		
月	日			数量	单价	金额	数量	单价	金额	数量	单价	金额
8	01	略	月初结存									
	03		领用									
	05		购进									
	10		购进									
	15		领用									
8	30		本月合计									

表6-11 乙材料明细账(实地盘存制)

2014年		凭证号数	摘要	收入			发出			结存		
月	日			数量	单价	金额	数量	单价	金额	数量	单价	金额
8	01		月初结存									
	05		购进									
	10		购进									
	30		本期发出									
			本月合计									

【实训题2】

【目的】 练习编制银行存款余额调节表,掌握银行存款清查的方法。

【资料】 中兴公司2014年8月有关银行存款的资料如表6-12、表6-13所示。

表6-12 银行存款日记账

2014年		凭证号数	摘要	结算凭证		借方	贷方	余额
月	日			种类	号数			
8	20		月初结余	略	略			250 000
	22	银付461#	支付购货款	略	略		41 800	208 200
	24	银付462#	支付运费	略	略		300	207 900
	25	银收301#	收销货款	略	略	72 000		279 900
	27	银付463#	支付购货款	略	略		3 850	276 050
	28	银付464#	支付维修费	略	略		3 150	272 900
	30	银收302#	收回货款	略	略	4 380		277 280

表6-13 银行对账单

2014年		摘要	结算凭证		借方	贷方	余额
月	日		种类	号数			
8	20	月初结余					250 000
	24	支付运费	略	略	300		249 700
	25	代收销货款	略	略		72 000	321 700
	26	支付电费	略	略	4 200		317 500
	27	支付购货款	略	略	41 800		275 700
	28	存款利息	略	略		1 300	277 000
	29	代收销货款	略	略		6 400	283 400
	30	支付购货款	略	略	3 850		279 550

【要求】
(1) 将银行存款日记账与银行对账单进行核对,确定未达账项。
(2) 根据有关资料,编制银行存款余额调节表。
(3) 计算月末企业可以动用的银行存款实有数额。

【实训题 3】

【目的】 练习财产清查结果的账务处理。

【资料】 中兴公司 2014 年 11 月有关业务资料如下:
(1) 在清查中发现现金短缺 8 元。
(2) 在财产清查中盘盈甲材料 2 000 元;盘亏乙材料 30 000 元,该批材料原购进时的进项增值税为 5 100 元。
(3) 在财产清查中发现短少机床一台,该设备账面原值为 100 000 元,已提折旧 70 000元。
(4) 上述短款无法查明原因,经批准作管理费用处理。
(5) 经查,上述甲材料盘盈系因计量器具不准确造成的,乙材料盘亏系非正常损失。
(6) 经批准,上述短少机床的损失作营业外支出处理。

【要求】 根据上述经济业务,编制中兴公司的会计分录。

项目 7　财务报告的编制和报送

工作任务、知识目标、职业能力

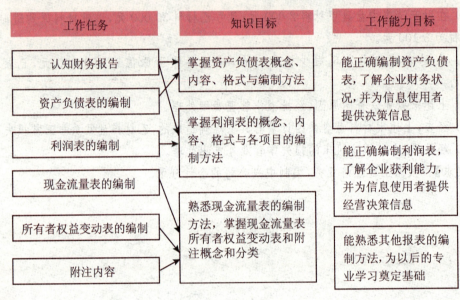

专业知识

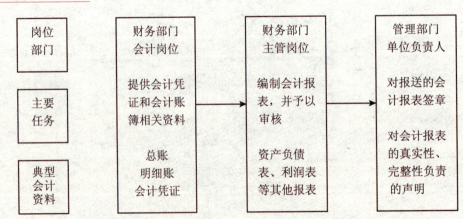

案例分析

阳煤化工是一家从事煤化工及相关产业的投资、技术研发、技术咨询、技术服务等业务的上市公司。2013年11月25日,四川监管局调查结果显示,阳煤化工通过多份虚假合同将"风险、报酬并未实际转移出阳煤化工"的相关产品确认为销售收入和成本,违反《企业会计准则》相关规定,多计收入约42亿元,约占阳煤化工2012年销售收入216亿元的19.66%。除了通过虚假购销合同虚增营业收入的问题,阳煤化工存在内幕交易防控及信息披露不符合规定、关联方非经营性资金占用、三会运作不规范、对外担保信息披露不准确等多方面问题。

2013年2月22日至25日,阳煤化工股票连续三个交易日达到涨幅限制。2013年2月27日,阳煤化工公告称,"无应披露未披露信息"。3月28日,阳煤化工公告2012年年报同时公告每10股转增15股的利润分配预案。然而,四川证监局调查发现,阳煤化工在2013年2月25日前多次讨论利润分配预案。2月25日,经阳煤化工总经理马安民、董事会秘书杨印生、财务总监王强等商议,初步拟定提出每10股转增15股分配预案,当日阳煤化工做了内幕信息知情人登记。2月27日的公告内容不实。

此外,2013年1月9日,阳煤化工董事会通过并对外披露审议,同意为丰喜重装4亿元贷款提供担保。2013年1月21日,该项担保实际发生时,被担保对象为丰喜重装的全资子公司丰喜化工,与披露的被担保主体不一致。上述行为违反了《上市公司信息披露管理办法》的规定。

阳煤化工"虚增销售收入42亿元"一事创下了迄今为止资本市场上金额最大的财务造假案。

资料来源:《中国经济网》2013年11月28日

问题:阳煤化工向外披露财务报告是通过何种方式进行的?通过查阅上市公司的财务报告是否可以看出企业存在财务造假行为?

任务7.1 财务报告的认知

7.1.1 财务报告的概念和种类

7.1.1.1 财务报告的概念

财务报告是指企业对外提供的反映企业某一特定日期的财务状况和某一会计期间的经营成果、现金流量等会计信息的文件,它包括财务报表和其他应当在财务报告中披露的相关信息和资料。

一套完整的财务报告至少应当包括资产负债表、利润表、现金流量表、所有者权益(或股东权益,下同)变动表以及附注。

资产负债表、利润表和现金流量表分别从不同角度反映企业的财务状况、经营成果和现金流量。资产负债表反映企业在某一特定日期所拥有的资产、需偿还的债务以及股东(投资者)拥有的净资产情况。利润表反映企业在一定会计期间的经营成果(即利润或亏损)的情况,表明企业运用所拥有的资产的获利能力。现金流量表反映企业在一定会计期间现金和现金等价物流入和流出的情况。所有者权益变动表反映构成所有者权益的各组成部分当期的增减变动情况。企业的净利润及其分配情况是所有者权益变动的组成部分,因而,企业不需要再单独编制利润分配表。

附注是财务报告不可或缺的组成部分,是对在资产负债表、利润表、现金流量表和所有者权益变动表等报表中列示项目的文字描述或明细资料,以及对未能在这些报表中列示项目的说明等。

财务报表是财务报告的核心内容,除了财务报表之外,财务报告还应当包括其他相关信息,具体可以根据有关法律、行政法规、部门规章等的规定和外部使用者的信息需求而定。

7.1.1.2 财务报表的种类

财务报表可以按照不同的标准进行分类:

1. 按报表反映的不同的经济内容划分

按照报表所反映的经济内容不同,可以分为资产负债表、利润表、现金流量表和所有者权益变动表。

(1) 反映资产、负债及所有者权益等财务状况的报表,如资产负债表。

(2) 反映经营成果的报表,如利润表。

(3) 反映现金及现金等价物流入流出情况的报表,如现金流量表。

(4) 反映所有者权益变动情况的报表,如所有者权益变动表。

2. 按报表编报期间划分

按财务报表编报期间的不同,可以分为中期财务报表和年度财务报表。

中期财务报表是以短于一个完整会计年度的报告期间为基础编制的财务报表,包括月报、季报和半年报等。中期财务报表至少应当包括资产负债表、利润表、现金流量表和附注。其中,中期资产负债表、利润表和现金流量表应当是完整的报表,其格式和内容应当与年度财务报表相一致。与年度财务报表相比,中期财务报表中的附注披露可适当简略。

3. 按报表编报主体划分

按财务报表编报主体的不同,可以分为个别财务报表和合并财务报表。

个别财务报表是由企业在自身会计核算基础上对账簿记录进行加工而编制的财务报表,它主要用以反映企业自身的财务状况、经营成果和现金流量情况。合并财务报表是以母公司和子公司组成的企业集团为会计主体,根据母公司和所属子公司的财务报表,由母公司编制的综合反映企业集团财务状况、经营成果及现金流量的财务报表。

7.1.2 财务报表编制的基本要求

7.1.2.1 以持续经营为基础

企业应当以持续经营为基础,根据实际发生的交易和事项,按照企业会计准则的规定进行确认和计量,在此基础上编制财务报表。企业不应以附注披露代替确认和计量。在编制财务报告过程中,企业管理层应当在考虑市场经营风险、企业盈利能力、偿债能力、财务弹性,以及企业管理层改变经营政策的意向等因素的基础上,对企业的持续经营能力进行评价。如果对持续经营能力产生重大怀疑的,应当在附注中披露导致对持续经营能力产生重大怀疑的影响因素。

7.1.2.2 可比性

财务报表项目的列报应当在各个会计期间保持一致,不得随意变更。当期财务报表的列报,至少应当提供所有列报项目上一可比会计期间的比较数据,以及与理解当期财务报表相关的说明。

财务报表项目的列报发生变更的,应当对上期比较数据按照当期的列报要求进行调整,并在附注中披露调整的原因和性质以及调整的各项目金额对上期比较数据。进行调整不切实可行的,应当在附注中披露不能调整的原因。不切实可行,是指企业在做出所有合理努力后仍然无法采用某项规定。

7.1.2.3 重要性的判断

在编制财务报告的过程中,企业应当考虑报表项目的重要性。判断报表项目的重要性一般从项目的性质和项目的金额大小两个方面进行。判断项目性质的重要性,应当考虑该项目的性质是否属于企业日常活动等因素;判断项目金额大小的重要性,应当通过单项金额占资产总额、负债总额、所有者权益总额、营业收入总额、营业成本总额、净利润、综合收益等直接相关项目金额的比重加以确定。比如,对于性质或功能不同的项目,如长期股权投资、固定资产、无形资产等,应当在财务报告中单独列报;对于性质或功能类似的项目,如库存商品、原材料等,应予以合并,作为存货项目列报。

7.1.2.4 项目的抵销

财务报表中的资产项目和负债项目的金额,收入项目和费用项目的金额,直接计入当期利润的利得和损失项目的金额不得相互抵销,但满足抵销条件的除外。比如,营业外收入不得直接抵销营业外支出,但销货退回一般可以直接抵销本期的收入和成本。下列两种情况不属于抵销,可以按净额列示:(1)资产项目按扣除减值准备后的净额列示,不属于抵销。例如,企业对应收账款计提坏账准备,表明资产价值已经发生减损,按扣除减值准备后的净额列示,能够反映资产给企业带来的经济利益,不属于抵销。(2)非日常活动产生的利得和损失,以同一交易形成的收益扣减相关费用后的净额列示更能反映交易实质的,不属于抵销。非日常活动的发生具有偶然性,不是企业的经常性活动以及与经常性活动相关的其他活动。非日常活动产生的损益以收入扣减费用后的净额列示,更有利于财务报告使用者的经济决策,不属于抵销。

7.1.2.5 披露的项目

企业应当在财务报表的显著位置,至少披露下列各项:
(1) 编报企业的名称。
(2) 资产负债表日或财务报表涵盖的会计期间。
(3) 人民币金额单位。
(4) 财务报表是合并财务报表的应当予以标明。

7.1.2.6 报告期间

企业至少应当按年编制财务报表。年度财务报表涵盖的期间短于一年的,应当披露年度财务报表的涵盖期间、短于一年的原因以及报表数据不具可比性的事实。

7.1.3 编制财务报告的准备工作

为确保财务报告的质量,编制财务报告前必须做好充分的准备工作,一般有核实资产、清理债务、复核成本、内部调账、试算平衡及结账等工作。

7.1.3.1 核实资产

核实资产是企业编制报表前一项重要的基础工作,而且工作量大。主要包括:
(1) 清点现金和应收票据。
(2) 核对银行存款,编制银行存款余额调节表。
(3) 与购货人核对应收账款。
(4) 与供货人核对预付账款。
(5) 与其他债务人核对其他应收款。
(6) 清查各项存货。
(7) 检查各项投资的回收及利润分配情况。
(8) 清查各项固定资产和在建工程。

在核实以上各项资产的过程中,如发现与账面记录不符,应先转入"待处理财产损溢"账户,待查明原因,再按规定报批处理。

7.1.3.2 清理债务

企业与外单位的各种经济往来中形成的债务也要认真清理和及时处理。对已经到期的负债,要及时偿还,以保持企业的信誉,特别是不能拖欠税款;其他应付款中要注意是否有不正常的款项。

7.1.3.3 复核成本

编制报表前,要认真复核各项生产、销售项目的成本结转情况。查对是否有少转、多转、漏转、错转成本等。这些直接影响企业盈亏的真实,并由此产生一系列的后果,如多交税金、多分利润、使企业资产流失等。

7.1.3.4 内部调账

内部调账(转账)是编制报表前一项很细致的准备工作。主要有如下几点：

(1) 计提坏账准备。应按规定比例计算本期坏账准备，并及时调整入账。

(2) 摊销待摊费用。凡本期负担的待摊费用应在本期摊销。

(3) 计提固定资产折旧。

(4) 摊销各种无形资产和递延资产。

(5) 实行工效挂钩的企业，按规定计提"应付职工薪酬"。

(6) 转销经批准的"待处理财产损溢"。财务部门对此要及时提出处理意见，报有关领导审批，不能长期挂账。

(7) 按权责发生制原则及有关规定，预提利息和费用。

(8) 有外币业务的企业，还应计算汇兑损益调整有关外币账户。

7.1.3.5 试算平衡

在完成以上准备工作之后，还应进行一次试算平衡，以检查账务处理有无错误。

7.1.3.6 结账

试算平衡后的结账工作主要有以下几项：

(1) 将损益类账户全部转入"本年利润"账户。

(2) 将"本年利润"账户形成的本年税后净利润或亏损转入"利润分配"账户。

(3) 进行利润分配后，编制年终会计决算报表。

以上各项准备工作往往是同时交叉进行的。在实现会计电算化的企业，以上有些准备工作是可以通过电脑完成的，如试算平衡和结账等。

任务 7.2 资产负债表的编制和报送

7.2.1 资产负债表的概念和作用

7.2.1.1 资产负债表的概念

1. 资产负债表的概念

资产负债表是指反映企业在某一特定日期的财务状况的报表。通过提供资产负债表，可以反映企业在某一特定日期所拥有或控制的经济资源，所承担的现时义务和所有者对净资产的要求权，帮助财务报表使用者全面了解企业的财务状况，分析企业的偿债能力等情况，从而为其做出经济决策提供依据。

2. 资产负债表的格式

资产负债表一般有表首、正表两部分。其中，表首概括地说明报表名称、编制单位、编制日期、报表编号、货币名称、计量单位等。正表是资产负债表的主体,列示了用以说明企业财务状况的各个项目。

资产负债表正表的格式一般有两种:报告式资产负债表和账户式资产负债表。报告式资产负债表是上下结构,上半部列示资产,下半部列示负债和所有者权益。具体排列形式又有两种:一是按"资产＝负债＋所有者权益"的原理排列;二是按"资产－负债＝所有者权益"的原理排列。账户式资产负债表是左右结构,左边列示资产,右边列示负债和所有者权益。不管采取什么格式,资产各项目的合计等于负债和所有者权益各项目的合计这一等式不变。

我国企业的资产负债表采用账户式结构。账户式资产负债表分左右两方。左方为资产项目,大体按资产的流动性大小排列,流动性大的资产(如"货币资金"、"交易性金融资产"等)排在前面,流动性小的资产(如"长期股权投资"、"固定资产"等)排在后面。右方为负债及所有者权益项目,一般按要求清偿时间的先后顺序排列。"短期借款"、"应付票据"、"应付账款"等需要在一年以内或者长于一年的一个正常营业周期内偿还的流动负债排在前面,"长期借款"、"应付债券"等在一年以上才需偿还的非流动负债排在中间,在企业清算之前不需要偿还的所有者权益项目排在后面。(我国企业资产负债表格式参见表 7-3。)

3. 资产负债表的内容

资产负债表主要反映资产、负债和所有者权益三方面的内容,并满足"资产＝负债＋所有者权益"平衡式。

(1) 资产

资产负债表中的资产,反映由过去的交易事项形成并由企业在某一特定日期所拥有或控制的、预期会给企业带来经济利益的资源。资产应当按照流动资产和非流动资产两大类别在资产负债表中列示,在流动资产和非流动资产类别下进一步按性质分项列示。

流动资产是指预计在一个正常营业周期中变现、出售或耗用,或者主要为交易目的而持有,或者预计在资产负债表日起一年内(含一年)变现的资产,或者自资产负债表日起一年内交换其他资产或清偿负债的能力不受限制的现金或现金等价物。

资产负债表中列示的流动资产项目通常包括货币资金、交易性金融资产、应收票据、应收账款、预付款项、应收利息、应收股利、其他应收款、存货和一年内到期的非流动资产等。

非流动资产是指流动资产以外的资产。资产负债表中列示的非流动资产项目,通常包括长期股权投资、固定资产、在建工程、工程物资、固定资产清理、无形资产、开发支出、长期待摊费用以及其他非流动资产等。

(2) 负债

资产负债表中的负债,反映在某一特定日期企业所承担的、预期会导致经济利益流出企业的现时义务。负债应当按照流动负债和非流动负债在资产负债表中进行列示,在流动负债和非流动负债类别下再进一步按性质分项列示。被划分为持有待售的非流动负债应当归类为流动负债。

流动负债是指预计在一个正常营业周期中清偿,或者主要为交易目的而持有,或者自资产负债表日起一年内(含一年)到期应予以清偿,或者企业无权自主地将清偿推迟至资产负债表日后一年以上的负债。资产负债表中列示的流动负债项目,通常包括短期借款、应付票据、应付账款、预收款项、应付职工薪酬、应交税费、应付利息、应付股利、其他应付款、一年内到期的非流动负债等。

非流动负债是指流动负债以外的负债。非流动负债项目,通常包括长期借款、应付债券和其他非流动负债等。

(3) 所有者权益

资产负债表中的所有者权益是企业资产扣除负债后的剩余权益,反映企业在某一特定日期股东投资者拥有的净资产的总额。它一般按照实收资本(或股本)、资本公积、盈余公积和未分配利润分项列示。

7.2.1.2 资产负债表的作用

资产负债表是反映企业在某一特定日期的财务状况的会计报表。例如,公历每年12月31日的财务状况,它反映的就是该日的情况。

资产负债表主要提供有关企业财务状况方面的信息,即某一特定日期关于企业资产、负债、所有者权益及其相互关系的信息。资产负债表的作用包括:

1. 表明企业拥有或控制的资源及其分布情况

可以提供某一日期资产的总额及其结构,使用者可以一目了然地从资产负债表上了解企业在某一特定日期所拥有的资产总量及其结构。

2. 反映企业负债和所有者权益情况

可以提供某一日期的负债总额及其结构,表明企业未来需要用多少资产或劳务清偿债务以及清偿时间;可以反映所有者所拥有的权益,据以判断资本保值、增值的情况以及对负债的保障程度。

3. 反映企业的流动性和财务实力

资产负债表还可以提供进行财务分析的基本资料,如将流动资产与流动负债进行比较,计算出流动比率;将速动资产与流动负债进行比较,计算出速动比率等,可以表明企业的变现能力、偿债能力和资金周转能力,从而有助于报表使用者做出经济决策。

7.2.2 资产负债表的编制方法

7.2.2.1 资产负债表项目的填列方法

资产负债表的各项目均需填列"年初余额"和"期末余额"两栏。

1. "年初余额"的填列方法

资产负债表"年初余额"栏内各项数字,应根据上年末资产负债表的"期末余额"栏内所列数字填列。如果上年度资产负债表规定的各个项目的名称和内容与本年度不一致,应对上年年末资产负债表各项目的名称和数字按照本年度的规定进行调整,填入本表"年初余额"栏内。

2. "期末余额"的填列方法

资产负债表的"期末余额"栏内各项数字其填列方法如下:

(1) 根据总账科目的余额填列。资产负债表中的有些项目可直接根据有关总账科目的余额填列,如"交易性金融资产"、"短期借款"、"应付票据"、"应付职工薪酬"等项目。有些项目则需根据几个总账科目的余额计算填列。如"货币资金"项目需根据"库存现金"、"银行存款"、"其他货币资金"三个总账科目余额合计填列。

(2) 根据有关明细科目的余额计算填列。资产负债表中的有些项目需要根据明细科目余额填列,如"应付账款"项目需要分别根据"应付账款"和"预付账款"两科目所属明细科目的期末贷方余额计算填列。

(3) 根据总账科目和明细科目的余额分析计算填列。资产负债表的有些项目需要依据总账科目和明细科目两者的余额分析填列,如"长期借款"项目应根据"长期借款"总账科目余额扣除"长期借款"科目所属的明细科目中将在资产负债表日起一年内到期、且企业不能自主地将清偿义务展期的长期借款后的金额填列。

(4) 根据有关科目余额减去其备抵科目余额后的净额填列。如资产负债表中的"应收账款"、"长期股权投资"等项目应根据"应收账款"、"长期股权投资"等科目的期末余额减去"坏账准备"、"长期股权投资减值准备"等科目余额后的净额填列;固定资产项目应根据"固定资产"科目期末余额减去"累计折旧"、"固定资产减值准备"科目余额后的净额填列;无形资产项目应根据"无形资产"科目期末余额减去"累计摊销"、"无形资产减值准备"科目余额后的净额填列。

(5) 综合运用上述填列方法分析填列。如资产负债表中的"存货"项目需根据"原材料"、"库存商品"、"委托加工物资"、"周转材料"、"材料采购"、"在途物资"、"发出商品"、"材料成本差异"、"生产成本"等总账科目期末余额的分析汇总数,再减去"存货跌价准备"、"材料成本差异"等备抵科目余额后的金额填列。

7.2.2.2 资产负债表项目的填列说明

资产负债表中资产、负债和所有者权益主要项目的填列说明如下:

1. 资产项目的填列说明

(1) "货币资金"项目,反映企业库存现金、银行结算户存款、外埠存款、银行汇票存款、银行本票存款、信用卡存款、信用证保证金存款等的合计数。本项目应根据"库存现金"、"银行存款"、"其他货币资金"科目期末余额的合计数填列。

(2) "交易性金融资产"项目,反映企业持有的以公允价值计量且其变动计入当期损益的为交易目的所持有的债券投资、股票投资、基金投资、权证投资等金融资产。本项目应当根据"交易性金融资产"科目的期末余额填列。

(3) "应收票据"项目,反映企业因销售商品、提供劳务等而收到的商业汇票,包括银行承兑汇票和商业承兑汇票。本项目应根据"应收票据"科目的期末余额减去"坏账准备"科目中有关应收票据计提的坏账准备期末余额后的金额填列。

(4) "应收账款"项目,反映企业因销售商品、提供劳务等经营活动应收取的款项。本项目应根据"应收账款"和"预收账款"科目所属各明细科目的期末借方余额合计减去"坏账准备"科目中有关应收账款计提的坏账准备期末余额后的金额填列。如"应收账款"科目所属明细科目期末有贷方余额的,应在本表"预收款项"项目内填列。

【**例 7-1**】 某企业 2014 年 12 月 31 日结账后有关科目余额如表 7-1 所示。

表 7-1 有关科目余额表

单位:万元

总账科目	明细科目	借方余额		贷方余额	
		总账余额	明细科目余额	总账余额	明细科目余额
应收账款		1 800			
	—A公司		2 000		
	—长江实业公司				200
预收账款				5 000	
	—C公司				7 000
	—D公司		2 000		
坏账准备				500	

则资产负债表中的"应收账款"项目金额＝2 000＋2 000－500＝3 500(万元)。

(5)"预付款项"项目,反映企业按照购货合同规定预付给供应单位的款项等。本项目应根据"预付账款"和"应付账款"科目所属各明细科目的期末借方余额合计数减去"坏账准备"科目中有关预付款项计提的坏账准备期末余额后的金额填列。如"预付账款"科目所属各明细科目期末有贷方余额的,应在资产负债表"应付账款"项目内填列。

【例 7-2】 某企业 2014 年 12 月 31 日结账后有关科目余额如表 7-2 所示。

表 7-2 有关科目余额表

单位:万元

总账科目	明细科目	借方余额		贷方余额	
		总账余额	明细科目余额	总账余额	明细科目余额
应付账款				6 000	
	—A公司				8 000
	—B公司		2 000		
预付账款		3 000			
	—C公司		4 000		
	—D公司				1 000
坏账准备				500	

注:坏账准备中有关预付账款计提的坏账准备金额为 50 万元。

则资产负债表中的"预付款项"项目金额＝2 000＋4 000－50＝5 950(万元)。

(6)"应收利息"项目,反映企业应收取的债券投资等的利息。本项目应根据"应收利息"科目的期末余额减去"坏账准备"科目中有关应收利息计提的坏账准备期末余额后的金额填列。

(7)"应收股利"项目,反映企业应收取的现金股利和应收取其他单位分配的利润。本项目应根据"应收股利"科目的期末余额减去"坏账准备"科目中有关应收股利计提的坏账准备期末余额后的金额填列。

(8)"其他应收款"项目,反映企业除应收票据、应收账款、预付账款、应收股利、应收利息等经营活动以外的其他各种应收、暂付的款项。本项目应根据"其他应收款"科目的期末余额减去坏账准备科目中有关其他应收款计提的坏账准备期末余额后的金额填列。

(9) "存货"项目,反映企业期末在库、在途和在加工中的各种存货的可变现净值。本项目应根据"材料采购"、"原材料"、"库存商品"、"周转材料"、"委托加工物资"、"委托代销商品"、"受托代销商品"、"生产成本"等科目的期末余额合计减去"受托代销商品款"、"存货跌价准备"科目期末余额后的金额填列。材料采用计划成本核算以及库存商品采用计划成本核算或售价核算的企业还应按加或减"材料成本差异"或"商品进销差价"后的金额填列。

(10) "一年内到期的非流动资产"项目,反映企业将于一年内到期的非流动资产项目金额。本项目应根据有关科目的期末余额填列。

(11) "长期股权投资"项目,反映企业持有的对子公司、联营企业和合营企业的长期股权投资。本项目应根据"长期股权投资"科目的期末余额减去"长期股权投资减值准备"科目的期末余额后的金额填列。

(12) "固定资产"项目,反映企业各种固定资产原价减去累计折旧和累计减值准备后的净额。本项目应根据"固定资产"科目的期末余额减去"累计折旧"和"固定资产减值准备"科目期末余额后的金额填列。

(13) "在建工程"项目,反映企业期末各项未完工程的实际支出,包括交付安装的设备价值、未完建筑安装工程已经耗用的材料工资和费用支出、预付出包工程的价款等的可收回金额。本项目应根据"在建工程"科目的期末余额减去"在建工程减值准备"科目期末余额后的金额填列。

(14) "工程物资"项目,反映企业尚未使用的各项工程物资的实际成本。本项目应根据"工程物资"科目的期末余额填列。

(15) "固定资产清理"项目,反映企业因出售、毁损、报废等原因转入清理但尚未清理完毕的固定资产的净值,以及固定资产清理过程中所发生的清理费用和变价收入等各项金额的差额。本项目应根据"固定资产清理"科目的期末借方余额填列。如"固定资产清理"科目期末为贷方余额,以"—"号填列。

(16) "无形资产"项目,反映企业持有的无形资产,包括专利权、非专利技术、商标权、著作权、土地使用权等。本项目应根据"无形资产"的期末余额减去"累计摊销"和"无形资产减值准备"科目期末余额后的金额填列。

(17) "开发支出"项目,反映企业开发无形资产过程中能够资本化形成无形资产成本的支出部分。本项目应当根据"研发支出"科目中所属的资本化支出明细科目期末余额填列。

(18) "长期待摊费用"项目,反映企业已经发生但应由本期和以后各期负担的、分摊期限在一年以上的各项费用。长期待摊费用中在一年内(含一年)摊销的部分在资产负债表一年内到期的非流动资产项目填列。本项目应根据"长期待摊费用"科目的期末余额减去将于一年内(含一年)摊销的数额后的金额填列。

(19) "其他非流动资产"项目,反映企业除长期股权投资、固定资产、在建工程、工程物资、无形资产等以外的其他非流动资产。本项目应根据有关科目的期末余额填列。

2. 负债项目的填列说明

(1) "短期借款"项目,反映企业向银行或其他金融机构等借入的、期限在一年以下(含一年)的各种借款。本项目应根据"短期借款"科目的期末余额填列。

(2)"应付票据"项目,反映企业购买材料商品和接受劳务供应等而开出承兑的商业汇票,包括银行承兑汇票和商业承兑汇票。本项目应根据"应付票据"科目的期末余额填列。

(3)"应付账款"项目,反映企业因购买材料商品和接受劳务供应等经营活动应支付的款项。本项目应根据"应付账款"和"预付账款"科目所属各明细科目的期末贷方余额合计数填列。如"应付账款"科目所属明细科目期末有借方余额的,应在资产负债表"预付款项"项目内填列。

(4)"预收款项"项目,反映企业按照购货合同规定预收购货单位的款项。本项目应根据"预收账款"和"应收账款"科目所属各明细科目的期末贷方余额合计数填列。如"预收账款"科目所属各明细科目期末有借方余额,应在资产负债表"应收账款"项目内填列。

(5)"应付职工薪酬"项目,反映企业根据有关规定应付给职工的工资、职工社保、社会保险费、住房公积金、工会经费、职工教育经费、非货币性社保、辞退社保等各种薪酬。外商投资企业按规定从净利润中提取的职工奖励及社保基金也在本项目列示。本项目应根据"应付职工薪酬"科目的期末余额填列。如科目期末为借方余额,应以"—"号填列。

(6)"应交税费"项目,反映企业按照税法规定计算应交纳的各种税费,包括增值税、消费税、营业税、所得税、资源税、土地增值税、城市维护建设税、房产税、土地使用税、车船税、教育费附加、矿产资源补偿费等。企业代扣代交的个人所得税,也通过本项目列示。企业所交纳的税金不需要预计应交数的(如印花税、耕地占用税等)不在本项目列示。本项目应根据"应交税费"科目的期末贷方余额填列。如"应交税费"科目期末为借方余额,应以"—"号填列。

(7)"应付利息"项目,反映企业按照规定应当支付的利息,包括分期付息到期还本的长期借款应支付的利息、企业发行的企业债券应支付的利息等。本项目应当根据"应付利息"科目的期末余额填列。

(8)"应付股利"项目,反映企业分配的现金股利或利润,企业分配的股票股利不通过本项目列示。本项目应根据"应付股利"科目的期末余额填列。

(9)"其他应付款"项目,反映企业除"应付票据"、"应付账款"、"预收款项"、"应付职工薪酬"、"应付股利"、"应付利息"、"应交税费"等经营活动以外的其他各项应付、暂收的款项。本项目应根据"其他应付款"科目的期末余额填列。

(10)"一年内到期的非流动负债"项目,反映企业非流动负债中将于资产负债表日后一年内到期部分的金额(如将于一年内偿还的长期借款)。本项目应根据有关科目的期末余额填列。

(11)"长期借款"项目,反映企业向银行或其他金融机构借入的期限在一年以上(不含一年)的各项借款。本项目应根据"长期借款"科目的期末余额填列。

(12)"应付债券"项目反映企业为筹集长期资金而发行的债券本金和利息。本项目应根据"应付债券"科目的期末余额填列。

(13)"其他非流动负债"项目,反映企业除长期借款、应付债券等项目以外的其他非流动负债。本项目应根据有关科目的期末余额填列。其他非流动负债项目应根据有关科目期末余额减去将于一年内(含一年)到期偿还数后的余额填列。非流动负债各项目中将于一年内(含一年)到期的非流动负债应在一年内到期的非流动负债项目内单独反映。

3. 所有者权益项目的填列说明

（1）"实收资本（或股本）"项目，反映企业各投资者实际投入的资本（或股本总额）。本项目应根据"实收资本（或股本）"科目的期末余额填列。

（2）"资本公积"项目，反映企业资本公积的期末余额。本项目应根据"资本公积"科目的期末余额填列。

（3）"盈余公积"项目，反映企业盈余公积的期末余额。本项目应根据"盈余公积"科目的期末余额填列。

（4）"未分配利润"项目，反映企业尚未分配的利润。本项目应根据"本年利润"科目和"利润分配"科目的余额计算填列。未弥补的亏损在本项目内以"—"号填列。

7.2.2.3 资产负债表的编制实例

【例7-3】 江城机电设备有限公司为增值税一般纳税人，适用的增值税率为17%，所得税率为25%，存货采用实际成本进行核算。2014年12月31日的资产负债表（简表）如表7-3所示。

表7-3 资产负债表（简表）

会企01表

编制单位：江城机电设备有限公司　　　2014年12月31日　　　单位：元

资产	金额	负债及所有者权益	金额
流动资产：		流动负债：	
货币资金	700 000	短期借款	680 000
交易性金融资产	25 000	应付账款	192 000
应收账款	299 100	应付职工薪酬	9 700
其他应收款	4 000	应交税费	
存货	580 000	应付股利	
流动资产合计	1 608 100	其他应付款	11 400
非流动资产：		一年内到期的长期负债	200 000
可供出售金融资产		流动负债合计	1 093 100
持有至到期投资		非流动负债：	
长期股权投资	250 000	长期借款	300 000
固定资产	1 080 000	负债合计	1 393 100
在建工程		所有者权益（或股东权益）：	
固定资产清理		实收资本	1 500 000
无形资产	48 000	资本公积	62 000
开发支出		盈余公积	13 000
其他资产	12 000	未分配利润	30 000
非流动资产合计	1 390 000	所有者权益合计	1 605 000
资产总计	2 998 100	负债及所有者权益总计	2 998 100

其中，"应收账款"科目的期末余额为300 000元，"坏账准备"科目的期末余额为900元，坏账准备按照应收账款余额百分比法进行计提，其计提比例为3‰。存货及其他资产都没有计提减值准备。按公司法规定，企业按净利润的10%计提法定盈余公积金，2014年未进行投资分红。

会计人员根据2014年所登记的会计账簿记录及其他记录,整理出2014年总账及有关明细账余额如表7-4所示。

表7-4 科目余额表

借方科目	余额	贷方科目	余额
库存现金	3 560	坏账准备	1 596
银行存款	837 110	累计折旧	412 000
其他货币资金	221 140	短期借款	780 000
交易性金融资产	50 000	应付票据	50 000
应收账款	532 026	应付账款	192 000
其他应收款	4 000	其他应付款	11 400
在途物资	38 000	应付职工薪酬	20 900
原材料	75 400	应交税费	24 800
库存商品	471 500	长期借款	310 000
生产成本	28 500	实收资本	2 000 000
长期股权投资	250 000	资本公积	92 831
固定资产	1 550 000	盈余公积	13 000
无形资产	42 000	未分配利润	204 709
长期待摊费用	10 000		
合 计	4 113 236	合 计	4 113 236

根据《企业会计准则第30号——财务报表列报》的有关规定,企业会计人员编制的资产负债表(简表)如表7-5所示。

表7-5 资产负债表(简表)

编制单位:江城机电设备有限公司　　　2014年12月31日　　　会企01表　单位:元

资产	期末余额	年初余额	负债及所有者权益	期末余额	年初余额
流动资产:			流动负债:		
货币资金	1 061 810	700 000	短期借款	780 000	680 000
交易性金融资产	50 000	25 000	应付票据	50 000	
应收账款	530 430	299 100	应付账款	192 000	192 000
预付款项			应付职工薪酬	20 900	9 700
应收利息			应交税费	24 800	
应收股利			应付利息		
其他应收款	4 000	4 000	应付股利		
持有待售资产			其他应付款	11 400	11 400
存货	613 400	580 000	持有待售负债		
流动资产合计	2 259 640	1 608 100	一年内到期的长期负债		200 000
非流动资产:			流动负债合计	1 079 100	1 093 100
可供出售金融资产			非流动负债:		

续表

资　产	期末余额	年初余额	负债及所有者权益	期末余额	年初余额
持有至到期投资			长期借款	310 000	300 000
长期股权投资	250 000	250 000	长期应付款		
固定资产	1 138 000	1 080 000	非流动负债合计	310 000	300 000
在建工程			负债合计	1 389 100	1 393 100
工程物资			所有者权益(或股东权益)：		
固定资产清理			实收资本(或股本)	2 000 000	1 500 000
无形资产	42 000	48 000	资本公积	92 831	62 000
开发支出			盈余公积	13 000	13 000
长期待摊费用	10 000	12 000	未分配利润	204 709	30 000
非流动资产合计	1 440 000	1 390 000	所有者权益合计	2 310 540	1 605 000
资产总计	3 699 640	2 998 100	负债及所有者权益总计	3 699 640	2 998 100

单位负责人：余　潇　　　　　财务负责人：丁开元　　　　　制表人：宁建华

任务 7.3　利润表的编制和报送

7.3.1　利润表的概念和作用

7.3.1.1　利润表的概念

1. 利润表的概念

利润表是反映企业在一定会计期间经营成果的报表。通过利润表可以从总体上了解企业收入、成本和费用及净利润(或亏损)的实现及构成情况；同时，通过利润表提供的不同时期的比较数字，可以分析企业的获利能力及利润的未来发展趋势，了解投资者投入资本的保值增值情况。由于利润表既是企业经营业绩的综合体现，又是企业进行利润分配的主要依据，因此，利润表也是会计报表中的一张主要报表。

2. 利润表的格式及内容

利润表是通过一定的表格来反映企业经营成果。利润表的格式主要有多步式利润表和单步式利润表两种，我国企业利润表采用多步式格式。(多步式利润表格式参见表7-7。)

根据多步式利润表格式，我们可以清楚地看到多步式利润表主要由营业利润、利润总额和净利润三个部分组成，其关系如下：

(1) 营业利润

以营业收入为基础减去营业成本、营业税金及附加、销售费用、管理费用、财务费用、资

产减值损失,加上公允价值变动收益减去公允价值变动损失,加上投资收益减去投资损失,计算出营业利润。其计算公式如下:

营业利润＝营业收入－营业成本－营业税金及附加－销售费用－管理费用
　　　　－财务费用－资产减值损失＋公允价值变动收益(或－公允价值变动损失)
　　　　＋投资收益(或－投资损失)

(2) 利润总额

以营业利润为基础加上营业外收入减去营业外支出计算出利润总额。其计算公式为

利润总额＝营业利润＋营业外收入－营业外支出

(3) 净利润

以利润总额为基础,减去所得税费用,计算出净利润(或净亏损)。其计算公式为

净利润＝利润总额－所得税费用

7.3.1.2 利润表的作用

通过利润表,可以反映企业一定会计期间的收入实现情况,即实现的主营业务收入有多少、实现的其他业务收入有多少、实现的投资收益有多少、实现的营业外收入有多少等等;可以反映一定会计期间营业费用、管理费用、财务费用各有多少,营业外支出有多少等等;可以反映会计期间的费用耗费情况,即耗费的主营业务成本有多少、主营业务税金有多少等等;最终反映企业生产经营活动的成果,即净利润的实现情况,可据以判断资本保值、增值情况。

7.3.2 利润表的编制方法

利润表各项目均需填列"本期金额"和"上期金额"两栏。利润表"本期金额"、"上期金额"栏内各项数字除"每股收益"项目外,应当按照相关科目的发生额分析填列。

7.3.2.1 "上期金额"的填列方法

"上期金额"栏内各项目数字,应根据上年该期利润表的"本期金额"栏内所列数字填列。如果上年度利润表中的项目名称与本年度不一致,应对上年利润表各项目的名称和数字按照本年度的规定进行调整,填入本表"上期金额"栏。

7.3.2.2 "本期金额"的填列方法

在编制中期利润表时,"本期金额"栏应分为"本期金额"和"年初至本期末累计发生额"两栏,分别填列各项目本中期(月、季或半年)实际发生额以及自年初起至本中期(月、季或半年)末止的累计实际发生额。"上期金额"栏应分为"上年可比本中期金额"和"上年初至可比本中期末累计发生额"两栏,应根据上年可比中期利润表"本期金额"下对应的两栏数字分别填列。

年终结账时,由于全年的收入和支出已全部转入"本年利润"科目,并且通过收支对比出本年净利润的数额,因此,应将年度利润表中的"净利润"数字与"本年利润"科目结转到"利润分配——未分配利润"科目的数字相核对,检查账簿记录和报表编制的正确性。

7.3.2.3 利润表项目的填列说明

(1)"营业收入"项目,反映企业经营主要业务和其他业务所确认的收入总额。本项目应根据"主营业务收入"和"其他业务收入"科目的发生额分析填列。

(2)"营业成本"项目,反映企业经营主要业务和其他业务所发生的成本总额。本项目应根据"主营业务成本"和"其他业务成本"科目的发生额分析填列。

(3)"营业税金及附加"项目,反映企业经营业务应负担的消费税、营业税、城市建设维护税、资源税、土地增值税和教育费附加等。本项目应根据"营业税金及附加"科目的发生额分析填列。

(4)"销售费用"项目,反映企业在销售商品过程中发生的包装费、广告费等费用和为销售本企业商品而专设的销售机构的职工薪酬、业务费等经营费用。本项目应根据"销售费用"科目的发生额分析填列。

(5)"管理费用"项目,反映企业为组织和管理生产经营发生的管理费用。本项目应根据"管理费用"的发生额分析填列。

(6)"财务费用"项目,反映企业筹集生产经营所需资金等而发生的筹资费用。本项目应根据"财务费用"科目的发生额分析填列。

(7)"资产减值损失"项目,反映企业各项资产发生的减值损失。本项目应根据"资产减值损失"科目的发生额分析填列。

(8)"公允价值变动收益"项目,反映企业应当计入当期损益的资产或负债公允价值变动收益。本项目应根据"公允价值变动损益"科目的发生额分析填列。如为净损失,本项目以"—"号填列。

(9)"投资收益"项目,反映企业以各种方式对外投资所取得的收益。本项目应根据"投资收益"科目的发生额分析填列。如为投资损失,本项目以"—"号填列。

(10)"营业利润"项目,反映企业实现的营业利润。如为亏损,本项目以"—"号填列。

(11)"营业外收入"项目,反映企业发生的与经营业务无直接关系的各项收入。本项目应根据"营业外收入"科目的发生额分析填列。

(12)"营业外支出"项目,反映企业发生的与经营业务无直接关系的各项支出。本项目应根据"营业外支出"科目的发生额分析填列。

(13)"利润总额"项目,反映企业实现的利润。如为亏损,本项目以"—"号填列。

(14)"所得税费用"项目,反映企业应从当期利润总额中扣除的所得税费用。本项目应根据"所得税费用"科目的发生额分析填列。

(15)"净利润"项目,反映企业实现的净利润。如为亏损,本项目以"—"号填列。

7.3.2.4 利润表的编制实例

【例7-4】 长江实业公司2014年12月31日各损益类科目"本年累计数"金额如表7-6所示。

表7-6 损益类科目本年累计数

单位:元

科目名称	借方发生额	贷方发生额
主营业务收入		6 000 000
其他业务收入		300 000
投资收益		320 000
营业外收入		12 000
主营业务成本	4 200 000	
其他业务成本	200 000	
营业税金及附加	180 000	
销售费用	220 000	
管理费用	723 000	
财务费用	160 000	
资产减值损失	8 000	
营业外支出	17 000	
所得税费用	231 000	

根据以上资料,编制的长江实业公司2014年度利润表如表7-7所示。

表7-7 利润表

会企02表

编制单位:长江实业公司　　　　2014年12月　　　　单位:元

项　目	本期金额	上期金额
一、营业收入	6 300 000	6 000 000
减:营业成本	4 400 000	4 100 000
营业税金及附加	180 000	150 000
销售费用	220 000	210 000
管理费用	723 000	725 000
财务费用	160 000	140 000
资产减值损失	8 000	10 000
加:公允价值变动收益(损失以"一"填列)		
投资收益(损失以"一"填列)	320 000	135 000
其中:对联营企业和合营企业的投资收益		
二、营业利润(亏损以"一"号填列)	929 000	800 000
加:营业外收入	12 000	5 000
减:营业外支出	17 000	11 000
其中:非流动资产处置损失		
三、利润总额(亏损总额以"一"号填列)	924 000	794 000
减:所得税费用	231 000	262 020
四、净利润(净亏损以"一"号填列)	693 000	531 980

单位负责人:王明辉　　　财务负责人:丁　毅　　　制表人:曹大志

任务 7.4 其他报表及附注的编制和报送

7.4.1 现金流量表的编制和报送

7.4.1.1 现金流量表的概念

现金流量表是反映企业在一定时期内现金流入和现金流出动态状况的报表。其组成内容与资产负债表和损益表相一致。通过现金流量表，可以概括反映经营活动、投资活动和筹资活动对企业现金流入流出的影响，对于评价企业的实现利润、财务状况及财务管理，要比传统的损益表能提供更好的信息。

7.4.1.2 现金流量表的内容及结构

我国企业的现金流量表包括正表和补充资料两部分。

正表是现金流量表的主体，企业一定会计期间现金流量的信息主要由正表提供。正表采用报告式的结构，按照现金流量的性质，依次分类反映经营活动产生的现金流量、投资活动产生的现金流量和筹资活动产生的现金流量，最后汇总反映企业现金及现金等价物净增加额。

现金流量表补充资料包括三部分内容：

(1) 将净利润调节为经营活动的现金流量。
(2) 不涉及现金收支的投资和筹资活动。
(3) 现金及现金等价物净增加情况。

现金流量表的基本格式如表 7-8 和表 7-9 所示。

表 7-8 现金流量表

会企 03 表

编制单位：_____ 年　　　　　　　　　　　　　　　　　　　　　单位：元

项　目	本期金额	上期金额
一、经营活动产生的现金流量：		
销售商品、提供劳务收到的现金		
收到的税费返还		
收到其他与经营活动有关的现金		
经营活动现金流入小计		
购买商品、接受劳务支付的现金		
支付给职工以及为职工支付的现金		
支付的各项税费		

续表

项　目	本期金额	上期金额
支付其他与经营活动有关的现金		
经营活动现金流出小计		
经营活动产生的现金流量净额		
二、投资活动产生的现金流量：		
收回投资收到的现金		
取得投资收益收到的现金		
处置固定资产、无形资产和其他长期资产收回的现金净额		
处置子公司及其他营业单位收到的现金净额		
收到其他与投资活动有关的现金		
投资活动现金流入小计		
购建固定资产、无形资产和其他长期资产支付的现金		
投资支付的现金		
取得子公司及其他营业单位支付的现金净额		
支付其他与投资活动有关的现金		
投资活动现金流出小计		
投资活动产生的现金流量净额		
三、筹资活动产生的现金流量：		
吸收投资收到的现金		
取得借款收到的现金		
收到其他与筹资活动有关的现金		
筹资活动现金流入小计		
偿还债务支付的现金		
分配股利、利润或偿付利息支付的现金		
支付其他与筹资活动有关的现金		
筹资活动现金流出小计		
筹资活动产生的现金流量净额		
四、汇率变动对现金及现金等价物的影响		
五、现金及现金等价物净增加额		
加：期初现金及现金等价物余额		
六、期末现金及现金等价物余额		

表7-9 现金流量表补充资料

项　　目	本期金额	上期金额
1. 将净利润调节为经营活动现金流量：		
净利润		
加：资产减值准备		
固定资产折旧、油气资产折耗、生产性生物资产折旧		
无形资产摊销		
长期待摊费用摊销		
处置固定资产、无形资产和其他长期资产的损失（收益以"－"号填列）		
固定资产报废损失（收益以"－"号填列）		
公允价值变动损失（收益以"－"号填列）		
财务费用（收益以"－"号填列）		
投资损失（收益以"－"号填列）		
递延所得税资产减少（增加以"－"号填列）		
递延所得税负债增加（减少以"－"号填列）		
存货减少（增加以"－"号填列）		
经营性应收项目的减少（增加以"－"号填列）		
经营性应付项目的增加（减少以"－"号填列）		
其他		
经营活动产生的现金流量净额		
2. 不涉及现金收支的重大投资和筹资活动		
债务转为资本		
一年内到期的可转换公司债券		
融资租入固定资产		
3. 现金及现金等价物变动情况：		
现金的期末余额		
减：现金的期初余额		
加：现金等价物的期末余额		
减：现金等价物的期初余额		
现金及现金等价物净增加额		

7.4.1.3 现金流量表的编制方法

1. 直接法和间接法

编制现金流量表时，经营活动现金流量的编制方法通常有直接法与间接法两种。

（1）直接法。直接法是以利润表中的营业收入为起算点，直接按类别列示各项现金收入与支出,据以计算出经营活动的现金流量。在我国,现金流量表正表中经营活动产生的现金流量应当采用直接法填列。

(2) 间接法。间接法是指以本期净利润为起点,通过调整不涉及现金的收入、费用、营业外收支等有关项目,剔除投资活动、筹资活动对现金流量的影响,据此计算并列报经营活动产生的现金流量的方法。现金流量表的补充资料应采用间接法反映经营活动产生的现金流量情况,以对现金流量表中采用直接法反映的经营活动现金流量进行核对和补充说明。

2. 工作底稿法、T形账户法和分析填列法

(1) 工作底稿法。工作底稿法就是以工作底稿为手段,以利润表和资产负债表数据为基础,结合有关科目的记录,对现金流量表的每一项目进行分析并编制调整分录,从而编制出现金流量表。

(2) T形账户法。T形账户法就是以T形账户为手段,以利润表和资产负债表数据为基础,对每一项目进行分析并编制调整分录,从而编制出现金流量表。

(3) 分析填列法。分析填列法是直接根据资产负债表、利润表和有关会计科目明细账的记录,分析计算出现金流量表各项目的金额,并据以编制现金流量表的一种方法。

7.4.2　所有者权益变动表的编制和报送

7.4.2.1　所有者权益变动表的内容及结构

所有者权益变动表是指反映构成所有者权益的各组成部分当期的增减变动情况的报表。综合收益与所有者(或股东,下同)的资本交易导致的所有者权益的变动,应当分别列示。

在所有者权益变动表中,企业至少应当单独列示反映下列信息的项目:
(1) 综合收益总额。
(2) 会计政策变更和差错更正的累积影响金额。
(3) 所有者投入资本和向所有者分配利润等。
(4) 按照规定提取的盈余公积。
(5) 所有者权益各组成部分的期初和期末余额及其调节情况。

所有者权益变动表的格式如表7-10所示。

7.4.2.2　所有者权益变动表的编制

1. "上年年末余额"项目

"上年年末余额"项目,反映企业上年资产负债表中实收资本(或股本)、资本公积、库存股、盈余公积、未分配利润的年末余额。

2. "会计政策变更"、"前期差错更正"项目

"会计政策变更"、"前期差错更正"项目,分别反映企业采用追溯调整法处理的会计政策变更的累积影响金额和采用追溯重述法处理的会计差错更正的累积影响金额。

表 7-10 所有者权益变动表

编制单位：　　　　　　　　　　　　　　　　　　年度　　　　　　　　　　　　　　　　　　会企04表
单位：元

项目	本年金额						上年金额					
	实收资本（或股本）	资本公积	减：库存股	盈余公积	未分配利润	所有者权益合计	实收资本（或股本）	资本公积	减：库存股	盈余公积	未分配利润	所有者权益合计
一、上年年末余额												
加：会计政策变更												
前期差错更正												
二、本年年初余额												
三、本年增减变动金额（减少以"-"号填列）												
（一）综合收益总额												
（二）所有者投入和减少资本												
1. 所有者投入资本												
2. 股份支付计入所有者权益的金额												
3. 其他												
（三）利润分配												
1. 提取盈余公积												
2. 对所有者（或股东）的分配												
3. 其他												
（四）所有者权益内部结转												
1. 资本公积转增资本（或股本）												
2. 盈余公积转增资本（或股本）												
3. 盈余公积弥补亏损												
4. 其他												
四、本年年末余额												

3. "本年增减变动额"项目

(1) 综合收益总额,反映净利润和其他综合收益扣除所得税影响后的净额相加所得合计金额。

(2) "所有者投入和减少资本"项目,反映企业当年所有者投入的资本和减少的资本。

(3) "利润分配"项目,反映企业当年的利润分配金额。

(4) "所有者权益内部结转"项目,反映企业构成所有者权益的组成部分之间的增减变动情况。

7.4.3 附注的编制和报送

7.4.3.1 附注的含义及作用

1. 附注的含义

我国《企业会计准则——基本准则》中对会计报表附注定义为:附注是指对在会计报表中列示项目所做的进一步说明,以及对未能在这些报表中列示项目的说明等。

《企业会计准则——财务报表列报》中对会计报表附注定义为:附注是对在资产负债表、利润表、现金流量表和所有者权益变动表等报表中列示项目的文字描述或明细资料,以及对未能在这些报表中列示项目的说明等。

2. 附注的作用

附注是为便于会计报表使用者理解会计报表的内容而对会计报表的编制基础、编制依据、编制原则和方法及重要项目所做的解释。附注是财务会计报告的一个重要组成部分,编制和披露会计报表附注,是改善会计报表的一种重要手段,是充分披露原则的体现。

7.4.3.2 我国会计报表附注的内容

会计报表附注提供的信息十分广泛,各国也不尽相同。我国 2006 年颁布的企业会计准则及相关法律、行政法规规定,企业应当按照规定披露附注信息,主要包括下列内容:

1. 企业的基本情况

(1) 企业注册地、组织形式和总部地址。

(2) 企业的业务性质和主要经营活动。

(3) 母公司以及集团最终母公司的名称。

(4) 财务报告的批准报出者和财务报告批准报出日,或者以签字人及其签字日期为准。

(5) 营业期限有限的企业,还应当披露有关营业期限的信息。

2. 财务报表的编制基础

3. 遵循企业会计准则的声明

4. 重要会计政策的说明

包括财务报表项目的计量基础和运用会计政策过程中所做的重要判断等。

5. 重要会计估计的说明

包括下一会计期间内很可能导致资产、负债账面价值重大调整的会计估计的确定依据等。

6. 会计政策和会计估计变更以及差错更正的说明

7. 报表重要项目的说明

企业对报表重要项目的说明，应当按照资产负债表、利润表、现金流量表和所有者权益变动表中列示的顺序，采用文字和数字描述相结合的方式进行披露。报表重要项目的明细金额合计，应当与报表项目金额相衔接。

8. 或有和承诺事项、资产负债表日后非调整事项、关联方关系及其交易等需要说明的事项

项目小结

1. 财务报告的认知

见表 7-11。

表 7-11 财务报告的认知

知识点	主要内容
财务报告的种类	按照反映的经济内容不同，可以分为资产负债表、利润表、现金流量表和所有者权益变动表。 按编报期间的不同，可以分为中期财务报表和年度财务报表。 按财务报表编报主体的不同，可以分为个别财务报表和合并财务报表
财务报表编制的基本要求	以持续经营为基础；可比性；重要性的判断；项目的抵销；披露的项目；报告期间

2. 资产负债表的编制和报送

见表 7-12。

表 7-12 资产负债表的编制和报送

知识点	主要内容
资产负债表项目的填列方法	(1) "年初余额"的填列方法； (2) "期末余额"的填列方法
资产负债表项目的填列说明	(1) 资产项目的填列说明； (2) 负债项目的填列说明； (3) 所有者权益项目的填列说明

3. 利润表的编制和报送

见表 7-13。

表 7-13 利润表的编制和报送

知识点	主要内容
利润表的格式	多步式利润表和单步式利润
利润表的编制方法	(1)"上期金额"的填列方法； (2)"本期金额"的填列方法
利润表项目的填列说明	损益类科目的具体填列

4. 其他报表及附注的编制和报送

见表 7-14。

表 7-14 其他报表及附注的编制和报送

知识点	主要内容
现金流量表的编制和报送	现金流量表的概念和内容； 现金流量表的编制方法； 现金流量表的填列方法
所有者权益变动表的编制和报送	所有者权益变动表的内容及结构； 所有者权益变动表的编制
附注的编制和报送	附注的含义及作用； 附注的内容

项目自测题

单项选择题

1. 企业财务会计报告所提供的信息资料应具有时效性,这是指编制财务会计报告应符合( )的要求。

    A. 真实可靠　　　　B. 相关可比　　　　C. 全面完整　　　　D. 编报及时

2. 将分散的零星的日常会计资料归纳整理为更集中、更系统、更概括的会计资料,以总括反映企业财务状况和经营成果的方法是( )。

    A. 编制会计凭证　　　　　　　　　　B. 编制记账凭证
    C. 编制会计报表　　　　　　　　　　D. 登记会计账簿

3. 编制利润表主要是根据( )。

    A. 资产、负债及所有者权益各账户的本期发生额
    B. 资产、负债及所有者权益各账户的期末余额
    C. 损益类各账户的本期发生额
    D. 损益类各账户的期末余额

4. ( )是反映企业经营成果的会计报表。

    A. 资产负债表　　　　B. 利润表　　　　C. 现金流量表　　　　D. 会计报表附注

5. 资产负债表中所有者权益的排列顺序是(　　)。
   A. 未分配利润—盈余公积—资本公积—实收资本
   B. 实收资本—资本公积—盈余公积—未分配利润
   C. 实收资本—盈余公积—实收资本—未分配利润
   D. 资本公积—盈余公积—未分配利润—实收资本
6. 下列项目中,属于非流动负债项目的是(　　)。
   A. 应付票据　　　B. 长期借款　　　C. 应付股利　　　D. 应付职工薪酬
7. 下列项目中,不属于流动资产的是(　　)。
   A. 货币资金　　　B. 应收账款　　　C. 预付账款　　　D. 累计折旧
8. 资产负债表中资产的排列顺序是按(　　)。
   A. 项目收益性　　B. 项目重要性　　C. 项目流动性　　D. 项目时间性
9. 编制利润表所依据的会计等式是(　　)。
   A. 收入－费用＝利润
   B. 资产＝负债＋所有者权益
   C. 借方发生额＝贷方发生额
   D. 期初余额＋本期借方发生额－本期贷方发生额＝期末余额
10. 可以反映企业某一特定日期财务状况的报表是(　　)。
    A. 利润表　　　B. 利润分配表　　　C. 资产负债表　　　D. 现金流量表
11. 编制财务报表时,以"收入－费用＝利润"这一会计等式作为编制依据的财务报表是(　　)。
    A. 利润表　　　　　　　　　　　　B. 所有者权益变动表
    C. 资产负债表　　　　　　　　　　D. 现金流量表
12. 多步式利润表中的利润总额是以(　　)为基础来计算的。
    A. 营业收入　　　B. 营业成本　　　C. 投资收益　　　D. 营业利润
13. 关于企业利润构成,下列表述不正确的是(　　)。
    A. 企业的利润总额由营业利润、投资收益和营业外收入三部分组成
    B. 营业成本＝主营业务成本＋其他业务成本
    C. 利润总额＝营业利润＋营业外收入－营业外支出
    D. 净利润＝利润总额－所得税费用
14. 甲企业本期主营业务收入为500万元,主营业务成本为300万元,其他业务收入为200万元,其他业务成本为100万元,销售费用为15万元,资产减值损失为45万元,公允价值变动收益为60万元,投资收益为20万元,假定不考虑其他因素,该企业本期营业利润为(　　)万元。
    A. 300　　　　　B. 320　　　　　C. 365　　　　　D. 380
15. 下列各项中,不应列示在资产负债表中流动资产部分的是(　　)。
    A. 货币资金　　　B. 应收账款　　　C. 预付账款　　　D. 在建工程

16. 某企业"原材料"期末余额100 000元,"生产成本"期末余额50 000元,"库存商品"期末余额120 000元,"存货跌价准备"期末余额10 000元,则资产负债表"存货"项目应填列的是( )元。

   A. 300 000　　　　　B. 260 000　　　　　C. 280 000　　　　　D. 270 000

17. 某企业"应付账款"明细账期末余额情况如下:应付甲企业贷方余额为200 000元,应付乙企业借方余额为180 000元,应付丙企业贷方余额为300 000元,假如该企业"预付账款"明细账均为借方余额,则根据以上数据计算的反映在资产负债表上"应付账款"项目的金额为( )元。

   A. 680 000　　　　　B. 320 000　　　　　C. 500 000　　　　　D. 80 000

18. 某日,大华公司的负债为7 455万元,非流动资产合计为4 899万元,所有者权益合计为3 000万元,则当日该公司的流动资产合计应当为( )。

   A. 2 556万元　　　　B. 4 455万元　　　　C. 1 899万元　　　　D. 5 556万元

19. 我国的利润表采用( )。

   A. 单步式　　　　　B. 多步式　　　　　C. 账户式　　　　　D. 报告式

20. 资产负债表中的所有者权益反映的是在某一特定日期投资者拥有的( )总额。

   A. 总资产　　　　　B. 净资产　　　　　C. 总负债　　　　　D. 未分配利润

多项选择题

1. 下列属于报表中所有者权益项目的是( )。

   A. 实收资本　　　　B. 资本公积　　　　C. 未分配利润　　　D. 留存收益

2. 下列属于非流动负债的是( )。

   A. 长期借款　　　　B. 应付债券　　　　C. 应交税费　　　　D. 长期应付款

3. 资产负债表中"期末数"的来源是( )。

   A. 总账余额　　　　　　　　　　　　　　B. 明细账余额
   C. 科目汇总表　　　　　　　　　　　　　D. 备查登记账簿记录

4. 下列应该包括在资产负债表存货项目中的是( )。

   A. 工程物资　　　　B. 在途物资　　　　C. 委托代销商品　　D. 周转材料

5. 下列资产项目中,属于流动资产项目的是( )。

   A. 应收票据　　　　B. 长期股权投资　　C. 工程物资　　　　D. 存货

6. 资产负债表中的资产项目主要包括( )。

   A. 流动资产　　　　　　　　　　　　　　B. 长期股权投资
   C. 固定资产　　　　　　　　　　　　　　D. 无形资产

7. 下列各项中,影响营业利润的账户有( )。

   A. 主营业务收入　　　　　　　　　　　　B. 其他业务成本
   C. 营业外支出　　　　　　　　　　　　　D. 营业税金及附加

8. 下列关于利润表的说法中正确的有( )。

   A. 利润表也叫损益表

B. 利润表由表头、表身和表尾等部分组成

C. 利润表的格式主要有单步式和多步式两种

D. 我国利润表采用多步式结构

9. 下列关于财务会计报告描述正确的有(　　)。

A. 会计报表是企业在自身会计核算基础上对账簿记录进行加工而编制的反映企业本身财务状况、经营成果和现金流量的财务报表

B. 按编报期间的不同可以分为中期会计报表和年度会计报表

C. 月报要求简明扼要,及时反映;年报要求解释完整,反映全面;而季报和半年报在会计信息的详细程度方面,介于两者之间

D. 静态报表主要包括资产负债表和现金流量表,动态报表主要包括利润表和所有者权益变动表

10. 下列各项中,会影响企业利润总额的有(　　)。

A. 营业外支出　　　　　　　　　　B. 公允价值变动损益

C. 制造费用　　　　　　　　　　　D. 所得税费用

11. 借助于利润表提供的信息,可以帮助管理者(　　)。

A. 分析企业资产的结构及其状况　　B. 分析企业的债务偿还能力

C. 分析企业的获利能力　　　　　　D. 分析企业利润的未来发展趋势

12. 按我国企业会计制度规定,企业对外提供的年度财务会计报告应包括(　　)等。

A. 资产负债表　　B. 利润表　　C. 会计报表附注　　D. 现金流量表

13. 资产负债表中的应付账款项目应根据(　　)两者合计填列。

A. 应付账款总账余额

B. 应付账款所属明细账借方余额合计

C. 应付账款所属明细账贷方余额合计

D. 预付账款所属明细账贷方余额合计

14. 资产负债表中的"货币资金"项目,应根据(　　)科目期末余额的合计数填列。

A. 备用金　　B. 其他货币资金　　C. 银行存款　　D. 库存现金

15. 下列各项中,属于财务会计报告编制要求的有(　　)。

A. 全面完整　　B. 编报及时　　C. 真实可靠　　D. 便于理解

16. 下列等式正确的有(　　)。

A. 营业利润=营业收入-营业成本-营业税金及附加-期间费用-资产减值损失＋公允价值变动收益(-公允价值变动损失)+投资收益(-投资损失)

B. 期间费用=管理费用+销售费用+财务费用

C. 利润总额=营业利润+营业外收入-营业外支出

D. 净利润=利润总额-所得税费用

17. 利润表的特点是(　　)。

A. 根据相关账户的本期发生额编制　　B. 根据相关账户的期末余额编制

C. 属于静态报表　　　　　　　　D. 属于动态报表

18. 下列各项中,属于筹资活动现金流量的有(　　)。
   A. 分配股利支付的现金
   B. 清偿应付账款支付的现金
   C. 偿还债券利息支付的现金
   D. 清偿长期借款支付的现金

19. 下列各项中,应作为现金流量表中经营活动产生的现金流量的是(　　)。
   A. 销售商品收到的现金
   B. 取得短期借款收到的现金
   C. 采购原材料支付的增值税
   D. 取得长期股权投资支付的手续费

20. 下列项目中,上市公司应在其财务报表附注中披露的有(　　)。
   A. 会计政策变更当期和各个列报前期财务报表中受影响的项目名称和调整金额
   B. 会计估计变更的原因
   C. 未决诉讼
   D. 与关联方交易的定价政策规定

判断题

1. 在企业财务会计报告体系中,最核心的内容是会计报表。(　　)
2. "制造费用"和"管理费用"都应当在期末转入"本年利润"账户。(　　)
3. 资产负债表中"固定资产"项目应根据"固定资产"账户余额直接填列。(　　)
4. 账户式资产负债表分左右两方,左方为资产项目,一般按照流动性大小排列;右方为负债及所有者权益项目,一般按要求偿还时间的先后顺序排列。(　　)
5. 资产负债表中的所有者权益内部各项目是按照流动性或变现能力排列的。(　　)
6. 资产负债表是反映企业某一特定时期财务状况的会计报表。(　　)
7. 资产负债表的格式主要有账户式和报告式两种,我国采用的是报告式,因此才出现财务会计报告这个名词。(　　)
8. 资产负债表中资产类至少包括流动资产项目、长期投资项目和固定资产项目三项。(　　)
9. 资产负债表是总括反映企业特定日期资产、负债和所有者权益情况的静态报表,通过它可以了解企业的资产分布、资金的来源和承担的债务以及资金的流动性和偿债能力。(　　)
10. 净利润是指营业利润减去所得税费用后的金额。(　　)
11. 损益类科目是用于核算收入、费用、成本的发生和归集,提供一定期间与损益相关的会计信息的会计科目。(　　)
12. 利润表的格式主要有多步式和单步式两种,我国采用多步式。(　　)
13. 利润表是反映企业在一定会计期间经营成果的报表,属于静态报表。(　　)

14. 财务报表附注是对在资产负债表、利润表、现金流量表和所有者权益变动表等报表中列示项目的文字描述或明细资料,以及对未能在这些报表中列示项目的说明等。(　　)

15. 企业必须对外提供资产负债表、利润表和现金流量表,但会计报表附注不属于企业必须对外提供的资料。(　　)

实训题

【实训题1】

【目的】 熟悉资产负债表主要项目的填列方法。

【资料】 华天公司2013年10月的余额试算平衡表如表7-15所示。

表7-15 余额试算平衡表

2013年10月31日

会计科目	期末金额 借方	期末金额 贷方
库存现金	380	
银行存款	65 000	
其他货币资金	1 220	
应收账款	36 400	
坏账准备		500
原材料	27 400	
库存商品	41 500	
材料成本差异		1 900
固定资产	324 500	
累计折旧		14 500
固定资产清理		5 000
长期待摊费用	39 300	
应付账款		31 400
预收账款		4 200
长期借款		118 000
实收资本		300 000
盈余公积		1 500
利润分配		8 700
本年利润		50 000
合计	535 700	535 700

补充资料:

(1) 长期待摊费用中含将于半年内摊销的金额3 000元,长期借款期末余额中将于一年内到期归还的长期借款数为 50 000 元。

(2) 应收账款有关明细账期末余额情况为：

应收账款——A 公司　　　　　贷方余额　　　5 000
　　　　——长江实业公司　　借方余额　　　41 400

(3) 应付账款有关明细账期末余额情况为：

应付账款——C 公司　贷方余额　　39 500
　　　　——D 公司　借方余额　　 8 100

(4) 预收账款有关明细账期末余额情况为：

预收账款——E 公司　贷方余额　　7 200
　　　　——F 公司　借方余额　　3 000

【要求】 根据上述资料，计算华天公司 2013 年 10 月 31 日资产负债中下列报表项目的期末数。

(1) 货币资金(　　　　)元。
(2) 应收账款(　　　　)元。
(3) 预付账款(　　　　)元。
(4) 存货(　　　　)元。
(5) 应付账款(　　　　)元。

【实训题 2】

【目的】 实训资产负债表的编制。

【资料】 华天有限公司 2014 年 8 月 31 日有关总账和明细账的余额如表 7-16 所示。

表 7-16

账户	借或贷	余额	负债和所有者权益账户	借或贷	余额
库存现金	借	1 500	短期借款	贷	250 000
银行存款	借	800 000	应付票据	贷	25 500
其他货币资金	借	90 000	应付账款	贷	71 000
交易性金融资产	借	115 000	——丙企业	贷	91 000
应收票据	借	20 000	——丁企业	借	20 000
应收账款	借	75 000	预收账款	贷	14 700
——甲公司	借	80 000	——C 公司	贷	14 700
——乙公司	贷	5 000	其他应付款	贷	12 000
坏账准备	贷	2 000	应交税费	贷	28 000
预付账款	借	36 100	长期借款	贷	506 000
——A 公司	借	31 000	应付债券	贷	563 700
——长江实业公司	借	5 100	其中一年内到期的应付债券	贷	23 000

续表

账户	借或贷	余额	负债和所有者权益账户	借或贷	余额
其他应收款	借	8 500	实收资本	贷	4 040 000
原材料	借	816 600	盈余公积	贷	158 100
生产成本	借	265 400	利润分配	贷	1 900
库存商品	借	193 200	—未分配利润	贷	1 900
材料成本差异	贷	42 200	本年利润	贷	36 700
固定资产	借	2 888 000			
累计折旧	贷	4 900			
在建工程	借	447 400			
资产合计		5 707 600	负债和所有者权益合计		5 707 600

【要求】 根据上述资料,编制华天有限公司2014年8月份的资产负债表。

【实训题3】

【目的】 实训利润表的编制。

【资料】 汇丰公司2014年10月未结账前的损益类账户余额如表7-17所示。

表7-17

科目名称	借方发生额	贷方发生额
主营业务收入		420 000
其他业务收入		64 000
主营业务成本	275 000	
其他业务成本	50 000	
营业税金及附加	15 000	
销售费用	10 000	
管理费用	32 000	
财务费用	10 000	
投资收益		8 000
营业外收入		12 000
营业外支出	12 000	
所得税费用	24 420	

【要求】 根据上述账户余额,编制当月利润表(表7-18)。

表 7-18 利润表

编制单位:汇丰公司　　　　2014 年 10 月　　　　　　　　单位:元

项　　目	本期金额
一、营业收入	
营业成本	
营业税金及附加	
销售费用	
管理费用	
财务费用	
资产减值损失	
公允价值变动收益(损失以"－"号填列)	
投资收益(损失以"－"号填列)	
其中:对联营企业和合营企业的投资收益	
二、营业利润(损失以"－"号填列)	
营业外收入	
营业外支出	
其中:非流动资产处置损失	
三、利润总额(损失以"－"号填列)	
所得税费用	
四、净利润(损失以"－"号填列)	

【实训题 4】

【目的】 实训利润表的编制。

【资料】 2014 年 11 月份,美的服装厂本月发生以下经济业务。

(1) 11 月 1 日,向黎明工厂购入面料 20 匹,每匹 8 000 元,增值税进项税额 17%,运杂费 4 000 元均以银行存款支付,材料验收入库。

(2) 11 月 5 日,以库存现金支付采购员常向东预借差旅费 1 500 元。

(3) 11 月 10 日,以库存现金发放职工工资 42 000 元。

(4) 11 月 15 日,以银行存款支付短期借款利息 6 000 元,其中,已预提 4 000 元。

(5) 11 月 20 日,生产车间生产西服产品领用面料 25 000 元。

(6) 11 月 21 日,结转本月完工西服产品成本 185 000 元。

(7) 11 月 23 日,销售西服产品 500 套,单价 520 元,货款 260 000 元,增值税 44 200 元,当即收到转账支票,存入银行。

(8) 11 月 24 日,以银行存款支付企业办公费 4 000 元。

(9) 11 月 25 日,以库存现金支付销售产品的运费 480 元。

(10) 11月26日,收到供应单位违约金罚款8 000元,存入银行。

(11) 11月30日,结转已售西服成本160 000元。

(12) 11月30日,计算城建税7 000元,教育费附加3 000元,地方教育费附加1 000元。

(13) 11月30日,将本月销售西服收入260 000元,营业外收入8 000元转入"本年利润"账户。

(14) 11月30日,将本月发生的主营成本160 000元,营业税金及附加11 000元,销售费用480元,管理费用4 000元,财务费用2 000元,结转到"本年利润"账户。

(15) 11月30日,按照本月利润计算所得税,并结转。

【要求】

(1) 根据上述业务的有关内容,逐题编制记账凭证。

(2) 编制美的服装厂11月份利润表(表7-19)。

表7-19 利润表

编制单位:美的服装厂　　　　　　2014年11月　　　　　　　　单位:元

项　　目	本期金额

项目 8　账务处理程序的选择及应用

 工作任务、知识目标、职业能力

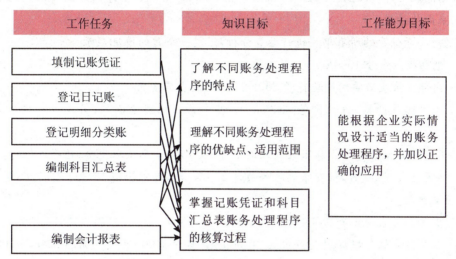

 **专业知识**

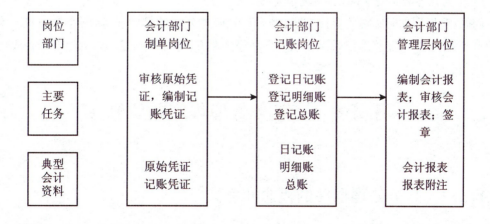

案例分析

小李是一名大学生,他于今年6月,以每月2 000元租用一间店面,投资创办了星星服饰公司,主要经营各种服装的批发兼零售。6月1日,小李以公司的名义在银行开立账户,存入100 000元作为资本,用于经营。由于小李不懂会计,他除了将所有的发票等单据都收集保存起来以外,没有做任何其他记录。到月底,小李发现公司的存款反而减少,只剩下58 987元外加643元现金。另外,尽管客户赊欠的13 300元尚未收到,但公司也有10 560元货款尚未支付,除此之外,实地盘点的库存服装价值25 800元。小李开始怀疑自己的经营是否成功,前来向你请教。

通过对小李保存的所有单据进行检查分析,汇总一个月的情况显示:

(1) 期初投入资金100 000元,存入银行。
(2) 内部装修及必要的设施花费20 000元,已用支票支付。
(3) 购入服装两批,每批价值35 200元,其中第一批现金购入,第二批赊购全部货款的30%。
(4) 6月1日至30日,零售服装收入共计38 800元,全部收取现金,已存入银行。
(5) 6月1日至30日,批发服装收入共计25 870元,其中赊销13 300元,其余货款均收到存入开户银行。
(6) 支票支付店面租金2 000元。
(7) 本月份从银行提取现金五次共10 000元,其中4 000元支付雇员工资,5 000元用作个人生活费,其余备日常零星开支。
(8) 本月水电费543元,支票支付。
(9) 本月电话费220元,用现金支付。
(10) 其他各种杂费137元,用现金支付。

问题:请根据你所掌握的会计知识,结合星星服饰公司的具体业务,帮小李设计一套合理的账务处理程序,完整地记录该公司的全部经济业务,并计算确定小李的经营是否成功。

任务8.1 账务处理程序的认知

8.1.1 账务处理程序的概念和意义

任何一个单位在开展会计核算之前,都必须首先明确各种会计凭证、会计账簿和会计报表之间的关系,把它们有机地结合起来,就是设计本单位的账务处理程序。

账务处理程序,也称会计核算程序,是指会计凭证、会计账簿、会计报表相互结合的方式。包括会计凭证和账簿的种类、格式,会计凭证与账簿之间的联系方式,由原始凭证到编制记账凭证、登记明细分类账和总分类账、编制会计报表的工作程序和方法等。

一个单位的业务性质、规模和业务繁简程度,决定其适用的账务处理程序。不同的账务处理程序,对汇总凭证、登记总分类账的依据、办法和要求不同,为此各单位必须从各自的实际情况出发,科学地组织本单位的账务处理程序,以保证会计核算工作高效、高质,充分发挥会计核算和监督的基本职能,并为会计参与企业经营决策打下良好的基础,有效实现会计的管理功能。

8.1.2 账务处理程序的一般程序

在我国企业会计核算工作中,曾出现过多种账务处理程序。它们各自的具体内容虽有所不同,但从取得原始凭证填制记账凭证起至编制会计报表这一周而复始、循环往复的过程来看,它们却有着共同的基本步骤。这就是:

8.1.2.1 取得或填制原始凭证

取得或填制原始凭证并根据原始凭证或原始凭证汇总表填制记账凭证,是会计核算的起点,也是账务处理程序的起点。

8.1.2.2 根据记账凭证登记账簿

填制记账凭证以后,就要根据记账凭证登记有关的账簿,包括各种序时账簿和分类账簿,也包括根据记账凭证编制记账凭证汇总表登记总分类账簿的工作。

8.1.2.3 试算平衡、对账、调账和结账

为了检验账簿记录是否正确无误,对各类账簿,要根据它们之间的相互关系即统驭与从属的关系进行定期和不定期的核对与试算平衡工作,对于应入账而因故未记入账簿的会计业务要及时调整入账,并且定期地进行结账工作。

8.1.2.4 编制会计报表

在会计期末将当期发生的全部经济业务登记入账以后,就可以通过试算平衡,证明正确无误后,据以编制会计报表和附注并按规定时限报出。编制会计报表和附注,既是账务处理程序的终点,又是再一次会计循环的起点。

8.1.3 账务处理程序的种类

会计凭证、会计账簿、会计报表之间的结合方式不同,形成了不同的账务处理程序,不同的账务处理程序又有不同的方法、特点和适用范围。账务处理程序的建立是由多种因素决定的,主要有经济活动和财务收支的实际情况,经营管理的需要,会计核算中的核算手续等。这些因素是在不断变化的,因此,由它们所决定的会计凭证系统组织、会计账簿系统组织、会计报表系统组织以及核算程序和方法也在不断发生变化,由此形成了不同的账务处理程序。

目前,在我国常见的账务处理程序主要有记账凭证账务处理程序、科目汇总表账务处理程序、汇总记账凭证账务处理程序。这三种账务处理程序有许多共同之处,它们的不同之处在于登记总分类账的依据和程序不同。

确定账务处理程序,一般要符合以下三项要求:

(1) 必须适合本单位的实际情况,与本单位的经营性质、生产经营规模大小、业务量的多少、会计事项的繁简程度、会计机构的设置和会计人员的配备与分工等情况相适应,以保证会计核算工作的顺利进行。

(2) 必须适合会计信息使用者的需要,使提供的会计核算资料做到及时、准确、系统、全面,以利于企业内部的会计信息使用者及时掌握本单位的财务状况、经营成果和资金运动现状,满足经济决策的需要。

(3) 必须适合提高会计核算效率的要求,在保证会计核算资料真实、完整、及时、准确的前提下,力求简化核算手续,节约核算中的人力、物力消耗,提高会计核算的工作效率。

任务8.2 记账凭证账务处理程序及其应用

8.2.1 记账凭证账务处理程序的基本内容

记账凭证账务处理程序是根据原始凭证(或原始凭证汇总表)填制记账凭证,再直接根据记账凭证逐笔登记总分类账的一种账务处理程序。

记账凭证账务处理程序的主要特点是:对发生的经济业务事项,都要根据原始凭证或汇总原始凭证填制记账凭证,然后直接根据记账凭证逐笔登记总分类账。这种账务处理程序是会计核算中最基本的程序,其他几种账务处理程序都是以它为基础根据经济管理的需要发展而成的。

在记账凭证账务处理程序下,记账凭证可以采用通用记账凭证格式,也可以采用收款凭证、付款凭证和转账凭证等专用记账凭证格式。

在记账凭证账务处理程序下,需要设置库存现金日记账、银行存款日记账、总分类账和明细分类账。

库存现金日记账、银行存款日记账,一般采用三栏式账页格式,各类明细账可以根据管理的需要分别采用三栏式、多栏式和数量金额式账页。

8.2.2 记账凭证账务处理程序的基本步骤

记账凭证账务处理程序的一般步骤是:

① 根据原始凭证或汇总原始凭证编制记账凭证。
② 根据收款凭证、付款凭证逐笔登记现金日记账和银行存款日记账。
③ 根据原始凭证、汇总原始凭证和记账凭证,逐笔登记各种明细分类账。
④ 根据记账凭证逐笔登记总分类账。
⑤ 期末,现金日记账、银行存款日记账和明细分类账的余额同有关总分类账的余额核对相符。
⑥ 期末,根据总分类账和明细分类账的记录,编制会计报表。

记账凭证账务处理程序的核算步骤如图8-1所示。

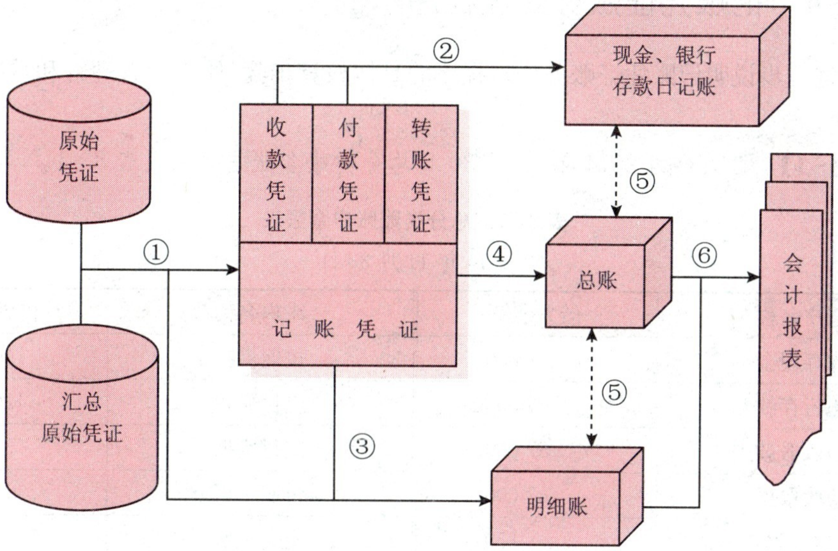

图 8-1 记账凭证账务处理程序图

8.2.3 记账凭证账务处理程序的优缺点和适用范围

8.2.3.1 优缺点

1. 优点

(1) 在记账凭证上能够清晰地反映账户之间的对应关系。当一笔经济业务发生后,利用一张记账凭证就可以编制出该笔经济业务的完整会计分录,涉及几个会计科目就填写几个会计科目,因而在记账凭证上,账户之间的对应关系一目了然。

(2) 总分类账上能够比较详细地反映经济业务的发生情况。在记账凭证账务处理程序下,不仅对各种日记账和明细分类账采取逐笔登记的方法,对于总分类账的登记方法也是如此。因而,在总分类账上能够详细登记所发生的经济业务情况。

(3) 总分类账登记方法简单,易于掌握。根据记账凭证直接登记账户是最为简单的一种登记方法。

2. 缺点

(1) 总分类账登记工作量大。对发生的每一笔经济业务都要根据记账凭证逐笔在总分类账中进行登记,实际上与登记日记账和明细分类账的做法一样,是一种简单的重复登记,登记总分类账的工作量大,特别是在经济业务量比较大的情况下更是如此。

(2) 账页耗用多,预留账页多少难以把握。由于总分类账对发生的所有经济业务要重复登记一遍,势必会耗用更多的账页,造成一定的纸张浪费。若在一个账簿上设置多个账户,由于登记业务的多少很难预先确定,对于每一个账户应预留多少账页难以把握。

8.2.3.2 适用范围

对于经济业务较多、经营规模较大的企业,总分类账的登记工作过于繁重。因此,记账凭证账务处理程序一般适用于生产规模较小、经济业务量较少的单位。

8.2.4 记账凭证账务处理程序示例

为了进一步说明记账凭证账务处理程序的具体核算步骤,便于读者理解和掌握,现举例如下。

【例 8-1】 振兴公司 2014 年 11 月 30 日总分类账各账户余额见表 8-1。

表 8-1 总分类账账户余额表

2014 年 11 月 30 日

账户名称	借方余额	账户名称	借方余额
库存现金	1 650	短期借款	150 000
银行存款	65 000	应付账款	120 000
应收账款	57 000	应付票据	35 000
应收票据	42 000	应付职工薪酬	12 000
其他应收款	850	应交税费	8 700
在途物资	82 000	应付股利	22 000
原材料	165 000	应付利息	13 000
生产成本	130 000	实收资本	800 000
库存商品	114 000	盈余公积	43 000
周转材料	69 000	本年利润	138 800
固定资产	370 000	累计折旧	116 000
长期待摊费用	42 000		
长期股权投资	200 000		
利润分配	120 000		
合 计	1 458 500	合 计	1 458 500

2014 年 12 月发生的经济业务如下(不考虑相关税费):

(1) 1 日,张明出差预借差旅费 400 元,以现金支付。

(2) 1 日,上月购入的材料运到验收入库,价值 62 000 元。

(3) 2 日,从红星工厂购入材料 30 公斤,单价 1 000 元,增值税 5 100 元,材料尚未运到,货款已从银行支付。

(4) 3 日,销售产品 50 台给华泰公司,单价 2 000 元,增值税 17 000 元,款项尚未收到。

(5) 3 日,开出转账支票一张,缴纳上月税款 8 700 元。

(6) 4 日,生产车间领用材料 80 000 元,用于产品生产。

(7) 5 日,收到华泰公司转账支票一张,金额 117 000 元。

(8) 6 日,从银行提取现金 24 000 元,备发工资。

(9) 6 日,以现金 24 000 元支付本月职工工资。

(10) 7 日,材料运到,验收入库,采购成本 30 000 元。

(11) 10 日,销售产品 100 台给兴隆公司,单价 2 000 元,增值税 34 000 元,款项尚未收到。

(12) 11日,计提本月份固定资产折旧费6 000元,其中生产车间计提3 600元,行政管理部门计提2 400元。

(13) 12日,以银行存款支付本月水电费14 000元,其中生产车间照明耗用12 000元,行政管理部门耗用2 000元。

(14) 13日,用现金购买零星文具用品200元,其中车间领用80元,行政管理部门领用120元。

(15) 14日,从新华工厂购入材料35公斤,单价2 000元,增值税11 900元,材料尚未运到,货款未支付。

(16) 15日,计算分配本月份各部门人员工资24 000元,其中:生产工人工资13 000元,车间管理人员工资5 000元,行政管理人员工资6 000元。

(17) 15日,按工资的14%计提本月应付社保费。

(18) 16日,领用材料44 500元,其中:生产产品直接耗用42 000元,车间一般性耗用400元,行政管理部门耗用2 100元。

(19) 19日,修理办公桌椅费用350元,用现金支付。

(20) 20日,开出转账支票一张1 200元,支付本月广告费。

(21) 21日,车间购买防暑降温用品1 520元,用银行存款支付。

(22) 25日,用银行存款支付银行贷款利息1 200元。

(23) 30日,计算结转本月发生的制造费用23 300元。

(24) 30日,完工产品420台,单位成本500元,已验收入库。

(25) 30日,结转本月销售产品的成本185 000元。

(26) 30日,计提本月应交城市维护建设税及教育费附加2 465元。

(27) 31日,结转本月产品销售收入。

(28) 31日,结转本月成本费用。

(29) 31日,计算本月应交所得税费用(所得税税率25%)。

(30) 31日,结转本月计提的所得税费用。

(31) 31日,按照税后利润的10%计提法定盈余公积金。

(32) 31日,按照税后利润的5%计提任意盈余公积金。

(33) 31日,根据董事会决议,公司决定向投资者分配股利20 000元。

根据该企业12月份发生的经济业务,按时间顺序编制记账凭证见表8-2,明细账户从略。

表8-2 会计分录簿

2014年		记账凭证		摘要	会计科目	金额	
月	日	种类	号数			借方	贷方
12	1	付	1	张明预借差旅费	其他应收款 库存现金	400	400
	1	转	1	材料验收入库	原材料 在途物资	62 000	62 000
	2	付	2	购进材料,货款已付	在途物资 应交税费 银行存款	30 000 5 100	35 100
	3	转	2	销售产品,货款未收	应收账款 主营业务收入 应交税费	117 000	100 000 17 000
	3	付	3	缴纳上月税款	应交税费 银行存款	8 700	8 700
	4	转	3	生产车间领料	生产成本 原材料	80 000	80 000
	5	收	1	某单位还来货款	银行存款 应收账款	117 000	117 000
	6	付	4	取现金发工资	库存现金 银行存款	24 000	24 000
	6	付	5	发放本月职工工资	应付职工薪酬 库存现金	24 000	24 000
	7	转	4	材料运到,验收入库	原材料 在途物资	30 000	30 000
	10	转	5	销售产品,货款未收	应收账款 主营业务收入 应交税费	234 000	200 000 34 000
	11	转	6	计提本月份固定资产折旧	制造费用 管理费用 累计折旧	3 600 2 400	6 000
	12	付	6	支付及分摊本月水电费	制造费用 管理费用 银行存款	12 000 2 000	14 000
	13	付	7	购买零星文具用品	管理费用 制造费用 库存现金	120 80	200
	14	转	7	购进材料,货款未付	在途物资 应交税费 应付账款	70 000 11 900	81 900

续表

2014年		记账凭证		摘要	会计科目	金额	
月	日	种类	号数			借方	贷方
12	15	转	8	分配本月份工资	生产成本 制造费用 管理费用 应付职工薪酬	13 000 5 000 6 000	24 000
	15	转	9	计提应付社保费 （按工资的14%计算）	生产成本 制造费用 管理费用 应付职工薪酬	1 820 700 840	3 360
	16	转	10	生产车间领料及其 他部门一般用料	生产成本 制造费用 管理费用 原材料	42 000 400 2 100	44 500
	19	付	8	支付修理办公桌椅费用	管理费用 库存现金	350	350
	20	付	9	支付本月份广告费	销售费用 银行存款	1 200	1 200
	21	付	10	车间购劳保用品 （防暑降温用品）	制造费用 银行存款	1 520	1 520
	25	付	11	支付银行贷款利息	财务费用 银行存款	1 200	1 200
	30	转	11	结转制造费用	生产成本 制造费用	23 300	23 300
	30	转	12	完工产品入库	库存商品 生产成本	210 000	210 000
	30	转	13	结转销售产品成本	主营业务成本 库存商品	185 000	185 000
	30	转	14	计提城市维护建设 税及教育费附加	营业税金及附加 应交税费	2 465	2 465
	31	转	15	结转销售收入	主营业务收入 本年利润	300 000	300 000
	31	转	16	结转各项费用	本年利润 主营业务成本 销售费用 营业税金及附加 管理费用 财务费用	203 675	185 000 1 200 2 465 13 810 1 200
	31	转	17	计提应交所得税 96 325×25% =24 081.25	所得税费用 应交税费	24 081.25	24 081.25

续表

2014年		记账凭证		摘　要	会计科目	金　额	
月	日	种类	号数			借方	贷方
	31	转	18	结转所得税费用	本年利润 所得税费用	24081.25	24081.25
	31	转	19	提取法定盈余公积	利润分配 盈余公积	7 224.37	7 224.37
	31	转	20	提取任意盈余公积	利润分配 盈余公积	3 612.18	3 612.18
	31	转	21	向投资者分配股利	利润分配 应付股利	20 000	20 000

为便于了解记账凭证核算程序的特点，现以总分类账库存现金及银行存款两个账户和库存现金日记账、银行存款日记账将以上经济业务登记入账后的情况，以表8-3、表8-4、表8-5、表8-6分别列示如下。

表8-3　库存现金日记账

2014年		凭证号数	摘　要	对方账户	收入（借）	支出（贷）	余额（结存）
月	日						
12	1		期初余额				1 650
	1	付1	张明预借差旅费	其他应收款		400	1 250
	6	付4	提取现金发工资	银行存款	24 000		25 250
	6	付5	发放本月职工工资	应付职工薪酬		24 000	1 250
	13	付7	购零星文具用品	管理费用		200	1 050
	19	付8	支付修理办公桌椅费	管理费用		350	700
	30		本月合计		24 000	24 950	700

表8-4　总分类账

账户名称：库存现金

2014年		凭证号数	摘　要	借方金额	贷方金额	借或贷	余　额
月	日						
12	1		期初余额			借	1 650
	1	付1	张明预借差旅费		400	借	1 250
	6	付4	提取现金发工资	24 000		借	25 250
	6	付5	发放本月职工工资		24 000	借	1 250
	13	付7	购零星文具用品		200	借	1 050
	19	付8	支付修理办公桌椅费		350	借	700
	30		本月合计	24 000	24 950	借	700

表 8-5 银行存款日记账

2014年		记账凭证		摘要	对方账户	借方余额	贷方余额	借或贷	余额
月	日	种类	号数						
12	1			期初余额				借	65 000
	2	付	2	支付货款	在途物资		35 100	借	29 900
	3	付	3	缴纳上月税款	应交税费		8 700	借	21 200
	5	收	1	某单位偿还货款	应收账款	117 000		借	138 200
	6	付	4	取现金备发工资	库存现金		24 000	借	114 200
	12	付	6	支付本月水电费	制造费用等		14 000	借	100 200
	20	付	9	支付本月广告费	销售费用		1 200	借	99 000
	21	付	10	车间降温用品	制造费用		1 520	借	97 480
	25	付	11	支付贷款利息	财务费用		1 200	借	96 280
	30			本月合计		117 000	85 720	借	96 280

表 8-6 总分类账

账户名称:银行存款　　　　　　　　　　　　　　　　　　　　　　　　　　　第×页

2014年		凭证号数	摘要	借方金额	贷方金额	借或贷	余额
月	日						
12	1		期初余额			借	65 000
	2	付2	支付货款		35 100	借	29 900
	3	付3	缴纳上月税款		8 700	借	21 200
	5	收1	某单位偿还货款	117 000		借	138 200
	6	付4	提取现金备发工资		24 000	借	114 200
	12	付6	支付本月水电费		14 000	借	100 200
	20	付9	支付本月广告费		1 200	借	99 000
	21	付10	车间降温用品		1 520	借	97 480
	25	付11	支付贷款利息		1 200	借	96 280
	30		本月合计	117 000	85 720	借	96 280

从上表所列振兴公司总分类账库存现金、银行存款两个账户及库存现金日记账和银行存款日记账登记的内容,我们可以明显地看出,记账凭证核算程序在登记总分类账方面有很大程度的重复劳动,因而使这一核算程序在实际工作中存在着一定的局限性。但是,记账凭证核算程序是最基本的核算程序,其他核算程序都是在记账凭证核算程序的基础上发展演变而来的。只有真正掌握了各种核算程序的特点,才能在实际工作中有所发现、有所创造和改进,不断提高自己的业务水平和实际工作的能力。

任务8.3　科目汇总表账务处理程序及其应用

8.3.1　科目汇总表账务处理程序的基本内容

科目汇总表账务处理程序是根据原始凭证(或原始凭证汇总表)填制记账凭证,根据记账凭证定期编制科目汇总表,再据以登记总分类账的一种账务处理程序。由于科目汇总表是根据记账凭证汇总编制而成的,因此,这种账务处理程序也被称为"记账凭证汇总表账务处理程序"。

在科目汇总表账务处理程序下,记账凭证和账簿的设置与记账凭证账务处理程序下的记账凭证和账簿的设置基本相同,只是另行设置科目汇总表。

8.3.2　科目汇总表账务处理程序的基本步骤

在科目汇总表账务处理程序下,按下列步骤进行核算。
(1) 根据原始凭证或汇总原始凭证,编制记账凭证。
(2) 根据收款凭证、付款凭证逐笔登记现金日记账和银行存款日记账。
(3) 根据原始凭证、汇总原始凭证和记账凭证,登记各种明细分类账。
(4) 根据各种记账凭证定期汇总,编制科目汇总表。
(5) 根据科目汇总表登记总分类账。
(6) 期末,根据库存现金、银行存款日记账和明细分类账的余额同有关总分类账的余额核对相符。
(7) 期末,根据总分类账和明细分类账的记录,编制会计报表。
科目汇总表账务处理程序如图8-2所示。

8.3.3　科目汇总表账务处理程序的优缺点和适用范围

8.3.3.1　优缺点

1. 优点

(1) 减轻了登记总分类账的工作量。在科目汇总表账务处理程序下,可以根据科目汇总表上有关账户的汇总发生额,定期登记总分类账,可以使登记总分类账的工作量大为减轻。

(2) 可以利用该表的汇总结果进行账户发生额的试算平衡。在科目汇总表上的汇总结果体现了一定会计期间内所有账户的借方发生额和贷方发生额之间的相等关系,利用这种发生额的相等关系,可以进行全部账户记录的试算平衡。

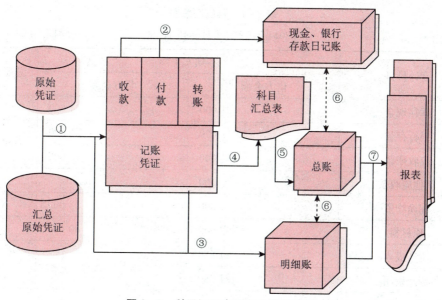

图 8-2 科目汇总表账务处理程序图

(3) 保证了总分类账登记的正确性。在科目汇总表账务处理程序下,总分类账是根据科目汇总表上的汇总数字登记的。由于在登记总分类账之前,能够通过科目汇总表的汇总结果检验所填制的记账凭证是否正确,就等于在记账前进行了一次试算平衡,在一定程度上能够保证总分类账登记的正确性。

2. 缺点

(1) 编制科目汇总表的工作量比较大。在科目汇总表账务处理程序下,对发生的经济业务首先要填制各种专用记账凭证,在此基础上,还需要定期地对这些专用记账凭证进行汇总,编制科目汇总表,增加了编制科目汇总表的工作量。

(2) 科目汇总表上不能够清晰地反映账户之间的对应关系,不便于查对账目。科目汇总表是按各个会计科目归类汇总其发生额的,在该表中不能清楚地显示出各个账户之间的对应关系,不能够清晰地反映经济业务的来龙去脉。

8.3.3.2 适用范围

科目汇总表账务处理程序一般适用于经济业务量较大、记账凭证较多的单位。

8.3.4 科目汇总表账务处理程序示例

【例 8-2】 根据例 8-1 中表 8-2 所列的 30 笔经济业务所填制的记账凭证,用科目汇总表账务处理程序予以处理。

该公司采用每半个月汇总一次的方法,分别编制 2014 年 12 月 1 日~15 日和 12 月 16 日~31 日的科目汇总表,如表 8-7、表 8-8 所示。

表 8-7　科目汇总表

2014年12月1日~15日　　　　　　　　　　　　　　　　科汇第01号

会计科目	本期发生额		总账页数
	借方金额	贷方金额	
库存现金	24 000	24 600	
银行存款	117 000	81 800	
应收账款	351 000	117 000	
其他应收款	400		
在途物资	100 000	92 000	
原材料	92 000	80 000	
生产成本	94 820		
制造费用	21 380		
累计折旧		6 000	
应付账款		81 900	
应付职工薪酬	24 000	27 360	
应交税费	25 700	51 000	
主营业务收入		300 000	
管理费用	11 360		
合计	861 660	861 660	

表 8-8　科目汇总表

2014年12月16日~30日　　　　　　　　　　　　　　　　科汇第02号

会计科目	本期发生额		总账页数
	借方金额	贷方金额	
库存现金		350	
银行存款		3 920	
应收账款			
其他应收款			
原材料		44 500	
库存商品	210 000	185 000	
生产成本	65 300	210 000	
制造费用	1 920	23 300	
应交税费		26 546.25	
应付股利		20 000	
主营业务收入	300 000		

续表

会计科目	本期发生额		总账页数
	借方金额	贷方金额	
主营业务成本	185 000	185 000	
营业税金及附加	2 465	2 465	
管理费用	2 450	13 810	
销售费用	1 200	1 200	
财务费用	1 200	1 200	
所得税费用	24 081.25	24 081.25	
本年利润	227 756.25	300 000	
盈余公积		10 836.55	
利润分配	30 836.55		
合计	1 052 209	1 052 209	

根据上述科目汇总表,登记总分类账(以库存现金和银行存款两个账户为例)见表8-9、表8-10,其余账户从略。

表8-9 总分类账

账户名称:库存现金　　　　　　　　　　　　　　　　　　　　　　　第×页

2014年		记账凭证	摘要	借方	贷方	借或贷	余额
月	日						
12	1		期初余额			借	1 650
	15	汇01	1~15日发生额汇总	24 000	24 600	借	1 050
	30	汇02	16~30日发生额汇总		350	借	700
	30		本月合计	24 000	24 950	借	700

表8-10 总分类账

账户名称:银行存款　　　　　　　　　　　　　　　　　　　　　　　第×页

2014年		记账凭证	摘要	借方	贷方	借或贷	余额
月	日						
12	1		期初余额			借	65 000
	15	汇01	1~15日发生额汇总	117 000	81 800	借	100 200
	30	汇02	16~30日发生额汇总		3 920	借	96 280
	30		本月合计	117 000	85 720	借	96 280

从上表所列资料可以看出,科目汇总表核算程序的最大特点:一是可以大大减少登记总分类账的工作量,避免了重复劳动,从而使会计人员可以从繁琐的登记总分类账工作中解脱

出来,致力于会计资料的分析检查和改进企业经营管理的探索上,更好地发挥会计职能的作用;二是科目汇总表核算程序每编制一次科目汇总表就是对有关账项的一次试算平衡,有利于及时发现和改正填制凭证或登记账簿中出现的错误,有利于提高会计核算工作的质量。所以,这一核算程序越来越被多数企业所采用。

至于明细账和日记账的登记方法,由于和记账凭证账务处理程序完全相同,所以不再举例,可参阅本章中表8-3和表8-5所示库存现金日记账和银行存款日记账的登记内容。

月末,根据核对无误的总分类账和明细分类账的记录,编制"总分类账户本期发生额及余额试算平衡表",以便作为编制资产负债表和利润表的依据,其内容如表8-11所示。

表8-11 总分类账户本期发生额及余额试算平衡表
2014年12月31日

序号	会计科目	期初余额		本期发生额		期末余额	
		借方	贷方	借方	贷方	借方	贷方
1	库存现金	1 650		24 000	24 950	700	
2	银行存款	65 000		117 000	85 720	96 280	
3	应收账款	57 000		351 000	117 000	291 000	
4	应收票据	42 000				42 000	
5	其他应收款	850		400		1 250	
6	在途物资	82 000		100 000	92 000	90 000	
7	原材料	165 000		92 000	124 500	132 500	
8	库存商品	114 000		210 000	185 000	139 000	
9	周转材料	69 000				69 000	
10	生产成本	130 000		160 120	210 000	80 120	
11	制造费用			23 300	23 300		
12	固定资产	370 000				370 000	
13	累计折旧		116 000		6 000		122 000
14	长期待摊费用	42 000				42 000	
15	长期股权投资	200 000				200 000	
16	短期借款		150 000				150 000
17	应付账款		120 000		81 900		201 900
18	应付票据		35 000				35 000
19	应付职工薪酬		12 000	24 000	27 360		15 360
20	应交税费		8 700	25 700	77 546.25		60 546.25
21	应付股利		22 000		20 000		42 000
22	应付利息		13 000				13 000
23	实收资本		800 000				800 000
24	盈余公积		43 000				43 000
25	主营业务收入			300 000	300 000		
26	主营业务成本			185 000	185 000		

续表

序号	会计科目	期初余额		本期发生额		期末余额	
		借方	贷方	借方	贷方	借方	贷方
27	营业税金及附加			2 465	2 465		
28	管理费用			13 810	13 810		
29	销售费用			1 200	1 200		
30	财务费用			1 200	1 200		
31	所得税费用			24 081.25	24 081.25		
32	本年利润		138 800	227 756.25	300 000		211 043.75
33	盈余公积				10836.55		10836.55
33	利润分配	120 000		30836.55		150 836.55	
	合　计	1 458 500	1 458 500	1 913 869	1 913 869	1 704 686.55	1 704 686.55

任务 8.4　汇总记账凭证账务处理程序及其应用

8.4.1　汇总记账凭证账务处理程序的基本内容

汇总记账凭证账务处理程序是根据原始凭证（或原始凭证汇总表）填制记账凭证，根据记账凭证定期分类编制汇总收款凭证、汇总付款凭证和汇总转账凭证，再根据汇总记账凭证登记总分类账的一种账务处理程序。

在汇总记账凭证账务处理程序下，除设置收款凭证、付款凭证和转账凭证以外，还应设置汇总收款凭证、汇总付款凭证和汇总转账凭证，作为登记总分类账的依据。

在汇总记账凭证账务处理程序下，需要设置库存现金日记账、银行存款日记账、总分类账和明细分类账。账簿的设置与记账凭证账务处理程序基本相同。

8.4.2　汇总记账凭证账务处理程序的基本步骤

在汇总记账凭证账务处理程序下，按下列步骤进行核算：

(1) 根据原始凭证或汇总原始凭证，编制记账凭证。

(2) 根据收款凭证、付款凭证逐笔登记现金日记账和银行存款日记账。

(3) 根据原始凭证、汇总原始凭证和记账凭证，登记各种明细分类账。

(4) 根据各种记账凭证定期汇总，编制汇总记账凭证。

(5) 根据汇总记账凭证登记总分类账。

(6) 期末，根据库存现金、银行存款日记账和明细分类账的余额同有关总分类账的余额核对相符。

(7) 期末，根据总分类账和明细分类账的记录，编制会计报表。

汇总记账凭证账务处理程序如图8-3所示。

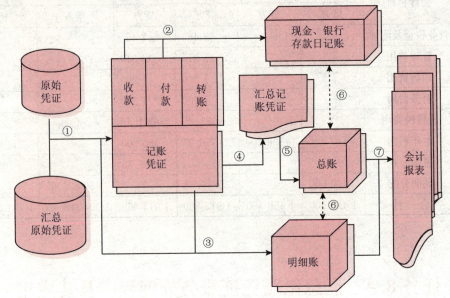

图8-3 汇总记账凭证账务处理程序图

8.4.3 汇总记账凭证账务处理程序的优缺点和适用范围

8.4.3.1 优缺点

1. 优点

(1) 在汇总记账凭证上能够清晰地反映账户之间的对应关系。在汇总记账凭证账务处理程序下，所采用的是专用记账凭证和汇总记账凭证。汇总记账凭证是采用按会计科目对应关系进行分类汇总的办法，能够清晰地反映出有关会计账户之间的对应关系。

(2) 可以减轻登记总分类账的工作量。在汇总记账凭证账务处理程序下，可以依据汇总记账凭证上有关账户的汇总发生额，在月份当中定期或月末一次性登记总分类账，可以使登记总分类账的工作量大大减少。

2. 缺点

(1) 定期编制汇总记账凭证的工作量比较大。对发生的经济业务首先要填制专用记账凭证，即收款凭证、付款凭证和转账凭证，在此基础上，还需要定期分类地对这些专用记账凭证进行汇总，编制汇总记账凭证，增加了编制汇总记账凭证的工作量。

(2) 对汇总过程中可能存在的错误难以发现。编制汇总记账凭证是一项比较复杂的工作，容易产生汇总错误，而且汇总记账凭证本身又不能体现出有关数字之间的平衡关系，即使存在汇总错误也很难发现。

8.4.3.2 适用范围

汇总记账凭证账务处理程序一般适用于规模较大、经济业务较多、编制专用记账凭证的单位。

8.4.4 汇总记账凭证的编制方法

汇总记账凭证分为汇总收款凭证、汇总付款凭证和汇总转账凭证三种，分别根据收款凭证、付款凭证和转账凭证定期汇总编制而成。

8.4.4.1 汇总收款凭证的编制

汇总收款凭证是按"库存现金"或"银行存款"科目的借方分别设置的一种汇总记账凭证，它汇总了一定时期内现金和银行存款的收款业务。其格式如表8-14所示。

编制汇总收款凭证时将需要进行汇总的收款凭证按对应的贷方科目进行归类，计算出每一个贷方科目发生额合计数，填入汇总收款凭证中，一般可5天或10天汇总一次，每月编制一张。月末计算出每个贷方科目发生额合计数，据以登记总分类账。

表8-14 汇总收款凭证

借方科目：银行存款　　　　2014年12月　　　　　　　　　第　号　　单位：元

贷方科目	金额				总账页数	
	1～10日	11～20日	21～30日	合计	借方	贷方
主营业务收入	45 000		50 000	95 000	略	略
其他业务收入		5 000	10 000	15 000	略	略
合计	45 000	5 000	60 000	110 000		

8.4.4.2 汇总付款凭证的编制

汇总付款凭证是按"库存现金"或"银行存款"科目的贷方分别设置的一种汇总记账凭证，它汇总了一定时期内现金和银行存款的付款业务。其格式如表8-15所示。

编制汇总付款凭证时将需要进行汇总的付款凭证按对应的借方科目进行归类，计算出每一个借方科目发生额合计数，填入汇总付款凭证中，一般可5天或10天汇总一次，每月编制一张。月末计算出每个借方科目发生额合计数，据以登记总分类账。

表8-15 汇总付款凭证

贷方科目：库存现金　　　　2014年12月　　　　　　　　　第　号　　单位：元

借方科目	金额				总账页数	
	1～10日	11～20日	21～30日	合计	借方	贷方
管理费用	5 000	2 000	4 000	11 000	略	略
其他应收款		25 000		25 000	略	略
合计	5 000	27 000	4 000	36 000		

8.4.4.3 汇总转账凭证的编制

汇总转账凭证是按每一贷方科目分别设置的，用来汇总一定时期内转账业务的一种汇总记账凭证。其格式如表8-16所示。

编制汇总转账凭证时将需要进行汇总的转账凭证按对应的借方科目进行归类，计算出每一个借方科目发生额合计数，填入汇总转账凭证中，一般可5天或10天汇总一次，每月编制一张。月末计算出每个借方科目发生额合计数，据以登记总分类账。

表8-16 汇总转账凭证

贷方科目：原材料　　　　　　　2014年12月　　　　　　　　　　　单位：元
　　　　　　　　　　　　　　　　　　　　　　　　　　　　　　　第　　号

借方科目	金额				总账页数	
	1～10日	11～20日	21～30日	合计	借方	贷方
生产成本	3 000	2 000	4 000	9 000	略	略
制造费用	3 000	400	1 600	5 000	略	略
管理费用	2 000	300	400	2 700	略	略
合计	8 000	2 700	6 000	16 700		

汇总转账凭证上的科目对应关系是一个贷方科目与一个或几个借方科目相对应，因此，在这种核算形势下，为了便于填制汇总转账凭证，要求所有转账凭证也要按一个贷方科目与一个或几个借方科目相对应来编制，而不应编制一个借方科目与几个贷方科目相对应的转账凭证。

项目小结

三种账务处理程序的总结见表8-17。

表8-17

名　称	优　点	缺　点	适用范围
记账凭证账务处理程序	(1) 记账层次清楚，操作环节少，易于学习掌握。 (2) 总分类账能够比较详细具体地反映经济业务的发生情况。 (3) 账户之间的对应关系比较清楚，便于账目的核对	(1) 登记总分类账的工作量较大，不便于对会计核算工作进行分工。 (2) 账页耗用多，预留多少账页难以把握	适用于生产经营规模较小、经济业务较少的单位
科目汇总表账务处理程序	(1) 减轻了登记总分类账的工作量。 (2) 能够起到总分类账入账前的试算平衡作用，便于及时发现问题，采取措施。 (3) 会计核算程序清楚，应用方便，汇总方法简便，易于掌握	(1) 不能反映各科目之间的对应关系，不便于检查核对账目。 (2) 编制科目汇总表的工作量比较大。	适用于经济业务较多的单位
汇总记账凭证账务处理程序	(1) 减轻了登记总分类账的工作量。 (2) 能清晰地反映各账户之间的对应关系	(1) 定期编制汇总记账凭证的工作量比较大。 (2) 不利于会计核算的日常分工。 (3) 汇总过程中存在的错误难以发现	适用于规模较大、经济业务较多、编制专用记账凭证的单位

项目自测题

单项选择题

1.(　　)账务处理程序是最基本的一种账务处理程序。
   A. 日记总账 　　　　　　　　　　　　B. 汇总记账凭证
   C. 科目汇总表 　　　　　　　　　　　D. 记账凭证

2. 直接根据记账凭证逐笔登记总分类账,这种账务处理程序是(　　)。
   A. 记账凭证账务处理程序 　　　　　　B. 科目汇总表账务处理程序
   C. 汇总记账凭证账务处理程序 　　　　D. 日记总账账务处理程序

3. 会计凭证方面,科目汇总表账务处理程序比记账凭证账务处理程序增设了(　　)。
   A. 原始凭证汇总表 　　　　　　　　　B. 汇总原始凭证
   C. 科目汇总表 　　　　　　　　　　　D. 汇总记账凭证

4. 既能汇总登记总分类账,减轻总账登记工作,又能明确反映账户对应关系,便于查账、对账的账务处理程序是(　　)。
   A. 科目汇总表账务处理程序 　　　　　B. 总记账凭证账务处理程序
   C. 多栏式日记账账务处理程序 　　　　D. 日记账账务处理程序

5. 常见的三种会计核算程序中会计报表是根据(　　)资料编制的。
   A. 日记账、总账和明细账 　　　　　　B. 日记账和明细分类账
   C. 明细账和总分类账 　　　　　　　　D. 日记账和总分类账

6. 在各种不同会计核算程序中,不能作为登记总账依据的是(　　)。
   A. 记账凭证 　　　　　　　　　　　　B. 汇总记账凭证
   C. 汇总原始凭证 　　　　　　　　　　D. 科目汇总表

7. 汇总记账凭证会计核算程序与科目汇总表会计核算程序的相同点是(　　)。
   A. 登记总账的依据相同 　　　　　　　B. 记账凭证的汇总方法相同
   C. 保持了账户间的对应关系 　　　　　D. 简化了登记总分类账的工作量

8. 下列属于记账凭证核算程序主要缺点的是(　　)。
   A. 不能体现账户的对应关系 　　　　　B. 不便于会计合理分工
   C. 方法不易掌握 　　　　　　　　　　D. 登记总账的工作量较大

9. 下列属于科目汇总表账务处理程序缺点的是(　　)。
   A. 不利于会计核算分工 　　　　　　　B. 不能进行试算平衡
   C. 反映不出账户的对应关系 　　　　　D. 会计科目数量受限制

10. 各种账务处理程序之间的主要区别在于(　　)不同。
    A. 登记总账的依据和方法 　　　　　　B. 反映经济业务的内容
    C. 企业的会计制度 　　　　　　　　　D. 所采用的会计核算方法

11. 在科目汇总表会计核算程序下,一般应采用(　　)记账凭证。
    A. 一借多贷 　　　　　　　　　　　　B. 多借多贷
    C. 一借一贷 　　　　　　　　　　　　D. 一贷多借

12. 科目汇总表是依据( )编制的。
    A. 原始凭证   B. 记账凭证
    C. 原始凭证汇总表   D. 各种总账
13. 汇总记账凭证是依据( )编制的。
    A. 原始凭证   B. 记账凭证
    C. 原始凭证汇总表   D. 各种总账
14. 下列属于记账凭证账务处理程序优点的是( )。
    A. 便于核算账目和进行试算平衡   B. 减轻了登记总分类账的工作量
    C. 有利于会计核算的日常分工   D. 总分类账反映经济业务较详细
15. 规模较小、业务量较少的单位适用( )。
    A. 记账凭证会计核算程序   B. 汇总记账凭证会计核算程序
    C. 多栏式日记账会计核算程序   D. 科目汇总表会计核算程序
16. 下列不属于科目汇总表会计核算程序优点的是( )。
    A. 科目汇总表的编制和适用较为简便,易学易做
    B. 可以清晰地反映科目之间的对应关系
    C. 可以大大减少登记总分类账的工作量
    D. 科目汇总表可以起到试算平衡的作用,保证总账登记的正确性
17. 记账凭证账务处理程序与其他账务处理程序的区别在于( )。
    A. 根据原始凭证填制记账凭证
    B. 根据记账凭证登记日记账和有关明细分类账
    C. 根据记账凭证登记总分类账
    D. 月终,总分类账与明细账、日记账相互核对后编制会计报表
18. 不能够简化登记总账工作量的账务处理程序是( )。
    A. 记账凭证账务处理程序   B. 科目汇总表账务处理程序
    C. 汇总记账凭证账务处理程序   D. 多栏式日记账账务处理程序
19. 在汇总记账凭证账务处理程序下,为了便于编制汇总转账凭证,要求所有转账凭证的科目对应关系为( )。
    A. 一个借方科目与几个贷方科目相对应
    B. 一个借方科目与一个贷方科目相对应
    C. 几个借方科目与几个贷方科目相对应
    D. 一个贷方科目与一个或几个借方科目相对应
20. 下列属于科目汇总表账务处理程序优点的是( )。
    A. 便于分析经济业务的来龙去脉   B. 便于核对账目
    C. 可以减少登记总账的工作量   D. 总分类账的记录较为详细

多项选择题
1. 各种账务处理程序的基本相同点有( )。
   A. 填制记账凭证的依据相同
   B. 登记明细账的依据和方法相同

C. 登记总分类账的依据和方法相同
　　D. 编制会计报表的依据和方法相同
2. 有关记账凭证账务处理程序的说法正确的有( )。
　　A. 缺点是登记总分类账的工作量较大
　　B. 优点是简单明了,易于理解
　　C. 适用于规模较小、经济业务量较少的单位使用
　　D. 能进行试算平衡
3. 有关科目汇总表账务处理程序的说法正确的有( )。
　　A. 减少了登记总分类账的工作量
　　B. 可做到试算平衡
　　C. 不能反映账户之间的对应关系,不便于查核账目
　　D. 是最简单的账务处理程序
4. 在汇总记账凭证账务处理程序下,应设置( )等。
　　A. 收款凭证、付款凭证和转账凭证
　　B. 汇总收款凭证、汇总付款凭证和汇总转账凭证
　　C. 库存现金和银行存款日记账
　　D. 总分类账
5. 汇总记账凭证账务处理程序的优点包括( )。
　　A. 便于会计核算的日常分工
　　B. 便于了解账户之间的对应关系
　　C. 减轻了登记总分类账的工作量
　　D. 便于试算平衡
6. 科目汇总表账务处理程序的主要特点包括( )。
　　A. 直接根据记账凭证登记总账
　　B. 直接根据记账凭证登记明细账
　　C. 定期编制科目汇总表
　　D. 根据科目汇总表登记总账
7. 各种会计核算程序下,登记明细账的依据可能有( )。
　　A. 原始凭证　　　　　　　　　B. 汇总原始凭证
　　C. 记账凭证　　　　　　　　　D. 汇总记账凭证
8. 下列项目中,属于科学、合理选择适用于本单位会计核算程序意义的有( )。
　　A. 有利于会计工作程序的规范化　　B. 有利于增强会计信息可靠性
　　C. 有利于提高会计信息的质量　　　D. 有利于保证会计信息的及时性
9. 在不同的会计核算程序下,登记总账的依据可以有( )。
　　A. 记账凭证　　　　　　　　　B. 汇总记账凭证
　　C. 科目汇总表　　　　　　　　D. 汇总原始凭证
10. 会计核算程序也叫账务处理程序,它是指( )相结合的方式。
　　　A. 会计凭证　　　　　　　　　B. 会计账簿

C. 会计报表 　　　　　　　　　　D. 会计科目

11. 对于汇总记账凭证会计核算程序，下列说法错误的有(　　)。
   A. 登记总账的工作量大
   B. 不能体现账户之间的对应关系
   C. 明细账与总账无法核对
   D. 当转账凭证较多时，汇总转账凭证的编制工作量较大

12. 在常见的会计核算程序中，共同的会计核算工作有(　　)。
   A. 均应填制和取得原始凭证　　　B. 均应编制记账凭证
   C. 均应填制汇总记账凭证　　　　D. 均应设置和登记总账

13. 采用科目汇总表账务处理程序时，月末应将(　　)与总分类账进行核对。
   A. 汇总记账凭证　　　　　　　　B. 现金日记账
   C. 明细分类账　　　　　　　　　D. 银行存款日记账

14. 能够起到简化登记总分类账工作的账务处理程序有(　　)。
   A. 汇总记账凭证账务处理程序　　B. 记账凭证账务处理程序
   C. 科目汇总表账务处理程序　　　D. 日记总账账务处理程序

15. 汇总记账凭证账务处理程序下应该使用的记账凭证是(　　)。
   A. 通用式记账凭证　　　　　　　B. 收款凭证
   C. 付款凭证　　　　　　　　　　D. 转账凭证

16. 以记账凭证为依据，按有关科目的贷方设置，按借方科目归类汇总的有(　　)。
   A. 汇总收款凭证　　　　　　　　B. 汇总付款凭证
   C. 汇总转账凭证　　　　　　　　D. 科目汇总表

17. 在记账凭证账务处理程序下，应设置(　　)。
   A. 收款、付款、转账凭证或通用式记账凭证
   B. 科目汇总表或汇总记账凭证
   C. 库存现金和银行存款日记账
   D. 总分类账和若干明细分类账

18. 在科目汇总表账务处理程序下，记账凭证是用来(　　)的依据。
   A. 登记库存现金日记账　　　　　B. 登记总分类账
   C. 登记明细分类账　　　　　　　D. 编制科目汇总表

19. 属于汇总记账凭证账务处理程序特点的是(　　)。
   A. 根据原始凭证编制汇总原始凭证
   B. 根据记账凭证定期编制汇总记账凭证
   C. 根据记账凭证定期编制科目汇总表
   D. 根据汇总记账凭证登记总分类账

20. 适用于生产经营规模较大、经济业务较多企业的账务处理程序是(　　)。
   A. 记账凭证账务处理程序
   B. 多栏式日记账账务处理程序
   C. 科目汇总表账务处理程序

D. 汇总记账凭证账务处理程序

判断题

1. 记账凭证账务处理程序的特点是直接根据记账凭证逐笔登记总分类账,因此它是最基本的账务处理程序。( )

2. 科目汇总表不仅可以起到试算平衡的作用,还可以反映账户之间的对应关系。( )

3. 各种账务处理程序之间的主要区别在于登记总账的依据和方法不同。( )

4. 科目汇总表账务处理程序,是以科目汇总表作为登记总账和明细账的依据。( )

5. 汇总记账凭证账务处理程序的缺点在于不能保持账户之间的对应关系。( )

6. 在采用汇总记账凭证账务处理程序下,企业应定期分别编制汇总收款凭证、汇总付款凭证及汇总转账凭证。( )

7. 库存现金日记账和银行存款日记账不论在何种会计核算程序下,都是根据收款凭证和付款凭证逐日逐笔顺序登记的。( )

8. 科目汇总表会计核算程序能科学地反映账户的对应关系,且便于账目核对。( )

9. 在汇总记账凭证账务处理程序下,记账凭证必须使用收款、付款、转账三种格式,以便于进行汇总。( )

10. 企业提高会计核算质量、充分发挥会计工作效能的一个重要前提,就是选用适当的账务处理程序。( )

11. 在记账凭证账务处理程序下,需要设置银行存款日记账,一般采用三栏式、多栏式和数量金额式账页格式。( )

12. 在所有账务处理程序中,账簿组织是核心,会计凭证的种类、格式和填制方法都要与之相适应。( )

13. 在科目汇总表账务处理程序方式下,其记账凭证、账簿的设置与记账凭证账务处理程序是不相同的。( )

14. 采用科目汇总表账务处理程序,记账凭证必须使用收、付、转三种格式的专用记账凭证。( )

15. 汇总转账凭证是按借方科目分别设置,按其对应的贷方科目归类汇总。( )

16. 在汇总记账凭证账务处理程序下,转账凭证既可以一借多贷,也可以一贷多借。( )

17. 汇总记账凭证账务处理程序可以使用通用式记账凭证,也可以使用收款、付款和转账三种记账凭证。( )

18. 记账凭证账务处理程序一般适用于规模小且经济业务较少的单位。( )

实训题

【实训题1】

【目的】 实训记账凭证账务处理程序的应用。

【资料】 华联工厂存货实行实际成本核算。有关资料如下:

1. 2014年12月初有关账户余额如表8-18所示。

表 8-18

资　产	期初余额	负债及所有者权益	期初余额
库存现金	4 000	短期借款	150 000
银行存款	650 000	应付账款	8 800
其他应收款	3 000	应付票据	65 000
应收账款	56 000	实收资本	1 400 000
原材料	200 000	盈余公积	35 000
固定资产	780 000	未分配利润	34 200
合计	1 693 000	合计	1 693 000

2. 2014年12月发生的经济业务如下：

(1) 12月2日，从银行提取现金2 000元，备用。

(2) 12月3日，购入甲材料20吨，每吨4 000元，货款80 000元，增值税13 600元，运杂费250元，已用银行存款支付，材料已验收入库。

(3) 12月3日，以银行存款偿还前欠东风工厂乙材料款6 300元。

(4) 12月4日，从前进工厂购入乙材料10吨，每吨单价9 000元，货款90 000元，增值税15 300元，运杂费180元，共计105 480元，材料尚未运到，货款及运杂费尚未支付。

(5) 12月5日，销售A产品10台，每台售价10 000元，货款100 000元，增值税17 000元，款项尚未收到。

(6) 12月6日，李明出差回工厂，报销差旅费700元，交回多余现金300元。

(7) 12月8日，从银行取得短期借款100 000元。

(8) 12月9日，以银行存款105 480元支付前欠前进工厂材料款及代垫的运杂费。

(9) 12月10日，售出B产品4台，每台售价10 000元，货款40 000元，增值税6 800元，款项收到存入银行。

(10) 12月15日，以银行存款支付本月车间报刊费300元，管理部门报刊费700元。

(11) 12月16日，从前进工厂购入的乙材料运到验收入库。

(12) 12月16日，以银行存款支付本月邮电费950元。

(13) 12月17日，因为某供货单位违反合同规定，收到一笔罚款收入18 000元，款已存入银行。

(14) 12月18日，出售剩余甲材料一批，价款12 000元，增值税2 040元，款项已收到，送存银行。

(15) 12月18日，结转上述出售剩余甲材料的账面成本8 000元。

(16) 12月19日，向市红十字会捐赠货币资金15 000元。

(17) 12月20日，以银行存款支付自来水公司水费4 950元，其中：车间一般用水4 350元，管理部门用水600元。

(18) 12月22日，以现金支付市搬运公司零星搬运费(用于产品销售)600元。

(19) 12月24日，以银行存款支付厂部各项管理费用4 200元。

(20) 12月26日，预提本月负担的银行借款利息1 500元。

(21) 12月27日,计提本月固定资产折旧,其中:车间固定资产折旧4 000元,管理部门固定资产折旧1 000元。

(22) 12月28日,用银行存款支付一张到期的商业汇票,金额35 000元。

(23) 12月29日,从银行提取现金44 000元,备发职工薪酬。

(24) 12月29日,以现金44 000元支付本月职工薪酬。

(25) 12月29日,根据职工薪酬费用汇总表(表8-19),分配本月人员薪酬。

表8-19 薪酬费用汇总表

部　　门	职工薪酬合计
生产车间工人—A产品	15 390
—B产品	18 810
车间管理人员	4 560
厂部管理人员	5 240
合计	44 000

(26) 12月30日,汇总本月发出材料,编制发料凭证汇总表如表8-20所示。

表8-20 发料凭证汇总表

项　目	甲材料	乙材料	合计
A产品	83 000	46 000	129 000
B产品	58 000	52 000	110 000
车间一般耗用	5 000	3 000	8 000
管理部门耗用	1 000	500	1 500
合　计	147 000	101 500	248 500

(27) 12月30日,汇总本月制造费用总额为21 210元,其中A产品分摊10 210元,B产品分摊11 000元。

(28) 12月30日,本月生产的产品全部完工入库,计算并结转完工产品成本,A产品完工30台,B产品完工20台。

(29) 12月30日,计算并结转本月已售产品的成本(A产品的单位成本为5 153.3元;B产品的单位成本为6 990.50元)。

(30) 12月30日,结转本月发生的各项收入。

(31) 12月30日,结转本月发生的各项成本费用。

(32) 12月30日,计算本月应纳所得税(税率25%),假定无纳税调整项目。

(33) 12月30日,结转本月所得税费用。

(34) 12月31日,按照税后利润的10%计提法定盈余公积金。

(35) 12月31日,按照税后利润的5%计提任意盈余公积金。

(36) 12月31日,根据董事会决议,公司决定向投资者分配利润20 000元。

(37) 12月31日,开出缴款书,将本月应交所得税缴纳入库。

【要求】

(1) 根据资料1开设总分类账户,并登记期初余额。

(2) 逐题填制记账凭证,并审核无误。

(3) 根据记账凭证逐笔登记总分类账。

【实训题2】

【目的】 实训科目汇总表账务处理程序的应用。

【资料】 同实训题1。

【要求】

(1) 根据资料1开设总分类账户,并登记期初余额。

(2) 逐题填制记账凭证,并审核无误。

(3) 每半月编制一次科目汇总表。

(4) 根据科目汇总表登记总分类账。

参 考 文 献

[1] 财政部会计资格评价中心. 初级会计实务[M]. 北京：中国财政经济出版社，2014.
[2] 潘上永. 基础会计[M]. 北京：高等教育出版社，2013.
[3] 程淮中. 会计职业基础[M]. 北京：高等教育出版社，2011.
[4] 李占国. 基础会计学[M]. 北京：高等教育出版社，2014.
[5] 高香林，吴彦文. 基础会计[M]. 3版. 北京：高等教育出版社，2011.
[6] 罗伯特·N·安东尼，大卫·N·霍金斯，肯尼斯·N·安东尼. 会计学[M]. 北京：机械工业出版社，2004.
[7] 曲洪山，沈春丽. 新编基础会计[M]. 大连：大连理工大学出版社，2007.
[8] 丁增稳. 基础会计[M]. 合肥：合肥工业大学出版社，2005.
[9] 中国注册会计师协会. 会计[M]. 北京：中国财政经济出版社，2014.
[10] 康述尧. 基础会计[M]. 北京：中国财政经济出版社，2007.
[11] 财政部会计资格评价中心. 中级会计实务[M]. 北京：中国财政经济出版社，2014.
[12] 吉文丽. 会计基础[M]. 北京：清华大学出版社，2007.
[13] 会计从业资格考试辅导教材编委会. 会计基础[M]. 北京：经济科学出版社，2014.
[14] 刘芳霞，丁增稳. 会计职业基础[M]. 北京：中国人民大学出版社，2010.
[15] 丁增稳. 基础会计[M]. 北京：中国商业出版社，2014.